교회의 '하나 됨'과
교리의 '하나임'

교회의 '하나 됨'과 교리의 '하나임'

지은이 | 문병호

펴낸곳 | 지평서원
펴낸이 | 박명규
펴낸날 | 2012년 4월 10일 초판
2012년 9월 5일 초판 2쇄
편　집 | 정　은, 이윤경, 김정은
마케팅 | 전두표

서울 강남구 역삼동 684-26 지평빌딩 135-916
☎ 538-9640,1　Fax. 538-9642
등　록 | 1978. 3. 22. 제 1-129

값 12,000원
ISBN　978-89-6497-019-5 93230

메일주소　jipyung@jpbook.kr
홈페이지　www.jpbook.kr
페이스북　www.facebook.com/jipyung
트 위 터　@_jipyung

교회의 '하나 됨'과 교리의 '하나임'

'Uniting' of the Church and 'Unity' of the Doctrine

WCC의 '비(非)성경적,' '반(反)교리적' 에큐메니즘 비판:
정통 개혁주의 조직신학적 관점에서

문병호

지평서원

CONTENTS

- 추천의 글 · · · 6
- 지은이 머리말 · · · 14

1장 서론 · · · 21
    1. WCC와 한국 교회
    2. 신학적 과제와 본서의 구조

2장 WCC의 역사와 정체 · · · 41
    1. WCC의 역사
    2. WCC의 정체

3장 WCC의 에큐메니칼 신학 비판 · · · 65
    1. 성경론
    2. 삼위일체론과 기독론
    3. 교회론
    4. 성례론

4장 WCC의 교회 일치론 비판 · · · 135
   1. 협의회적 교회 일치론
   2. 성례적 환상
   3. 교회의 일치와 인류의 일치

5장 결론 · · · 179
   1. 교회의 비밀: 가시적, 그리고 비가시적
   2. 교회와 그리스도: 유비가 아닌 고유한 연합체
   3. WCC의 비성경적, 반교리적 에큐메니즘

■ 부록 | 참고문헌, 인명색인 · · · 197

추천의 글 I

"WCC 10차 총회가 2013년 가을에 부산에서 열린다. '형제가 연합함이 어찌 그리 좋은지요'라는 기치 아래 모인다. 기독교란 이름과 관련된 모든 교회들이 다 모인다. 신학과 교리와는 상관없이 모든 교파들이 다 모인다. 로마교회도 참관자의 신분으로 참석한다. 개신교회와 정교회의 대표들이 회의를 주도한다. 이런 대제전에 참석하지 못하는 교회들이 할 말이 있는가? 무엇 때문에 이런 전 기독교회들의 모임에 참석하기를 거부하는가? 대부분의 전 세계 대교단 교회들이 참석한다. 그런데 그 교회들은 현대신학으로 바뀐 신학을 기본으로 하고 있다. 로마교회도 신학을 완전히 바꾸었다. 더 이상 기독교회가 아닌 신학으로 바꾸었다.

우리가 WCC 총회에 참가할 수 없고 반대하는 이유가 있다. 그 이유는 신학의 완전한 변질 때문이다. 더 이상 기독교일 수 없는 신학이 WCC 총회를 주도하고 있다. 이 문제를 문병호 교수는 성경관, 교리 이해, 교회론으로 나누어 명료하게 밝히고 있다.

WCC는 성경이 정확 무오한 하나님의 말씀이 아니라고 판정하였다. 성경을 교회가 생활하면서 형성한 전통이요, 전통의 원천 정도로 여긴다. WCC 총회는 정교회의 영향을 받아서 니케아-콘스탄티노플 신경을 자기들의 신경으로 주창한다. 그러나 성령의 출래 문제에 관하여 큰 거리가 있다. 근본적으로는 니케아-콘스탄티노플 신경도 하나의 참고점 정도로 여긴다. 전통적인 삼위일체 교리는 폐기된 지 오래이다. 또 교회에 관한 신학도 완전히 바뀌었다. 교회는 더 이상 그리스도의 피로 산 하나님의 백성이 아니다. 교회는 온 인류를 하나로 묶기 위한 표호이며 성례전적인 의미만 가진다. 교회는 온 인류를 하나로 묶기 위해 사용되는 하나의 수단일 뿐이다. 이런 신학적 문제들을 파헤친 것이 『교회의 '하나 됨'과 교리의 '하나임'』이라는 이 책이다. 이 책을 널리 읽음으로써 한국 보수교회가 WCC 총회에 참석할 수 없는 이유들을 명료하게 알기를 바란다."

_서철원 교수(현 한영신대 석좌교수, 전 총신대 신학대학원장)

추천의 글 Ⅱ

"절실하게 필요한 책이다. 세계교회협의회(이하 WCC)의 에큐메니칼 신학을 어떻게 평가하여야 할 것인지에 대해서 한국 신학계와 교회가 제법 많은 소리를 내었다. 그러나 아직까지 총론적 판단을 내리기에 충분할 정도로 각 논쟁 주제들에 대한 엄밀한 신학적 검토가 이루어지지 않고 있었다. WCC의 신학과 활동에 대한 학문적인 비평이 적어도 정통 개혁신학을 자신의 신앙고백으로 삼는 한국의 많은 장로교회들에게는 절실한 형편이었다. 얼핏 보기에 별 문제 없어 보이는 신앙고백과 신학을 표방하는 WCC의 주장들이 과연 받을 만한 것인지에 대해 문병호 교수는 정확한 신학 기술을 통해 비평의 길을 올바르게 제시한다. 이 책은 WCC 현안에 대한 평가뿐만 아니라 신학적 이해 자체를 도모하는 아주 뛰어난 역작이다. 진심으로 필독을 권하며, 문병호 교수의 노고에 찬사를 보낸다."

_김병훈 교수(합동신학대학원대학교)

"이 책은 최근 한국 교회의 중심 이슈 가운데 하나인 WCC 대회에 대한 대한예수교장로회 합동측의 입장을 보여 준다. 예장 합동은 통합과 더불어 한국의 최대 교단이다. 그리고 합동과 통합이 분열된 원인에는 바로 WCC에 대한 입장 차이가 있었다. 최근 일어나고 있는 WCC 대회 참여 문제는 갈라진 장로교를 하나로 만드는 것이 아니라 오히려 더 멀어지게 만드는 것 같다. 연합 운동이 오히려 분열의 원인이 되고 있는 것이다.

기독교 신자들은 누구나 분열을 원하지 않고 진정으로 하나가 되기를 원한다. 하나가 되기 위해서는 상대방의 입장을 잘 경청해야 한다. 그런 의미에서 WCC 대회를 찬성하는 측에서는 이 책을 통하여 한국의 정통 개혁주의자들이 WCC에 대해서 무엇을 염려하는지를 알아야 할 것이다. 상대방의 이야기를 듣지 않고, 무조건 연합해야 한다는 것은 진정한 연합 운동의 자세가 아니다. 그런 의미에서 이 책이 WCC 대회를 둘러싼 논쟁에 새로운 계기를 마련하기를 바란다."

_박명수 교수(서울신학대학교 현대기독교역사연구소장)

"조직신학자의 임무 중 하나는 현대 교회의 이슈에 대하여 성경적 진리 위에서 답변하는 것이다. 최근 한국 교회의 중요한 이슈 중 하나는 WCC와 관련된 것이다. 사실 그동안 WCC에 관해 여러 가지 글들이 쓰였지만 교리적 측면에서 종합적으로 다룬 것이 부족하여 아쉬웠다. 이런 시점에 뛰어난 개혁신학자이자 한국 교회를 지극히 사랑하는 문병호 교수가 WCC와 관련하여 핵심교리적인 측면에서 보수신학을 대변하는 훌륭한 저서를 출간하게 되어 매우 기쁘다. 이 책은 WCC에 나타난 교리적인 문제점을 지적하고 비평하고 있다. 또 WCC의 신앙과 직제위원회 문건들과 WCC의 신학자들의 글을 효과적으로 분석하였고, 정통 개혁신학적 입장에서 바른 비평을 하였다. 이 책을 읽는 모든 사람들이 성경의 진리 위에 서서 견고한 신앙 가운데 바른 교회를 세우는 일에 매우 큰 유익을 누리게 되리라 확신한다."

_박태수 교수(한국성서대학교)

"2013년 WCC 부산 총회를 앞두고 있는 이때에 WCC의 역사와 신학의 실체를 알 수 있는 책이 출판되어 기쁘다. 지금까지 WCC에 대한 책이 여러 권 출판되었으나 이 책처럼 WCC의 실상을 정확하고도 명료하게 분석하고 비판한 책이 없었다. 이 책은 WCC에 대해 시사적으로나 감정적으로 접근하지 않고 신학적이고도 교리적으로 접근하되, WCC가 지향하는 신학의 문제점을 정확하게 지적하고 있다.

한국에서 WCC 신학의 문제점을 가장 먼저 제기한 이는 박윤선 박사였다. 박윤선 박사는 1950년에 출판된 『대한예수교장로회는 어디로 가나?』에서 WCC의 신학은 정통교리가 아니며, '장로교 교리의 위반'이라고 지적하였다. 그로부터 60여 년간 발전해 온 WCC의 신학을 분석하되 정확한 문헌에 근거하여 비판하고 있다는 점에서 이 책은 박윤선 박사 이후 가장 큰 성취라고 할 수 있다. 본인이 문병호 교수를 개인적으로 잘 아는 것은 아니다. 그러나 그의 논문과 책을 대하면서 한국에도, 특히 복음주의 학계에도 이런 학자가 있다는 점에 대해 하나님께 감사한다. 그의 학문적 태도와 한국 교회에 대한 사랑, 그리고 하나님의 나라에 대한 헌신에 경의를 표한다. 이런 점에서 이 책은 신뢰를 더해 준다."

_이상규 교수(고신대학교 부총장)

"이 책은 총신대학교에서 조직신학을 가르치고 있는 문병호 교수가 WCC의 교리적인 문제점들을 예리하게 분석한 책이다. 지금까지 나온 WCC 비판 서적들은 WCC의 '하나님의 선교(Missio Dei)'와 관련된 선교학 이론, WCC의 사회 구조 개혁의 강조나 인간화와 관련된 문제들을 지적하는 경우가 많았다. 그런데 이 책은 그러한 선교 이론이나 인간화를 추구하게 만드는 WCC의 신학 자체의 문제점들, 성경관, 기독론, 구원관, 교회관 등과 같은 신학적인 교리의 문제점들을 개혁신학적인 관점에서 분석하고 있다.

이러한 개혁신학의 관점에서 제기되는 교리적인 문제점들이 분명하게 인식될 때 우리는 WCC의 신학이 가지는 문제들에서 파생되는 선교관과 인간화 추구 같은 결과들이 왜 위험한지를 더욱 분명히 알게 될 것이다. 그러므로 문병호 교수의 이 책은 WCC가 가지고 있는 문제들의 근본적인 인식과 극복을 위해 반드시 읽어야 하며 알아야 할 소중한 책이다."

_이은선 교수(안양대학교 신학대학원장)

"문병호 교수는 한국 교회가 개혁신학과 신앙에 온전히 정초하도록 집필하고 후학을 가르치는 데 최선을 다하는, 드문 신학자이다. 이 책은 근래에 보기 드문 역작으로, WCC가 발간한 자료들을 광범위하게 섭렵하여 그들의 신학을 심오하게 비판한 작품이다. 그동안의 책들과는 달리, 본서는 WCC의 본질을 단지 몇몇 사건들이나 사안들을 가지고 다루는 것이 아니라 성경의 진리 자체에 비추어 비판하고 있다.

WCC는 그 출발부터가 정통신학과는 동떨어져 있다. WCC의 신학은 동방 정교회가 주도하고 있으며, 비록 직제 문제 때문에 참여하고 있지는 않지만 로마 가톨릭 신학자들이 가장 큰 영향을 미치고 있다. WCC는 자신들이 신학적으로 문제가 없다고 하지만, 문병호 교수는 이 책을 통하여 그들의 주장이 허구임을 개혁신학적 관점에서 교리별로 철저히 비판하고 있다. 이 책이 외국어로도 번역되어 많이 배포되기를 바라는 마음이다."

_조봉근 교수(광신대학교 신학대학원장)

지은이 머리말

참교리에 기반을 둔
진정한 에큐메니즘을 지향하며

　세계교회협의회(WCC)가 2013년에 부산에서 제10차 총회를 개최하기로 결정한 이후 한국 교회에서는 다시금 그 정체성에 대한 논쟁이 활발히 일어나고 있다. WCC 한국 유치를 반대하는 사람들은 주로 WCC의 과거 행적이나 교리적인 성향이 비성경적이라는 점을 비판하며, 유치를 옹호하는 사람들은 교회의 연합과 일치에 대한 시대적, 문화적, 인류적 필요성을 부각시키면서 지지를 호소한다. 그러나 어떤 경우이든 WCC 신학에 대해 교리적, 또는 조직신학적으로 접근하는 시도는 드물다.
　WCC는 전 세계 교회의 기구적(機構的) 단일화를 절대 과제로 삼으며, 이를 위해서는 성경의 진리조차도 일종의 타협거리로 여긴다. 그들은 성경이 하나님의 말씀이 아니라 전통의 한 원형(原型)에 불과하며, 사람들이 교회라는 이름으로 모여서 가시적인 친교를 행할 때 비로소 계시적 진리가 형성된다고 본다.
　WCC는 정통 삼위일체론과 기독론과 구원론을 부인한다. 삼위일체론에 대한 초대 신경의 고백을 수용하기는 하지만, 본질상 성부만이 하나님이시고 성자와 성령은 각각 성부의 드러나심과 활동의 양상에 불과하다는 양태론(樣態論)적 이해를 드러낸다. 그리고 영원하신 하나님의 아들이 사람이 되셨다는 성육신에 대해 표면적으로 고백하기는 하지만, 그가 신성을 버리고 단지 인성에 따라서, 즉 단지 우리와 성정이 다를 바 없는 한 사람으로서 우리를 위하여 사역하셨다는 잘못된 사상을 받아들이기도 한다. 그리하여 주님께서 참 하나님이시자 참 사람으로서 우리를 위하여 죽기까지 복종하심으로 모든 의를 다 이루고 그 의를 우리의 것으로 삼아 주신다는 대속의 의의 전가에서 구원의 원리를 찾지 않고, 주님을 우리에게 내적 감화를 일으키는 하나의 모범 교사 정도로 여기는 주관적, 윤리적 차원에 머무는 경향을 보인다.

WCC는 교회의 비가시적인 본질을 무시하고 가시적인 교제만을 편향되게 강조한다. 교회는 본질상 선택된 백성들의 연합체로서, 머리이신 그리스도와 지체(肢體) 된 성도들이 이루는 한 몸을 의미한다. 그런데도 WCC는 협의회를 통한 기구적 교제만을 강조할 뿐, 그리스도와 연합한 성도들의 영적인 교제에는 큰 의미를 부여하지 않는다. 그리하여 교회를 사회구호단체나 압력단체 정도로 전락시키고 있다. WCC는 교회의 연합과 일치를 표방하고 있지만, 정작 그 단위가 되는 교회의 진리에 대해서는 무관심하다.

WCC가 수행해 온 복음 전도와 선교 사역은 극히 미미하다. 그들은 종교다원주의의 입장에서 문화적, 사회적 교류에는 힘썼으나 교회 본연의 사명인 복음 선포는 등한시하였다. "하나님의 선교(*Missio Dei*)"라는 미명 아래 교회를 통한 선교를 경시하였다. 선교를 그리스도의 피 복음을 통한 생명 구원으로 여기기보다 하나님의 창조 섭리의 연장이라는 측면에서만 편향되게 이해하고자 했다. 그리하여 선교사를 보내기보다 오히려 선교지에서 철수하도록 종용하고, 서구 교회와 기존의 선교지에서 교회를 쇠락하게 만드는 결과를 초래하였다. WCC가 추구하는 전도와 선교 방식은 교회를 세속화시켰으며, 급기야 무화(無化)시키는 데까지 이르게 되었다.

WCC는 교리의 차이를 문제 삼지 않고 오직 가시적인 교회의 일치만을 독단적으로 추구하는 기구로서, 자유주의 세속신학과 종교다원주의를 암암리에 표방하고 구현해 왔다. WCC는 기독교 본연의 사명인 참신앙의 수립과 말씀 선포에는 별 관심을 보이지 않고, 문화적, 사회적 사안들에 지나치게 몰두해 왔다. WCC는 교회의 가시적 일치라는 허명을 걸고 성찬을 이방의 제사 의식과 같이 무분별하게 거행하였으며, 사랑과 평등이라는 이름으로 폭력도 합리화했고, 신원(伸冤)을 한답시고 세상의 푸닥거리도 선보였다.

이러한 WCC의 전반적인 양상은 시간이 흐를수록 더욱 노골적으로 표출되고 있다. 다른 종교와 대화한다는 명목으로 종교다원주의가 사실상 수용되고, 교회의 사회 참여라는 명목으로 세속주의와 상대주의가 절대 가치로 여겨진다. WCC는 진리를 불문하고 기구적 교회 일치를 추구하며, 참교리에 대한 논의를 사실상 회피한다. WCC에 속한 소위 에큐메니칼 신학자들은 자신들에게 던져지는 다양한 교리적 질문들에 대해서 단지 철학적, 사회적, 문화적으로 대응하는 데 그치고 있다.

근래 한국 교회는 봇물같이 터져 나오는 다양한 문제들로 몸살을 앓고 있으며, 이것을 인본주의적인 방법으로 해결하려는 경향이 팽창하고 있다. 교회에 주어진 시대적 도전을 단지 위기로만 여기고 성경을 떠나 세속주의적인 방식을 추구한다면, 그때야말로 위기가 올 것이다. 교회의 개혁은 본질상 추구되어야 할 필연적 사명이다. 우리는 21세기 초입의 현 상황을 한국 교회가 새로운 전기를 맞이하기 위한 도전으로 여겨야 한다. 무엇보다도 말씀의 진리로 돌아가 교회를 개혁하고, 경건한 성도의 삶을 회복함으로써 부흥의 은혜를 다시금 누리고자 하는 시대적 소망을 품어야 한다. 우리가 지금 WCC의 세속주의, 혼합주의, 다원주의가 교회에 미칠 영향에 더욱 촉각을 세우는 이유가 여기에 있다.

WCC 신학에 대한 입장 차이로 말미암아 한국 교회는 교단이 분리되는 큰 아픔을 겪은 경험이 있다. 작금 WCC 부산 총회를 유치하는 일은 또다시 한국 교회의 분열과 반목을 조장하고 있다. WCC의 신학에 대한 비판적인 고찰들이 줄을 잇고 있지만, 유치하는 측에서는 이에 대해 그 어떤 답도 내놓지 못하고 있다. 그들은 우리가 WCC에 대해 모르기 때문에 비판만을 일삼는다고 상투적으로 반박한다. 그러나 WCC에 대해서 올바로 고찰하게 되면 그에 대해 더욱 비판할 수밖에 없을 것이다.

이 책에서 필자는 WCC의 에큐메니즘을 교리별로 나누어 정통 개혁신학적 관점에서 비판하였다. 저작 과정에 WCC의 주요 신학 문건들을 거의 빠짐없이 참고하였다. 특히 '신앙과 직제위원회'의 문건들을 주제별로 정리하여 철저히 분석하였다. 또한 WCC 신학의 수립과 발전에 주도적인 역할을 했던 신학자들의 글에 대해 비판적으로 평가하였다. 그리고 각 주제에 대한 정통적인 이해를 개혁신학의 관점에 따라 간략하게 소개하였다.

'에큐메니즘(ecumenism)'이라는 단어는 거주하는 지역 전체를 지칭하는 헬라어 '오이쿠메네(οἰκυμένη)'에서 나온 말로서, 단지 공간적인 의미를 넘어 각 부분이 질서 가운데 조화롭게 하나가 되는 것을 의미하는 '코스모스(κόσμος)'라는 단어와 그 뜻이 통한다. 성경에서 이 단어는 언약적 개념으로 사용된다. 그것은 하나님의 택함 받은 백성을 총체적으로 일컫는다. 구약에서는 백성과 땅을 동시에 지칭하는 '이스라엘'이라는 개념으로 두루 나타나며, 신약에서는 만물 안에서 만물을 충만하게 하시는 그리스도의 몸 된 교회가 가시적이거나 비가시적으로 하나라는 측면에서 나타난다. 그러므로 성경적 '에큐메니즘'은 진리에 관한 하나 됨과 그 진리의 우주적 확산이라는 두 가지 본질적 요소를 가질 때 참되다고 할 것이다. 그런데도 WCC는 이런 점을 간과하고, 교회의 가시적, 기구적 일치만을 현상적으로 추구하고 있다. 바로 이것이 이 책에서 비판하고자 하는 필자의 논지이다.

필자는 2011년 이후 대한예수교장로회총회(합동) WCC 대책위원회(위원장 서기행 목사)의 중앙위원을 맡으면서 이 사안에 대해 신학적으로 고찰하는 데 힘써 왔다. 이 책에는 교회론과 기독론에 대하여 필자가 기존에 저술하여 출판한 두 개의 논문「비(非)성경적, 반(反)교리적: WCC의 가시적 교회 일치론 비판」과「WCC 기독론 비판: 위격적 연합 교리를 중심으로」가 수정과 첨삭, 가필을 통하여 해당 부분에 일정 반영되어 있다.

칼빈은 기독교 강요(2.17.2)에서 예수 그리스도의 대속 사역의 가치를 다루면서, "사랑의 시작은 의(義)이다(Principium amoris est iustitia)"라고 말하였다. 교회에는 하나님과 이웃을 사랑해야 할 본연의 직무가 있다. 그러나 진리를 떠나서는 사랑을 추구할 수 없다. 교회의 연합과 일치는 진리이신 그리스도의 사랑 안에서만 구현될 수 있다. 초대 교회 이후 역사적으로 추구되었던 진정한 에큐메니즘은 성경의 가르침에 따른 교리적 일치를 본질적인 목적으로 추구했다.

이러한 정통적 맥락을 따라서, 필자는 교리를 불문하고 가시적, 기구적 일치만을 주장하는 WCC의 정체를 신학적으로 비판할 뿐만 아니라, 진정한 성경적, 교리적 에큐메니즘을 지향하는 마음으로 이 책을 저술하였다. 이 책이 교회를 살리고 바로 세우며 하나님의 뜻 가운데 하나 되게 하는 일에 겨자씨만큼이라도 도움이 되기를 바랄 뿐이다.

모든 일이 그러하듯이, 졸저를 '잉태할 수 있는 힘'을 주신 분은 오직 한 분 '미쁘신' 우리 주님이시다(히 11:11 참고). 우리는 미쁨이 없으니 그저 부인되어야 할 것이로되, 스스로 미쁘신 우리 주님께서는 언제나 부인될 수 없는 분이시다(딤후 2:13 참고). 비록 그 소리가 거리에 들리지 않는 듯해도(사 42:2 참고), 주님께서 비밀스러운 경륜을 따라 우리를 진리의 도구로 사용하심으로써 자신의 교회를 한 몸으로 이루어 가시는 것을 굳게 믿는다. 진정한 에큐메니즘의 기원과 애씀과 목적이 여기에 있다.

"그는 쇠하지 아니하며 낙담하지 아니하고 세상에 정의를 세우기에 이르리니 섬들이 그 교훈을 앙망하리라"(사 42:4).

2012년 1월 31일

문병호

'Uniting' of the Church and 'Unity' of the Doctrine

1장

서론

1. WCC와 한국 교회
2. 신학적 과제와 본서의 구조

1장

서론

1. WCC와 한국 교회

　세계교회협의회(World Council of Churches, WCC)는 처음에는 147개의 회원 교회들로 출발했으나, 현재 8개 권역으로(유럽, 아프리카, 북미, 아시아, 중동, 남미, 카리브 지역, 태평양 지역) 나뉜 120개국의 349개 교단에 속한 5억 6천만의 회원들을 두고 있는 초대형 단체가 되었다. 동방 정교회, 영국 성공회, 몇몇 침례교단들, 많은 루터교단들, 감리교단, 몇몇 개혁교단들, 많은 수의 연합교단들과 독립교단들, 몇몇 오순절교단들, 그리고 고(古) 가톨릭교회들이 여기에 포함된다.[1]

---

[1] 2010년 3월 8일 현재. http://www.oikoumene.org/en/home.html. WCC의 현재 구성원은 동방 정교회(Eastern Orthodox Church)가 전체 신자 수의 약 36%를 차지하여 가장 많고, 성공회(Anglican, Episcopal Church)가 약 13%, 동양 정교회(Oriental Orthodox)가 약 11%, 루터교회세계연맹(Lutheran World Federation)이 약 10%, 그리고 개혁교회세계연맹(World Alliance of Reformed Churches)이 약 7%를 차지

한국 교회 가운데는 한국기독교교회협의회(NCCK)에 속한 대한성공회, 한국기독교장로회, 대한예수교장로회(통합), 기독교대한감리회가 여기에 가입되어 있다.[2)]

WCC에 가입하는 문제는 한국 교회 장로교 교단이 분열되는 데 핵심 쟁점이 되었다.[3)] 가입을 찬성하는 측과 신앙동지회를 중심으로 하여 가입을 반대하는 측의 대립으로 인하여 1959년에 대한예수교장로교 교단은 합동측과 통합측으로 분열되었다.[4)] 당시 보수신학을 대변했던 박형룡 박사는 WCC를 "자유주의 광장"이라고 부르면서 그들이 무분별하게 사회복음을 끌어들이고 경계 없이 다른 종교와의 교통을 추구한다고 비판하였다. 또한 많은 공산주의자들이 참여하여 그 모임을 지도하고 있음을 개탄하였다.[5)]

박형룡 박사는 WCC의 과오가 교회가 아닌 기구를 통하여 교회의 연합을 이루고 궁극적으로 그 기구로 교회를 대체하고자 하는 비성경적인 발상에서 비롯되었음을 간파하고,[6)] 'WCC의 교회 합동 운동은 연합이 아니라 일양(一

한다. 그리고 이어서 연합교회(United&Uniting Church), 감리교회(Methodist Church), 침례교회(Baptist Church)가 각각 4% 정도 되며, 자유교회(Free Church), 제자교회(Church of Disciples), 오순절교회(Pentecostal Church)가 각각 1% 정도 된다. 고(古) 가톨릭교회는 2세기 이후 교회가 제도적 체계를 갖추어 가던 때부터 중세 로마 가톨릭교회가 형성되기 전까지의 교회의 신학과 전통을 추구하는 동방의 교회들을 일컫는다. 이들은 로마 가톨릭에 비해 성경의 정경성, 교부들의 신학, 교회의 보편성 등을 더욱 강조한다.
2) NCCK의 구세군 대한본영, 기독교대한복음교회, 기독교대한하나님의성회, 정교회 한국대교구는 WCC에 동의하고 적극적으로 참여하는 경향을 보이면서도 회원으로 가입하지는 않고 있다.
3) 다음을 참고하라. 정규오, 『신학적 입장에서 본 한국장로교회사(1)』(광주: 한국복음주의문서협회, 1983), 127-128, 133-136.
4) 다음을 참고하라. 박용규, 『한국기독교회사 2. 1910-1960』(서울: 생명의 말씀사, 2004), 985-1014. 아래 논문에서도 이 사실을 간접적으로 시인하고 있다. 이범성, "에큐메니칼 운동에 대한예장통합교단(PCK)의 입장," 대한예수교장로회총회 에큐메니칼위원회 엮음, 『21세기 한국 교회의 에큐메니칼 운동』(서울: 대한기독교서회, 2008), 47-59.
5) 박형룡, 『현대신학비평 하권』, 『박형룡 박사 저작전집 IX』(서울: 한국기독교교육연구원, 1977), 81-90.
6) 박형룡, 『현대신학비평 하권』, 75-76. 저자는 지적하기를, 제1차 총회 장소의 여러 방에는 '한 세계, 한 교회'라는 표어가 붙어 있었는데 이는 WCC가 그 저의를 표명하지는 않았지만 신학과 신앙을 넘어서는 가치로서 지상에서 하나의 교회를 이루어 내고자 하는 목적을 가지고 있었음을 간접적으로 증명하는 것이라고 하였다.

樣, uniformity)을 추구하는 것에 불과하다'고 비판하였다.[7] 이렇듯 합동측과 통합측의 분열 과정에 주로 논란이 된 것은, WCC가 비성경적인 관점에서 단일교회를 목표로 삼으며, 이것을 주도하는 사람들이 신정통주의자들과 자유주의자들이고, 그것이 공산주의에 유익을 준다는 세 가지 측면이었다.[8]

박형룡 박사와 그를 따르던 '51인 신앙동지회'는 미국 '복음주의협회(National Association of Evangelicals, NAE)'의 영향을 받아 세워진 '한국복음주의협회'(1953)에서 주도적으로 활동하였다. 그러나 실상 그들이 본격적으로 교류한 것은 칼 맥킨타이어(Carl McIntire)가 이끄는 '국제기독교협의회(International Council of Christian Churches, ICCC)'였다. 합동측은 ICCC와 견실한 관계를 유지하여 재정적 도움을 받기도 하였지만, 맥킨타이어의 편협성으로 인하여 결국 ICCC와 관계를 끊었다. 그러나 WCC에 관해서는 ICCC와 동일한 입장을 견지하였다. 그리하여 합동측은 WCC에 대하여 어느 정도 중도적인 입장을 가졌던 NAE와 '세계개혁주의연맹(World Reformed Federation, WRF),' '개혁주의 에큐메니칼대회(Reformed Ecumenical Synod, RES)'와도 관계를 끊었다. 박형룡 박사는 후에 NAE가 변절하였다고 여기고는 그들을 '신자유주의 또는 신이단'이라고 부르기까지 하였다.[9]

박형룡 박사와 동일한 신학적 입장에서 개혁신학의 보수(保守)를 주장해 오던 사람들은 WCC의 에큐메니칼 운동에 대해 '신(新)신학적이며 자유신학적이고, 사실상 세계 교회의 기구적 통일을 목표로 하며, 친공산주의적이고 세속적'이라는 비판적 시각을 견지해 왔다.[10] 근래에는 이러한 점들 외에 여성신학

---

7) 다음을 참고하라. 박형룡, 『박형룡 박사 저작전집 VI, 교의신학 교회론』(서울: 한국기독교교육연구원, 1977), 61-62.
8) 다음을 참고하라. 장동민, "WCC 에큐메니칼 운동의 역사와 쟁점," 『백석신학저널』 18(2010, 봄), 29-30.
9) 박형룡, 『신복음주의 비판』(서울: 신망애사, 1972), 48-58.
10) 이러한 입장은 대한예수교장로회총회(고려)에서 출판된 '파수꾼 130-142호(1963-1964)'에서 분명하게 제시된다.

과 여성 안수, 인종주의와 민족주의, 동성애 등을 들어서 WCC의 입장이 비성경적임을 비판하는 목소리가 높다.[11]

　WCC 제10차 총회의 한국 유치(부산 BEXCO)가 결정됨에 따라 한국 교회에는 다시금 이 기구의 정체성에 대한 논란이 일고 있다.[12] 특히 극단적인 자유신학을 주장하고, 성경 비평을 무비판적으로 받아들이며, 종교다원주의의 입장을 포용하는 사람들이 이 행사를 이념적으로 이끌고 있다는 점에 대해 상당히 우려한다. 행사를 유치한 측에서는 이를 한국 교회 전체가 경사로 여길 '기독교 올림픽'이라고 자평하지만, 반대편에서는 WCC 자체를 순수한 기독교단체로 인정하지 않고,[13] 부산 유치를 소수 교단의 합작품 정도로만 여길 뿐이다.[14]

---

[11] 다음을 참고하라. 조영엽, 『세계교회협의회(W.C.C.)의 실상을 밝힌다』(서울: 언약출판사, 2010), 221-229; 한수환, "WCC의 사회윤리 입장에 대한 신학적 비판(동성애 문제를 중심으로)," 대한예수교장로회총회 WCC 대책위원회, 홍정이·문병호 엮음, 『WCC는 우리와 무엇이 다른가?』(서울: 대한예수교장로회총회 출판부, 2011), 307-336.

[12] WCC에 대한 최근의 대립된 견해에 대해서 다음을 참고하라. 박명수, "WCC는 통전적 전도를 지향하지 않는다," 『목회와 신학』(2010, 4), 68-79; 금주섭, "WCC는 구원의 통전성과 일치 속의 선교를 지향한다," 『목회와 신학』(2010, 4), 80-90; 정병준, "최근 한국 교회 내부의 WCC 비판의 근거에 대한 역사적 고찰," 『백석신학저널』18(2010, 봄), 49-60; 이승구, "WCC의 문제점에 관한 한 고찰," 『백석신학저널』18(2010, 봄), 61-74.

[13] 한국기독교지도자협의회(대표회장 신신묵)는 "WCC는 인본주의와 세속적 구원론 등 종교다원주의와 혼합주의 사상을 가지고 있다"라고 주장하고, "공산주의와 사회주의 운동, 인권 운동과 민주화 운동 등에만 주력하는 반기독교적인 정치 집단으로 간주한다"라고 하였다(국민일보 2009년 12월 5일자).

[14] 2010년 1월 25일(서울) 19개 교단이 모여서 다음의 결의문을 채택하였다.
"1. 우리는 오직 성경, 오직 예수, 믿음만이 성경이 가르치는 복음의 진리라고 굳게 믿으며, 한국 교회 보수 교단들은 힘을 합해 공동으로 한국 교회 정체성을 사수하며, 한국 교회를 보호할 것을 다짐한다. 2. 우리는 종교다원주의와 혼합주의는 성경과 정면으로 배치되는 인본주의 신앙이므로 이를 단호히 배격하고, 초혼제 등 무당굿을 신앙의 행위로 정당화하며 이를 용납하는 그 어떠한 단체나 기관과의 연합도 단호히 거부할 것을 굳게 다짐한다. 3. 우리는 한국 교회 극히 소수의 교파(KNCC)가 참여하는 세계교회협의회(WCC) 한국 개최가 마치 한국 교회 전체가 유치하는 대회로 과장 보도 하고 이를 한국 교회 올림픽이라고 선전하는 것에 매우 유감을 표하며, 자제해 줄 것을 주최 측과 언론 등에게 엄중히 주문한다. 참석 교단은 다음과 같다. 예장(합동), 예장(고신), 예장(고려), 예장(합신), 예장(대신), 기성, 예성, 예장(개혁국제), 기침, 예감, 예장(재건), 예장(합동중앙), 예장(합동진리), 예장(고려개혁), 예장(합동총신), 예장(합동동신), 예장(보수합동), 예장(합동보수)."

오늘날 무엇보다도 신앙의 순수성을 회복하고 다시 말씀으로 돌아가 교회를 회복하자는 한국 교회의 기대가 고조되고 있다. 이러한 때에 WCC가 세속주의, 혼합주의, 다원주의를 확산시켜 한국 교회가 여느 서구 교회와 같은 전철을 밟게 되지 않을까 염려하는 사람들이 적지 않다.[15] 칼빈 개혁주의신학을 충실히 계승하고 있는 대한예수교장로회 합동측 교단에 속한 총신대학교 신학대학원 교수들의 성명서는 이러한 정서를 잘 반영하고 있다. 그 전문은 다음과 같다.[16]

〈WCC에 대한 총신대학교 신학대학원 교수 성명서〉

한국기독교교회협의회(NCCK)에 속한 기독교대한감리회, 대한성공회, 대한예수교장로회(통합), 한국기독교장로회가 자유주의 세속신학과 종교다원주의를 표방해 온 WCC(세계교회협의회)의 10차 부산 총회(2013년)를 유치하였다. 유치측은 단지 네 개 교단에 불과하지만 이를 마치 한국 기독교 전체의 행사인 양 과대 포장 하고 있다. WCC는 교파 간의 신앙고백의 차이에도 불구하고 교회의 연합과 일치, 그리고 봉사를 위해 노력하였으나, 성경의 절대적 계시와 정통 교리의 가르침을 거부하므로 기독교의 본질 자체를 왜곡하고 있다. 이로 인해 한국의 많은 교단과 교회들은 WCC 부산 총회를 앞두고 본 기구의 취지와 사업에 대해 우려하며 또한 한국 교회의 양극화를 초래할 위험에 대한 논란이 가중되고 있음을 염려하고 있다. 이에 총신대학교 신학대학원 교수 일동은 WCC의 비성경적인 신앙과 신학의 문제점들을 전국 교회 앞에 알리는 바이다.

---

[15] 다음을 참고하라. 정준모, 『개혁신학과 WCC 에큐메니즘』 (서울: 목양, 2010), 75-155.
[16] 기독신문, 대한예수교장로회(합동), 2010년 5월 4일 광고.

1. WCC는 성경이 하나님의 말씀이라는 사실을 부인한다.

WCC는 성경의 가르침을 절대적, 객관적 진리로 여기지 않고, 구전되는 교회 전통의 한 산물 정도로 간주한다. WCC의 많은 회원 교회는 성경의 정경성을 부인하며, 창세기의 창조기사, 동정녀 탄생, 그리고 예수의 육체적 부활과 재림 등을 역사적인 사건이 아닌 신화(神話)로 본다.

2. WCC는 정통 삼위일체론, 기독론, 구원론, 교회론 교리를 거부한다.

초대 교회와 종교개혁기에 교회가 추구한 진정한 성경적 에큐메니즘은 교리의 일치를 이루어 내는 것을 최우선의 과제로 여겼다. 그러나 WCC는 그 형성에서부터 교리의 내용의 정당성 여부를 불문하고 교회의 가시적 연합과 일치만을 편향되게 추구해 왔다.

3. WCC는 성경에 계시된 유일신론을 이탈하고 있다.

WCC는 종교 간의 대화라는 허명으로 타 종교에도 구원이 있다는 종교다원주의를 추구하고 있으며, 성경의 하나님을 타 종교의 신과 동일시하거나 상대화한다.

4. WCC는 예수 그리스도를 유일한 구원의 중보자로 여기지 않는다.

WCC는 예수 그리스도의 역사적 대속 사역의 절대적 가치를 인정하지 않고, 그리스도의 구속의 은총의 사역을 윤리적이거나 문화적인 영향력으로 상대화시키고 있다.

5. WCC는 성령을 타 종교의 영적 현상과 혼동하고 있다.

WCC는 성령의 인격적 구원 사역을 왜곡하여 우주 만물에 깃드는 정령 활동 정도로 여기는 일까지도 수용하고 있다. 이로 말미암아 심각한 영적 혼란을 초래하며 성령의 고유한 사역을 크게 훼손시키고 있다.

6. WCC는 교회의 본질을 왜곡하여 가시적인 교제만을 편향되게 강조하고 있다.

WCC는 단지 협의체적 교제에 불과하다고 말하지만 궁극적으로는 교회라는 이름을 취하고, 모든 교회를 기구적으로 통합하고자 한다. 이로 인해 WCC는 예수를 구세주로 믿는 성도들 간의 연합과 교제의 모임인 교회를 교회 간의 가시적인 연합체나 사회구호단체로 전락시키고 있다.

7. WCC는 복음 전도와 사회적 책임에 대한 균형을 훼손하고 있다.

WCC는 선교를 사회복음주의적 입장에서 극단적으로 강조하거나, 종교 간의 대화와 교류로 이해함으로써 복음 전파의 본질적인 요소인 영혼 구원의 중요성을 약화시키고 있다. 이로 인해 하나님 나라의 왜곡된 개념을 초래하여 복음을 변질시키는 오류를 범하고 있다.

8. WCC에 참가한 교단은 한국 교회에서 소수에 불과하지만, 마치 자신들이 한국 교회를 대표하듯이 행동하고 있다.

건전한 한국의 다수 교회들은 WCC의 문제점들을 직시하고 이 단체가 주님의 복음 사역에 얼마나 큰 장애가 되는지 여러 방편으로 지적해 왔다. WCC는 종교다원주의와 교회세속주의를 더욱 가속시키고 있다.

그러므로 하나님의 말씀대로 믿고 살며, 하나님의 말씀대로 교회의 연합과 일치를 추구하는 우리는 WCC 부산 유치가 성도들의 신앙에 미칠 악영향을 심히 우려한다. 그리고 WCC가 다양한 문서와 매스컴을 통하여 WCC 부산 대회를 과대, 편파 광고 함으로써 한국 교회 대다수를 차지하는 하나님 중심, 성경 중심, 교회 중심의 삶을 살아가는 성도들을 실족하게 하는 일이 없도록 권고하는 바이다.

대한예수교장로회 합동측은 WCC의 신학적 실체를 밝히고 보수개혁교단들과 두루 연계하여 한국 교회를 진리의 터 위에 세우고 이것을 기화(奇貨)로 교회의 진정한 연합과 부흥을 도모하자는 기치를 내걸고 'WCC 대책위원회'(위원장 서기행 목사)를 구성했다. 그리고 거기에 중앙위원회를 두고 전국적인 조직을 갖추었다. 2010년과 2011년에 출판되어 총회에 배포된 『WCC 신학 비판』17)과 『WCC는 우리와 무엇이 다른가?』18)라는 두 권의 책들은 이러한 노력의 열매이다. 이 책들에서는 WCC를 단지 몇몇 사안을 중심으로 현상적으로 다루는 데 머물지 않고, 신학교 교수들이 각 분야에 대한 전문적인 식견을 발휘하여 WCC의 정체와 역사, 그리고 신학적 입장을 심층적으로 분석하여 비판하고 있다.

일각에서는 한국 교회가 WCC에 대하여 지나치게 민감하게 반응한다고 비판하지만, 서구 교회에서도 그 폐해의 심각성은 누누이 지적되어 왔다.19) WCC의 신학적 입장을 대변해 온 에큐메니칼 신학자들은20) 세계 교회사가 이 기구의 이념대로 주도되어야만 한다고 주장하지만,21) 이러한 기구주의(institutionalism)를 반대하는 복음주의자들의 반박도 거세다.22)

WCC 논쟁에서 WCC를 반대하는 측은 이 기구가 안고 있는 신학적인 문제

---

17) WCC 대책연구위원회/총신개혁신학센터, 문병호 엮음, 『WCC 신학 비판』(서울: 목양사, 2010). 본서는 다음의 글들을 담고 있다. 박영실, "WCC의 형성과 역사, 그리고 한국 교회"; 김길성, "WCC 성경관 비판"; 문병호, "WCC 삼위일체론, 기독론, 성령론 비판"; 강웅산, "WCC의 종교다원주의적 구원론 비판"; 최홍석, "WCC 교회관의 문제"; 안인섭, "WCC의 선교/문화/사회관의 문제"; 심창섭, "WCC의 신학에 대한 종합적 비판."
18) 대한예수교장로회총회 WCC 대책위원회, 홍정이 · 문병호 엮음, 『WCC는 우리와 무엇이 다른가?』(서울: 대한예수교장로회총회 출판부, 2011). 본서는 다음의 글들을 담고 있다. 김길성, "WCC 한국 총회를 앞둔 한국 교회의 방향과 전망"; 박창식, "WCC의 형성과 역사에 대한 비판"; 황성일, "WCC의 성경관에 대한 비판"; 최홍석, "신론과 연루된 WCC의 신학적 입장에 대한 비판"; 문병호, "WCC 기독론 비판: 위격적 연합 교리를 중심으로"; 안인섭, "WCC의 교회론 비판"; 박정식, "성경적인 교회의 일치: 요한복음 17장의 하나 됨을 중심으로"; 정준기, "초대 교회사의 관점으로 본 WCC의 교회 일치 운동"; 정준모, "WCC 종교다원주의 비판"; 박윤만, "WCC의 선교관에 대한 개혁주의 입장"; 황봉환, "WCC 사회 참여 정책에 대한 개혁주의적 관점에서의 평가와 전망"; 한수환, "WCC의 사회윤리 입장에 대한 신학적 비판(동성애 문제를 중심으로)."
19) 다음을 참고하라. 에네스트 W. 레훼버, 『암스테르담에서 나이로비 대회까지: W.C.C.와 제3세계』, 전호진 옮김(서울: 한국기독교교육연구원, 1981); 『나이로비에서 뱅쿠버까지』, 전호진 옮김(서울: 바른신앙, 1988).
20) 이하 본서에서 '에큐메니칼 신학자들'은 WCC의 위원회에 속하거나 위탁받거나, 자신들의 입장을 개진하여 WCC 신학을 수립하고 추구하는 사람들을 통칭한다.
21) 다음을 참고하라. 루카스 피셔 엮음, 『새롭게 보는 교회사』, 주재용 옮김(서울: 대한기독교서회, 1995).

점들을 주로 거론한다. 반면 WCC 측에서는 연합과 일치의 사회적, 문화적, 실용적, 실존적 유용성을 부각시킴으로써 그 당위성을 확보하려고 노력해 왔다. 이러한 관점의 괴리로 말미암아 동일한 교리 위에 하나의 교회를 세우고자 하는 에큐메니즘 본연의 신학적 담론이 거의 이루어지지 못하고 있다. 이번 WCC 한국 총회를 유치한 측도 동일한 전철을 밟고 있다. 진리를 불문하고 나아오라는 것이다. 과연 이러한 초대가 합당한가? 주님께서 수고하고 무거운 짐 진 자들을 다 초대하셨을 때 그분은 생명의 길이요 생명의 진리로서 초대하신 것이 아닌가?(마 11:28; 요 14:6 참고) 에큐메니즘의 근본정신이 진리를 위한, 진리 안에서의 하나 됨을 추구하는 데 있음이 자명하다면, 진리를 묻지 않고 모이기만 힘쓰는 것 자체가 진정한 에큐메니즘을 왜곡시키는 것이 아닌가?

2013년 부산 총회를 앞두고 WCC의 신학에 대한 비판적 고찰이 다양한 교리적 관점에서 전개되고 있다. WCC를 지지하는 신학자들의 경우 새로운 연구가 거의 없고 이전의 논의에만 맴돌고 있을 뿐인 데 비하면 이러한 현상은 놀랍다.[23] 교회의 교리가 거짓 진리에 대항하여 참진리를 변해(辨解)하고 변증(辨證)하는 가운데 수립되어 왔다는 교회사의 교훈을 다시금 상기시키는 대목이다. WCC 신학자들은 무엇보다도 먼저 진정한 교리적 담론을 통하여 자신들의 신

---

22) 다음을 참고하라. 클라아스 루니아, 『현대의 종교개혁』, 이종전 옮김(서울: 아벨서원, 2004). 개혁주의 에큐메니칼대회(Reformed Ecumenical Synod, RES)는 1949년 대회에서 WCC가 초대형 교회를 지향하며, 회원 교회들의 고백들이 모호하고, '모든 이단에도 불구하고' 그 가운데서 대화를 추구한다고 비판한다. Klaas Runia, "World Council of Churches as seen by the Reformed Ecumenical Synod," *Ecumenical Review*, 27/4(1975), 395.
23) 일례로 다음의 글에서는 이러한 태도로 WCC에 대해 가해지는 비판들을 비판하고 있다. 정병준, "최근 한국 교회 내부의 WCC 비판의 근거에 대한 역사적 고찰," 49-60. 저자는 먼저 칼 맥킨타이어의 반 WCC 활동이 한국 교회의 분열에 미친 영향을 강조한 후 다음과 같은 질문들에 답함으로써 WCC를 옹호한다. "WCC는 단일 교회를 추구하는가?"; "WCC는 용공(容共)적인가?"; "WCC는 사회구원만을 주장하는가?"; "WCC는 정치단체인가?"; "WCC는 선교에 무관심한가?"; "WCC는 다원주의를 표방하는가?"; "WCC는 교회를 분열시켰는가?" 이러한 논조는 다음의 글에서도 확인된다. 박성원, "WCC 세계대회 개최의 의미와 한국 교회의 의의," 『월간목회』(2010. 9), 53-56.

학적 입장을 정직하게 밝혀야 할 것이다. 공감할 만한 몇몇 부분만을 발췌하여 상황적으로나 정서적으로만 호소할 것이 아니라, WCC가 부정하거나 무시하거나 간과하는 부분에 대해서도 말해야 할 것이다. 그리고 설령 명문화된 규정이 유사하다 하더라도, 그것을 소위 에큐메니칼 신학(ecumenical theology)이라는 관점에서 자의적으로 해석하고 있는 것은 아닌지 밝혀야 할 것이다.

WCC가 지금 견지하는 신학적 입장이 무엇이며, 그것이 성경과 정통 기독교 교리에 부합하는지에 대해서 WCC 신학자들은 솔직하게 답변해야 한다. 상호 소통을 위한 일차적 조건은 먼저 자기 자신의 입장을 정직하게 밝히는 것이다. 왜냐하면 진정한 에큐메니즘은 진리를 추구하는 본질적 목적을 가져야 하며, 그 목적에 무관심하거나 그것을 무시할 경우 그 논의는 무가치할 뿐만 아니라 오히려 폐해가 되기 때문이다.[24]

WCC는 10차 총회 장소로 한국과 시리아 정교회를 두고 마지막까지 고민하다가 결국 다음과 같은 이유로 한국 유치를 결정하였다고 한다.

① 한국 교회는 강력한 영성과 선교의 동력을 가진 젊은 교회로서 새롭게 부상하는 미래형 교회이다(시리아의 교회가 전통에 기반을 둔 과거지향적 교회라는 개념에 대비된다).
② 한국 교회는 복음주의교회와 오순절교회가 공존하는 교회로서, 이는 에큐메니칼 운동의 심화와 확대를 지향하는 WCC 정책에 중요한 방향을 제시한다(세계의 많은 전통교회는 오순절교회의 영향으로 심각한 대립 관계 속에 있다. 한국 교회 안에서는 전통교회와 오순절교회가 서로 정체성을 지니면서도 서로의

---

[24] 다음의 논문에서는 한국 교회 분열에 대한 책임이 WCC를 반대한 편에 있다고 하면서 '포스트모던적인 21세기의 상황'에 부합하도록 최소한 사안적으로는 진리를 넘어서더라도 주님의 '연합 명령'을 추구해야 한다고 강조한다. 이정석, "한국 교회와 WCC," 『백석신학저널』 18(2010, 봄), 37-48.

장점을 수용하는 융합적 관계를 형성하고 있으므로 매우 바람직하다).

③ WCC 한국 총회는 한반도의 통일에 대한 WCC의 지속적인 지원을 구체화하는 의미가 있다(WCC는 한국의 통일의 과정에 중립적 입장에서 여러 가지 역할을 할 수 있다).

④ 한국 교회는 역사적으로 다른 종교와 평화로운 공존과 협력을 유지하고 있으므로 종교 간의 평화를 중요한 관심사로 삼는 WCC는 한국에서 이 점을 배우려는 의도를 강하게 가지고 있다(종교 간의 갈등으로 많은 고통을 겪고 있는 교회들에게는 종교 간의 평화와 협력이 절실하다).

이러한 명분 가운데 WCC 총무 코비아(Samuel Kobia)는 한국 교회가 선교를 받는 교회에서 선교를 하는 교회가 되었다는 점을 강조했다고 언급했다.[25]

우리는 여기에서 WCC가 한국 교회를 바라보는 시각과 한국에서 2013년 총회를 개최하고자 하는 의도를 어느 정도 읽을 수 있다. WCC는 '젊은 교회'로서 한국 교회를 지목했다. 어떤 의미에서 '젊은 교회'인가? 한국 교회의 현 상황을 볼 때 이러한 이름이 과연 걸맞은가? 소위 앞서 가는 몇몇 교단에게는 이 이름이 오히려 약하게 들릴 것이다. WCC에 대한 그들의 열심은 젊음을 넘어서 치기(稚氣)까지 넘치니 말이다.

위에 인용한 이유들 중 ②-④의 항목을 통해 우리는 WCC가 한국 교회를 얼마나 편향된 시각으로 바라보고 있는지를 느낄 수 있다. 한국 교회가 과연 종교 간이나 교파 간에 평화로운 공존을 성공적으로 이루어 냈다는 점과 관련하여 주목할 만한가? 오히려 한국 교회가 유일하신 삼위일체 하나님과 구세주 그리스도의 절대적인 은혜를 믿는 성경적 신앙에 바로 서서 다른 종교와 공존

---

25) 박성원, "WCC 세계대회 개최의 의미와 한국 교회의 의의," 57.

하기보다는 그것을 개종시킴으로써 복음화를 이루었다는 점이 그 뚜렷한 특징이 아니겠는가? 또한 한국 교회의 교파 간 '융합'을 장점으로 들었는데, 오히려 그런 경향이 오늘날 교회의 기복주의, 심리주의, 다원주의를 배태하지 않았는가? 또한 WCC가 한국의 통일을 '중립적 입장'에서 도울 수 있다고 했는데, 교회가 그 본질에 충실하다면 당연히 정치적인 중립에 서게 되지 않겠는가? 대다수 한국 교회가 그렇지 않은가?

교회의 개혁은 말씀의 진리에 서서 하나님의 시대적 섭리를 구하는 겸손한 자세에서 비롯된다. 대부분의 한국 교회 교인들은 성경이 무오함을 믿고 참교리의 터 위에서 경건한 그리스도인의 삶을 추구하고 있다. 한국 교회에 여전히 약동하는 젊은 힘이 있다면, 바로 이런 점에서 찾을 수 있을 것이다. WCC는 이성주의, 세속주의, 기구주의에 찌든 자신들의 낡은 체제를 유지하기 위해 한국 교회의 순수한 열심을 이용하려 해서는 안 된다.

2. 신학적 과제와 본서의 구조

WCC는 '협의회적 교제(conciliar fellowship)'라는 개념을 고안하고, 그것에 기초하여 가시적이고 기구적인 교회의 일치를 편향되게 주장하고 있다. 이러한 오류의 밑바닥에는 그들의 잘못된 신학이 도사리고 있다.[26]

WCC를 옹호하는 사람들은 칼빈이 교회의 근본으로 제시한 다음의 교리들을 언급하면서 WCC가 이에 대해 분명한 신앙고백을 하기 때문에 신학적으로 문제 될 것이 없다고 말한다.

---

[26] 다음을 참고하라. 문병호, "비(非)성경적, 반(反)교리적: WCC의 가시적 교회 일치론 비판," 『역사신학논총』 19(2010), 40-61.

"하나님은 한 분이시다. 그리스도는 하나님이시며 하나님의 아들이시다. 우리의 구원은 하나님의 자비에 있다. 그리고 이것들에 버금가는 교리들에 있다."27)

그들은 신학적으로 비판을 받을 때마다 자신들이 삼위일체와 기독론과 구원에 관하여 이러한 근본 교리들을 충실하게 고백해 왔다고 주장한다. 물론 적지 않은 문건들을 통하여 WCC가 명문(明文)으로 그것들에 대한 신앙을 고백해 온 것은 사실이다. 그러나 이 사실만으로 WCC의 신학적 옳고 그름을 가늠하는 것은 바람직하지 않다. 외적인 신앙고백으로 내적 허구를 숨기는 겉치장이 사람들을 현혹하는 경우가 적지 않기 때문이다. 오늘날 이러한 경향은 더욱 심하게 나타나는데, 거짓의 영은 분명히 상이한 끝, 즉 이단(異端)을 감추고 같아 보이는 것만을 부각시킴으로써 사람들을 미혹하기 때문이다.

초대 교회 에큐메니칼 회의들의 논제는 '무엇을' 믿는가가 아니라 '무엇을 무엇으로,' 즉 '어떻게' 믿는가였다. WCC는 삼위일체와 예수를 믿는다고 고백하기만 하면 그 뜻이 어떤지를 묻지 않고 수용한다. 그렇다면 초대 교회의 이단들인 기독교 영지주의자들과 아폴리나리우스(Apollinarius), 네스토리우스(Nestorius), 유티케스(Euthyches) 등도 받아들여야 할 것이다. 왜냐하면 그들도 자신들이 믿는 바대로 삼위일체 하나님과 그리스도를 고백했기 때문이다.

WCC의 총무를 역임한 라이저(Konrad Raiser)는 에큐메니칼 운동이 신학에 미친 영향을 다음과 같이 네 가지 관점에서 고찰하였다.

---

27) John Calvin, *Institutes of the Christian Religion*, ed. John T. McNeill, tr. Ford Lewis Battles, Library of Christian Classics, vols.20-21(Philadelphia: Westminster Press, 1960), 4.1.12(CO 2.756): "*unum esse Deum; Christum deum esse, ac Dei filium; in Dei misericordia salutem nobis consistere, et similia.*" 이하 Inst. 권.장.절 순으로 표기. Ioannis Calvini opera quae supersunt omnia는 CO로 표기.

"첫째, 모든 신학은 성경의 증언에 뿌리를 박고 있어야 한다. 성경은 정황에 따라 새롭게 읽혀야 하며, '교리적 유폐(dogmatic captivity)'로부터 해방되어야 한다. 둘째, 모든 신학은 기독교 공동체의 삶에 따라 형성되고 그것을 설명할 수 있어야 한다. 신학은 공동체의 신앙에 따른 영적인 수용성에 따라 다양하게 전개된다. 셋째, 모든 신학은 토착화되어야 한다. 보편적인 신학은 존재하지 않는다. 신학은 본질적으로 지역적 성격을 가진다. 신학은 정황적이므로 대화를 통한 상호 이해가 항상 요구된다. 넷째, 신학은 모든 사람들에게 속한다. 신학은 인간의 품위와 관계된다. 신학은 그 자체로서 가치가 있는 모든 사람들의 대화이다."[28]

여기에서 우리는 WCC가 추구하는 에큐메니칼 신학의 주요한 특징을 엿볼 수 있다. WCC는 성경을 하나님의 계시로 받아들이지 않고, 단지 계시의 자료나 증거로만 여긴다. 그리고 성경의 절대적, 객관적 진리가 아니라 정황에 따라 다양하게 해석된 성경의 상대적, 주관적 의미를 신학의 대상으로 삼는다.

교리는 성경의 진리를 교회가 신앙고백의 형식으로 진술한 명제이다. 성경이 원규범 또는 일차적 규범이라면, 교리는 성경으로부터 나온 이차적 규범이다. 교리가 성경에 의해서 '규율된 규범(norma normata, rule ruled)'이라면, 성경은 교리를 '규율하는 규범(norma normans, rule ruling)'이다. 그러므로 참교리로부터 떠나는 것은 성경을 부인하는 것이며, 나아가 성경을 거스르는 것과 같다. 즉, 탈교리적(脫敎理的) 입장은 비성경적(非聖經的) 입장과 본질상 같은 길을 걷는다.

성경은 그 자체로 계시, 즉 하나님의 지식이다. 계시는 진리로서 스스로 존

---

[28] Konrad Raiser, "Ecumenical Influences on Theology," in *Dictionary of the Ecumenical Movement*, 1118-1120.

재한다. 교회는 이 진리를 교리로 체계화, 종합화하여 고백하고 가르친다. 그러므로 교리는 교회를 교회답게 만드는 진리, 즉 참교회의 잣대요 그 진위 여부에 따라서 교회가 서고 넘어지는 근본 조항이다. 신학은 교리를 다룬다. 달리 말하면, 신학은 절대 진리에 대한 교회의 신앙고백을 다룬다. 따라서 성경의 신학, 교회의 신학 이외의 것은 신학이 될 수 없다. 성경과 교회를 분리할 수 없듯이, 교리와 교회도 분리할 수 없다. 교리는 교회를 유폐시키는 감옥이 아니라 교회의 비가시적인 혈관과 같다고 할 수 있다. 그런데 교리를 정황에 따라 변하는 어떤 것으로 보는 라이저의 발상은 성경과 교회 또는 교리와 교회를 분리하는 이원론을 따를 때에만 나타날 수 있다.

교회와 교리에 대해 이렇게 왜곡되게 인식하는 가운데 WCC는 제8차 하라레(Harare) 총회에서 복음주의, 오순절교회, 그리고 로마 가톨릭을 포함한 '세계기독교포럼(Global Christian Forum)' 운동을 제안했다. 이에 대한 별도의 규정집에서는 회원이 되고자 하는 교회의 자격을 다음과 같이 규정하고 있다.

"① 삶과 증언 속에 성서가 증언하는 삼위일체 하나님에 대한 고백이 있어야 한다. 예컨대 이런 신앙고백은 니케아 신조(Nicene-Constantinople Creed)에 명시되어 있다.
② 해당 교회의 신조(교리)에 따른 입장을 취하되, 복음의 선포와 성례전 집전의 사역을 준수해야 한다.
③ '성부, 성자, 성령'이신 한 분 하나님의 이름으로 세례를 베풀며, 스스로와 다른 회원 교회들의 세례를 인정해야 한다.
④ 자기 교회의 권역 밖에서도 그리스도와 성령의 임재와 역사가 있음을 인정하고, 다른 교회들에도 삼위일체 하나님 신앙과 하나님의 구원하시는 은혜가 있다는 사실을 인지하고, 하나님의 지혜의 은총이 모두에게 임하시도록 기

도해야 한다.

⑤ 설령 다른 회원 교회들을 '참되고 온전한 의미의 교회'(토론토 성명서, 1950)로 여길 수 없다고 생각하는 경우에도, 다른 회원 교회들에게도 나름대로 참된 교회의 요소들이 있음을 인정할 수 있어야 한다."

①에서 니케아 신조에 따른 삼위일체 고백을 요건으로 삼고 있기는 하지만, ②-⑤에 사실상 그것을 사문화(死文化)시키는 완화 규정을 두고 있다. 이 규정은 회원의 자격에 관하여 교회의 신앙이나 고백이 올바른지를 따지기보다는 다른 교회에 대하여 얼마나 개방적인지를 더욱 문제 삼는다. 교리의 엄격성에 대해 느슨하고 다른 교회에 대해 느슨한 자세를 취할 것을 엄격히 요구하고 있다. 여기에는 교리를 문제 삼지 않으며, 열려 있는 교회라면 어떤 교회든지 문제 삼지 않겠다는 뜻이 깔려 있다. 즉, 사실상 탈교리적이며, 나아가 반(反)교리적 자세를 요구하고 있다.[29]

✟

본서에서는 WCC의 이러한 본질과 특성을 정통 개혁주의 조직신학적 관점으로 비판하고자 한다. 이 책을 통하여 독자들은 WCC의 주요 신학적 문건들과 더불어 WCC에 속한 에큐메니칼 신학자들의 글들을 여러모로 접하게 될 것이다. 본서는 WCC 텍스트 자체를 교리적으로 분석하는 데 주안점을 두고 있다. 기존의 글들이 주로 몇몇 사건들을 조명하여 WCC의 어떤 점들을 비판하는 데 주력했다면, 본서는 WCC의 신학 자체를 정통 개혁주의 조직신학적 관점에서 비판한다.

이번 장에 이은 2장에서는 WCC의 역사와 정체를 다룬다. WCC의 역사에

---

[29] 이 부분에 대한 논의에 대해서 다음을 참고하라. 박종화, "WCC의 신학을 말한다," 『월간목회』(2010, 9), 39-40.

는 1910년 에든버러 대회에서부터 1948년 제1차 암스테르담 총회에 이르기까지의 형성사가 포함된다. 특히 지금까지 열렸던 아홉 번의 총회를 통하여 그 신학적 의의를 살피는 데 특별한 관심을 기울였다. 그리고 후반부에서는 WCC의 정체가 무엇인지를 논한다. 'WCC는 교회의 연합체인가? 아니면 교회 자체인가? 아니면 제3의 기구인가?'라는 질문에 대한 답을 찾아갈 것이다.

3장에서는 WCC의 신학을 교리별로 다룬다. 먼저 WCC의 성경관을 다룬다. 성경의 권위, 정경성, 전통과의 관계 등에 대한 WCC의 입장을 파악한다. 또한 WCC의 삼위일체론과 기독론을 함께 논한다. 이 둘을 별개의 항목으로 다룰 수도 있지만 굳이 함께 논하는 것은, WCC가 삼위일체론을 왜곡함으로써 신인양성의 위격적 연합을 기초로 하는 기독론이 독자적으로 설 자리를 없애 버렸기 때문이다. 그리고 교회론을 논한다. WCC는 가시적 교회만을 편향되게 강조한다. 그리하여 교회의 본질을 무시하고 그 현상에만 집착한다. WCC의 교회론에는 구원론의 오류가 고스란히 반영된다. 그러므로 구원론을 따로 다루지 않고 교회론에 포함하여 살핀다.

4장은 3장에서 살펴본 신학을 기초로 하여 전개되는 WCC 교회 일치론을 비판적으로 고찰한다. 먼저 WCC 에큐메니즘의 핵심 개념이라고 할 수 있는 '협의회적 교제'를 다룬다. WCC는 WCC를 통한 교회 일치론을 주장하는데, 이는 가시적 교회만을 인정하는 그들의 왜곡된 교회론에 기초를 두고 있다. WCC는 교회의 가시성을 성례의 표징과 혼동하고 있다. 그리하여 교회 자체를 하나의 성례와 같이 다룬다. 교회의 궁극적인 목적이 곧 그 성례적 의미를 구현하는 것이라고 본다. 이를 "성례적 환상"이라고 부른다. WCC는 모든 가시적 현상을 성례적으로 파악하는 오류를 범하고 있다. 이와 같이 성례를 보편적으로 이해하는 가운데 교회의 일치를 인류의 일치와 동일하게 여기는 데까지 이른다. 즉, 교회의 고유한 의미가 부정된다. 이 부분에서 독자들은 WCC

의 인간 이해의 한 부분을 엿볼 수 있을 것이다. 또한 이러한 논의들을 통하여 WCC가 추구하는 "하나님의 선교" 개념을 비판한다.

  5장 결론에서는 WCC가 추구하는 에큐메니즘이 비성경적이며 반교리적이라는 것을 그동안의 논의를 중심으로 전체적으로 조명하고, 참신학과 참신앙에 기반을 둔 진정한 성도의 교제와 참교회의 연합과 일치에 대한 바람직한 방향을 제안한다.

'Uniting' of the Church and 'Unity' of the Doctrine

2장
WCC의 역사와 정체

1. WCC의 역사
2. WCC의 정체

2장

WCC의 역사와 정체

1. WCC의 역사

한국 교회에서 WCC에 대한 고찰은 주로 역사적인 측면에서 이루어졌다.[1] 그동안 WCC에 대한 글들이 많이 번역되었지만 대부분 WCC의 조직과 활동을 소개하는 정도에 머물 뿐이었다. 이 장에서는 WCC의 역사를 조망하되, 교리적인 의의와 가치를 헤아려 비판적으로 고찰한다.[2]

---

[1] 국내에서 WCC의 역사를 가장 먼저 다룬 책은 김정준의 『에큐메니칼 운동 해설』(서울: 대한기독교서회, 1957)이며, 이후 장신대 교수였던 이형기 박사의 번역과 저술을 통해서 이 부분이 집중적으로 조명되었다. 그리고 WCC를 역사적으로 비판하는 글들이 김영재, 심창섭, 박용규, 박명수, 최덕성, 이은선, 장동민, 박영실, 안인섭, 박창식, 황대우 교수 등을 통해 저술되었다. 다음을 참고하라. 이은선, "세계교회협의회(World Council of Churches, WCC)의 탄생과 역사," 『역사신학논총』 19(2010), 121-157.
[2] 이러한 입장을 띤 최근의 글로는 다음을 참고하라. 서철원, "세계교회협의회의 신학변천 개관," 총회신학부 편저, 『WCC 어떻게 대처할 것인가?』(서울: 대한예수교장로회총회 교육개발원, 2010), 40-87.

1) 형성

역사적인 정황 가운데 교회의 연합과 일치에 대한 기대와 소망이 고취되었다. 1차 세계대전 이후 미국 대통령 우드로 윌슨(Woodrow Wilson)이 천명한 민족자결주의는 피압제국의 독립 정신을 진작시키는 동시에 주권국가들의 연합에 대한 새로운 질서를 이루어 냈다. 1920년에 수립된 국제 연맹이 그 산물이었다. 이런 기운에 영향을 받은 동방 정교회는 '모든 교회'가 참여하는 '교회 연맹'을 추진하고자 했다. 1차 세계대전 이후 동구라파의 교회들은 심한 정치적 부담감을 안고 있었는데, 새로운 질서에 대한 희구(希求)를 표명함으로써 그 부담감을 떨쳐 내는 돌파구를 마련하고자 하였다. 교회 간에 이해와 협력을 촉진하기 위한 '교제'가 강조되었으며, 비록 교파가 다르다고 해도 다른 교회를 향해서 전도하지 않는 예양(禮讓)을 지킬 것과 세속 정권과 야합하는 모든 정치 활동을 포기할 것을 서로 천명하자고 제안했다.[3]

교회 연합에 대한 논의를 진행하는 데 대해 '오이쿠메네(οἰκυμένη)'라는 단어의 뜻에 관심이 집중되었다. 이 단어가 지리적뿐만 아니라 정치적, 사회적, 문화적인 모든 측면을 아우르는 포괄적인 의미에서 '전 세계'라고 번역될 수 있음에 주목하였다. 또 이것이 왕국의 통치와 규범을 뜻하는 단어로서, 성경적 하나님의 왕국이라는 개념을 전달할 수 있다고 보았다.[4]

'오이쿠메네'라는 단어에서 이러한 뜻을 추구하는 것 자체는 잘못이 아니지만, 교회의 연합과 일치를 시급하게 추구하는 과정에서 당시 지도자들은 이 단어를 단지 가시적이고 기구적인 의미로만 이해하는 그릇된 경향을 보였다. 그들은 이 단어가 함의하는 포괄성이 진리의 보편적 가치를 전제하고 있다는

---

[3] W. A. Visser't Hooft, *The Genesis and Formation of the World Council of Churches*(Geneva: World Council of Churches, 1987), 1-8.
[4] 다음을 참고하라. W. A. Visser't Hooft, *A History of the Ecumenical Movement*(1517-1848), vol.1, ed. Ruth Rouse and Stephen Charles Neill(London: SPCK, 1986), 735-740.

사실을 간과했다. 그리하여 모든 기독교인들이 가시적인 교제를 이루되, 그것이 각 교회의 신학에 어떠한 해(害)도 주어서는 안 된다는 원칙을 정하고, 이것을 제일 원리처럼 여기게 되었다.[5] 이러한 원칙은 교리적 불일치가 있더라도 교회의 연합을 지상 과제로 추구하고자 하는 WCC의 목적에 정확히 부합하였다.

"우리 교회는 다양한 기독교 교회들 간의 화해와 교제가 그들 사이에 존재하는 교리적 차이 때문에 방해받지 않는다고 생각한다."[6]

이러한 입장을 견지하는 가운데 1927년 스위스 로잔(Lausanne)에서 개최된 1차 신앙과 직제 세계대회는 가시적 교제를 통하여 '더욱 완전한 영적 일치'를 이루자는 제안을 공표하였다.[7] 교리의 차이에 상관하지 않고 교회의 영적 일치를 추구한다는 것 자체가 모순이 아닌가? 진정 영적인 것으로서 교리적이지 않은 것이 있는가?[8]

'영적'이라는 말은 소극적으로는, 단순히 가시적이거나 문자적이지 않다는 측면을, 적극적으로는, 교리적 또는 신학적이라는 측면을 함의하는 말이다. WCC가 말하는 '더욱 완전한 영적 일치'라는 말은 이러한 어의를 담고 있지 않다. 그들에게 있어서 영적이라는 것은 가시적인 그 무엇의 현상적·실존적 의미를 뜻할 뿐이다.[9]

---

[5] Visser't Hooft, *The Genesis and Formation of the World Council of Churches*, 14.
[6] Germanos Strenopoulos, "Unto the Churches of Christ everywhere," Encyclical of the Ecumenical Patriarchate, 1920, in Visser't Hooft, *The Genesis and Formation of the World Council of Churches*, 94.
[7] Visser't Hooft, *The Genesis and Formation of the World Council of Churches*, 22.
[8] Visser't Hooft, *The Genesis and Formation of the World Council of Churches*, 30.

WCC는 초대 교회 에큐메니칼 공의회의 전통을 계승한다고 하면서도 실상 그 취지를 거스르고 있다. WCC 신학은 서로 다른 다양한 주장들을 열거할 뿐 성경의 고유한 절대적 진리에 대해서는 침묵한다. 초기 WCC의 지주(支柱)였던 영국 성공회의 대주교 윌리엄 템플(William Temple)은 세계교회협의회 헌법에 대한 해설서에서 이렇게 말하였다.

"세계교회협의회는 우리 주 예수 그리스도를 하나님이요 구세주로 믿는 신앙 위에 서 있다. 이 기본 원칙이 매우 간명하다는 사실에서 알 수 있듯이, 이것은 세계교회협의회에 참여하는 교회들의 기독교 신앙에 대한 확신이지 교회나 사람의 신앙고백을 판단하기 위한 시험이 아니다. 이 기본 원칙은 성육신과 구속에 대한 확신을 표현하고 있다. 세계교회협의회는 이러한 진리들을 수용하는 교회들이 교제하기를 바라지만, 교회들이 이러한 진리들을 해석하는 방식에 대해서는 관여하지 않는다. 따라서 이 기본 원칙을 근거로 하여 각 교회가 협력할 수 있는가를 결정하는 것은 각 교회의 책임이 될 것이다."[10]

WCC 총회는 오늘날까지 아홉 번에 걸쳐서 이러한 입장을 개진하였다. 함께 하나의 교리를 고백하되, 그 교리를 해석하는 방식에 대해서는 관여하지 않는다는 이율배반적인 원칙이 신학자들의 참된 신학적 변증이 아니라 변증법적 사변으로 합리화되었다. 합리주의적이며 실존주의적인 변명이 늘어났으며, 세속 진리로 기독교 진리를 뛰어넘는 것이 시대적 교양이라도 되는 양 주

---

9) 예컨대, 우리가 칼빈이 문자적, 역사적, 영적으로 성경을 해석했다고 말할 때, 이는 성경 말씀의 문자적 의미를 추구하되 단지 문자주의에 얽매이지 않고 역사적이며 신학적으로 해석했다는 뜻이다.
10) William Temple, "Explanatory memorandum on the Constitution of the World Council of Churches," in Visser't Hooft, *The Genesis and Formation of the World Council of Churches*, 109; *The World Council of Churches: Its Process of Formation, Minutes and Reports of the Meeting of the Provisional Committee of the WCC Held in Geneva*, 1946, 182.

저 없이 제안되었다.

WCC는 그 출발부터가 에큐메니즘의 본연의 가치를 구현하고자 하는 취지나 목적에서 멀어져 있었다. 그런데도 초창기에 신앙고백이나 교리적 입장에 대해 명문 규정들을 많이 남긴 것은, 가시적 교회만을 인정하는 가운데 교회의 연합과 일치를 단지 기구적으로 이루고자 하는 의도를 숨기고 많은 교회들의 참여를 이끌어 내기 위해서였다. 이러한 의도는 총회를 거듭할수록 점점 노골적으로 표출되어 다원주의와 혼합주의의 경향을 드러내 보였다. WCC는 니케아-콘스탄티노플 신경을 주요하게 여긴다고 표명하는데, 과연 이러한 고백과 세속주의적 경향이 양립할 수 있겠는가?

2) 아홉 번의 총회

WCC는 1910년에 영국 스코틀랜드 에든버러(Edinburgh)에서 열린 '세계선교사대회(World Missionary Conference)'를 기화로 만들어진 '국제선교협의회(International Missionary Council, IMC)'와 '신앙과 직제위원회(Faith and Order Committee)' 그리고 '삶과 봉사위원회(Life and Work Committee)'가 합쳐져 형성되었다. 이들 가운데 '신앙과 직제위원회'와 '삶과 봉사위원회'가 먼저 연합되었으며, 이후 제3차 뉴델리(New Delhi) 총회(1961) 때 '국제선교협의회'가 산하 조직으로 들어왔다. 이후 '국제선교협의회'는 '세계선교와 전도위원회(Committee on World Mission and Evangelism, CWME)'로 흡수되었다. 그리하여 삼원 체제가 형성되었다.

"인간의 무질서와 하나님의 계획(Man's Disorder and God's Design)"이라는 주제를 내건 제1차 WCC 암스테르담(Amsterdam) 총회(1948)에서는 교회들이 함께 모여 '모든 사람들이 볼 수 있는 표지판'을 세우자고 했다.[11] 그런데 그 표지판은 영적이라기보다 정치적이며 사회적인 경향을 띠고 있었다. 그들은 "책임 있는 사회(A Responsible Society)"라는 구호를 그 목표로 삼았다. WCC가 교회를 섬기는 기구적인 성격을 가지고 있음을 돌려서 표현했지만, 거기에는 인간의 자유를 쟁취하기 위한 교회적 저항과 투쟁을 조직적으로 이끌려는 의도가 숨어 있었다. 개신교회를 위한 정치의 장이 제공된 것이다.

제2차 에번스턴(Evanston) 총회(1954)는 "그리스도 세상의 소망(Christ the Hope of the World)"이라는 주제로 거행되었다. 주제에 걸맞게 "오직 그리스도 안에서 교회의 하나 됨"이라는 모토를 내세웠다. 그렇지만 교회의 연합과 일치에 관해 오직 가시적이고도 유형적인 지상의 교회만을 염두에 두었다. 비록 '오직 그리스도 안에서'라고 했지만, 그리스도가 교회의 머리 되신다는 인식은 없었다. 즉, 택함 받은 모든 성도들의 총수(總數)를 뜻하는 비가시적 교회에 대해서는 무지했다.

제2차 총회는 사회적, 정치적, 문화적 세계 공동체를 추구한 제1차 총회의 연장선상에 있었다. 특히 제2차 총회에서는 인종과 종교와 경제 문제 등이 더욱 구체적으로 거론되었다. 자본주의가 세계 악의 근원으로 성토되었으며, 제3세계 국가들과 이스라엘의 핍박을 받는 아랍 국가들에 대한 호혜(互惠)가 논의되었다. 이러한 일련의 사업들을 통하여 교회가 '완전한 가시적 일치(a full visible unity)'를 이룰 것이라는 전망을 내세웠다.[12]

에번스턴 총회를 통해서 우리는 WCC의 정체성에 관하여 다음의 두 가지 사실을 깨닫는다. 첫째, WCC는 가시적 교회의 일치만을 주장한다. 그리스도가 교회의 머리라는 비가시적 교회에 대한 이해 자체가 결여되어 있다. 둘째, WCC는 단지 교회의 협의체로 머물지 않고 모든 교회들을 아우르는 하나의

---

11) 특히 기조연설을 보라. 세계교회협의회 엮음, 『세계교회협의회 역대총회 종합보고서』, 이형기 옮김(서울: 한국장로교출판사, 1993), 31-32.
12) 특히 신앙과 직제위원회의 보고서를 보라. 세계교회협의회 엮음, 『세계교회협의회 역대총회 종합보고서』, 80-88.

교회이기를 원한다. WCC를 하나의 보편적 교회로 보는 순간, 그 각각의 구성체는 교회가 아니라 교회를 이루는 단자(單子) 정도에 지나지 않게 된다. 즉, 교회는 WCC에 가입하는 순간 교회의 고유한 정체성을 잃어버린다. WCC에는 교회의 정체성이 없는 명목적 교회와 그 정체성을 잃어버린 회고적 교회만이 있을 뿐이다.

제3차 뉴델리 총회(1961)에서는 "예수 그리스도-세상의 빛(Jesus Christ-the Light of the World)"이라는 구호 아래 교회의 일치가 WCC의 본질과 맞닿아 있음을 더욱 분명히 공표하였다. 그리고 예수 그리스도께서 성육신하심으로써 세상에서 구원을 이루셨듯이, 교회 일치에 대한 노력이 '가시적'으로 표출되어야 한다고 선포하였다.[13] 특히 주목할 것은 그들이 하나님께서 주신 교회에는 이미 '부여된 하나 됨(given unity)'이 존재한다고 여겼다는 것이다. 교회 일치의 요소가 가시적 교회 안에 이미 존재한다는, 이러한 소여성(所與性, givenness)은 이후 WCC의 모든 활동을 정당화하는 이론적 장치로 작용하게 된다.[14] 이와 같이 WCC는 지상의 가시적 교회에 비가시적인 본질적 요소가 내포되어 있다고 보는 입장에서 자신을 교회를 대체하는 기구로 내세울 수 있는 길을 열었다. WCC는 그리스도의 이름으로 모인 사람들의 모임 자체에서 교회가 출발하며, 그 안에서 발견되는 공동의 선이 그리스도의 구원의 의라는 이름으로 표현될 뿐이라고 말한다.

WCC의 탈교회화는 '그리스도께서 세상의 빛이 되시므로 모든 사람들과 모든 국민들과 모든 것들을(τα παντα) 포용하는 복음이 되신다'는 사실을 적시하

---

13) 특히 제3분과 보고서를 보라. 세계교회협의회 엮음, 『세계교회협의회 역대총회 종합보고서』, 223-244.
14) 세계교회협의회 엮음, 『세계교회협의회 역대총회 종합보고서』, 225-226. 하나님께서 자신의 창조물로서 교회의 일치를 자신의 백성에게 주셨다는 입장은 암스테르담 총회의 에큐메니칼 스터디 제1분과 보고서에 천명되어 있다. "The Universal Church in God's Design," in World Council of Churches, Man's Disorder and God's Design, vol.1, The Universal Church in God's Design, 204.

면서 더욱 노골적으로 드러났다.[15] 그리하여 1952년 스웨덴의 룬드(Lund)에서 열린 제3차 '신앙과 직제위원회'에서 제안된 바 '에큐메니칼 운동이 기독론적으로 전개되어야 한다'는 권고가 무엇을 의미하는지 드러났다. WCC에 따르면, '기독론적'이라는 말은 '가시적' 또는 '지상적'이라는 말과 별반 다르지 않다. 그들은 그리스도가 인류의 대표로서 전체를 비춘다는 의미에서 '기독론적'이라는 말을 사용한다. 이러한 관점에서 교회의 연합과 일치가 그리스도의 대속적 의로부터 다루어지지 않고, 조직의 일양(一樣), 즉 동일화(uniformity)라는 의미를 담게 되었다.[16]

이렇게 비가시적 교회에 대한 인식 없이 가시적 교회만을 편향되게 강조하는 경향은 이후에 더욱 노골적으로 드러났다. "보라 내가 만물을 새롭게 하노라(Behold, I Make All Things New)"라는 주제로 거행된 제4차 웁살라(Uppsala) 총회(1968)에서는 "에큐메니칼 운동이 더욱 담대해지고, 또 더욱 대표성을 띠어야 한다"라는 기조연설이 있었으며,[17] '전 교회의 하나 됨'을 넘어 '인류의 하나 됨'이 추구되었다.[18] 이러한 장치로 "하나님의 선교(*Missio Dei*)"가 논의되었으며, '새로운 인간성'이라는 개념이 부각되었다.[19]

특히 이 총회에서는 작은 악을 사용하여 큰 악을 저지하는 것이 정당하다는 혁명신학이 도입되었다. 급격한 정치 사회적 변화에 대응하기 위해 급격한 신학이 요청되며, 교회를 넘어 인류의 문제를 다루는 신학이 되어야 한다고 주장되었다. 또한 교회가 새로운 인간성에 가장 적합한가에 따라서 교회의 진정

---

15) Phillip A. Potter, "WCC and the World of Religions and Cultures," *Ecumenical Review* 41/1(1989), 9.
16) 다음을 참고하라. 서철원, "세계교회협의회의 신학변천 개관," 44.
17) 세계교회협의회 엮음, 『세계교회협의회 역대총회 종합보고서』, 249.
18) 특히 제1분과 보고서를 보라. 세계교회협의회 엮음, 『세계교회협의회 역대총회 종합보고서』, 258-260.
19) 특히 제2분과 보고서 '선교의 갱신'을 보라. 세계교회협의회 엮음, 『세계교회협의회 역대총회 종합보고서』, 261-264.

성이 다루어져야 한다고 보고, 선교도 이러한 관점에서 접근하였다. '만물을 새롭게 한다'는 구호는 구원의 중생을 뜻하는 것이 아니라 창조의 변혁을 의미하는 데 머물렀다.[20]

제5차 나이로비(Nairobi) 총회(1975)에서는 "예수 그리스도께서 자유롭게 하며 하나가 되게 하신다(Jesus Christ Frees and Unites)"라는 주제를 내세워 해방신학에 대해 많이 논의하였다. 그리고 인종 차별을 타파하고 종교 간의 대화를 확장할 것을 주요한 과제로 여겼다. 무엇보다 '문화적 정체성(cultural identity)'을 인정하는 가운데 다른 종교 및 이데올로기와도 교통할 것을 권하였다.[21] 이것은 교회의 '인격적 정체성(personal identity)'을 '문화적 정체성'의 문제로 파악한 선교와 복음에 관한 방콕(Bangkok) 대회의 입장을 재확인한 것이었다.[22]

특히 이 총회에서는 '협의회적 교제'라는 개념을 교회의 보편성과 동일한 수준으로 강조하였는데, 이로써 WCC가 하나의 가시적 교회로 나아가는 과정일 뿐만 아니라 그 목적이기도 하다는 것을 더욱 뚜렷이 나타냈다.[23] 이 총회의 참여자 중 80%는 새로 가입한 사람들이었으며, 대부분 아프리카의 신생 교회에서 온 사람들이었다. 이러한 분위기 가운데 당시 중앙위원회 의장이었던 토마스(M. M. Thomas)는 '그리스도 중심의 혼합주의(Christ centered syncretism)'를 제안하기도 하였다.[24]

제6차 밴쿠버(Vancouver) 총회(1983)는 "예수 그리스도-세상의 생명(Jesus Christ -the Life of the World)"이라는 주제로 개최되었다. 이 총회에서는 이전 총회의 대의를 더욱 심화하여 다원주의 사회에서 문화적, 종교적으로 대화하는 길을

---

20) 다음을 참고하라. 이은선, "세계교회협의회(World Council of Churches, WCC)의 탄생과 역사," 139-143.
21) 특히 제1분과 보고서를 보라. 세계교회협의회 엮음, 『세계교회협의회 역대총회 종합보고서』, 325-327.
22) 다음을 참고하라. Potter, "WCC and the World of Religions and Cultures," 10-11.
23) 특히 제2분과 보고서를 보라. 세계교회협의회 엮음, 『세계교회협의회 역대총회 종합보고서』, 340-343.
24) 다음을 참고하라. 이은선, "세계교회협의회(World Council of Churches, WCC)의 탄생과 역사," 143-147.

넓게 모색했다. 이방 문화 가운데도 하나님의 창조적인 사역이 나타나며 하나님의 진리를 발견할 수 있다는 점이 논의되었다.[25] 특히 성찬을 통한 교회의 일치를 강조함으로써 교회 자체를 성례적 표징으로 이해하여 그 가시성에 신학적 의미를 부여하고자 하였다.[26]

밴쿠버 총회의 기조연설과 분과별 주제들, 그리고 몇몇 행사들은 WCC가 종교다원주의의 길로 가고 있음을 분명히 보여 주었다. 성경적 영생의 개념은 어디에서도 찾아볼 수 없었고, 지상의 생명 현상만이 다루어졌다. 리마 예식서(Lima Liturgy)에 따라서 처음으로 거행된 성찬식은 각종 종교의 제전이나 다름없었다. 그리고 생명을 영기(靈氣)와 같이 여기고는 토템 제막식과 무당 강신굿 등을 행하였다.[27] 성도의 회심이 갖는 구원론적 의미가 퇴색했으며, 성례는 그리스도의 죽음과 부활에 연합하는 표로서의 특성을 상실했다. 오랫동안 다원주의의 길을 헤매던 WCC가 스스로 빠져나올 수 없는 늪으로 들어갔다. 1990년의 바르 선언문(Baar Statement)으로 그들이 빠진 늪이 얼마나 심각한지가 확실히 드러났다.[28]

제7차 캔버라(Canberra) 총회(1991)는 "오소서, 성령이여-만물을 새롭게 하소서(Come, Holy Spirit-Renew the Whole Creation)"라는 주제로 개최되었다. 이 총회에서는 성령의 구속 사역보다 창조 사역을 집중적으로 강조하였다.[29] 성령이 '진리의 영'이라는 사실을 다루면서, 정치, 문화, 사회에 미치는 일반 은총적 역사에만 편중하였고,[30] 성령이 '일치의 영'이라는 사실을 다루면서,

---

25) 특히 제1분과 보고서를 보라. 세계교회협의회 엮음, 『세계교회협의회 역대총회 종합보고서』, 429-431.
26) 특히 제2분과 보고서를 보라. 세계교회협의회 엮음, 『세계교회협의회 역대총회 종합보고서』, 432-443.
27) 다음을 참고하라. 이은선, "세계교회협의회(World Council of Churches, WCC)의 탄생과 역사," 147-150.
28) 본서 4장에서 바르 선언문에 관하여 다룬다.
29) 특히 기조연설과 제1분과 보고서를 보라. 세계교회협의회 엮음, 『세계교회협의회 역대총회 종합보고서』, 499-513.
30) 특히 제2분과 보고서를 보라. 세계교회협의회 엮음, 『세계교회협의회 역대총회 종합보고서』, 514-519.

그리스도와 함께 한 몸을 이룬다는 본질적인 언급을 회피한 채 성도들의 교제와 교회의 문화적 적응성만을 강조하였다.[31] 또한 성도의 성화 과정에 역사하는 성령의 작용을 다루는 부분에서는 자신의 자질을 끌어 올려 신(神)을 직관하고자 하는 로마 가톨릭의 영성 개념을 수용하였다.[32]

캔버라 총회에서는 특히 종교다원주의적 관점에서 성령의 역사에 주목하였다. 다른 종교인들 가운데도 동일한 성령의 역사로 구원하는 하나님이 현존하신다고 하였다. 창조와 섭리에 미치는 성령의 일반은총적 역사와 택함 받은 백성의 구원에 미치는 성령의 특별은총적 역사가 구별되지 않았다. 성령을 이렇게 이해하는 가운데 그리스도의 구속 사역이 아니라 일반적인 창조의 은혜에서 성찬의 의미를 찾았다. 그리고 하나님의 뜻이 교회를 통하여 일반 문화 속에서 구현되는 것을 그리스도의 성육신에 유비하기도 하였다.[33]

이 총회 마당에서 벌어진 정현경의 특강은 하나의 주변적 에피소드로만 치부될 수는 없는 것이었다. 그것은 WCC의 오랜 억지를 몸으로 풀어낸 한 판의 굿이었다. 그리스도의 이미지가 환인(桓因)으로 대체되고, 성령이 죽은 조상들 가운데 작용하는 영으로 노래되었다. 니케아-콘스탄티노플 신경은 성령을 살리는 영, 중생의 영으로 고백하였다. 그러나 정현경은 성령을 단지 만물의 생명 가운데 깃드는 정령 정도로 여겼다.[34] 정현경은 "성령이여 오소서-만물을 새롭게 하소서(Come Holy Spirit-Renew the Whole Creation)"라는 '기원(invocation)'으로 자신의 주제 강연을 시작했는데, 그것은 기원이라기보다는 이방의 제의에서나 볼 수 있는 일종의 '초혼(招魂)'이었다.[35] 주목해야 할 것은, WCC

---

31) 특히 제3분과 보고서를 보라. 세계교회협의회 엮음, 『세계교회협의회 역대총회 종합보고서』, 520-526.
32) 특히 제4분과 보고서를 보라. 세계교회협의회 엮음, 『세계교회협의회 역대총회 종합보고서』, 527-533.
33) 세계교회협의회 엮음, 『세계교회협의회 역대총회 종합보고서』, 509, 525.
34) 다음을 참고하라. Lawrence E. Adams, "The WCC at Canberra: Which Spirit?" *First Things* 14 (1991), 30, 34-35.

가 정현경의 강의를 혼합주의(syncretism)의 산물이라고 말하면서도 오히려 생명의 역동성을 드러낸 토착신학을 펼친 것으로 격려하였다는 사실이다.[36]

제8차 총회는 "함께 도상(途上)에서(Together on the Way)"라는 제목으로 짐바브웨의 수도 하라레(Harare)에서 열렸다(1998). 희년을 맞이하여 총회는 교회의 가시적 일치를 더욱 분명하게 표방하였다. 총회는 하나님의 신발이 십자가에서 벗겨졌다는 이미지를 사용하여 하나 됨과 헌신을 함께 부각시켰다. 그리고 "우리는 그리스도의 몸이 가시적으로 하나 됨을 갈망한다"라고 노래하였다.[37]

전 세기의 마지막 총회로서 이 총회에서는 WCC의 정체성을 확립하고 그 활동을 돌아보며 21세기를 전망하는 논의들을 주로 나누었다. 새로운 과제로서 '에큐메니칼 코이노니아' 또는 '에큐메니칼 세계화'라는 개념이 부각되었다. 그 방편으로서 오염된 환경과 신자유주의 경제 체제 아래서 겪는 비인간적인 소외를 극복하는 생명의 신학을 추구하였다. 그러나 성경적 영생에 대한 새로운 고찰은 없었다. 다만 종교다원주의적 모호성을 지닌 다음의 문구를 다시금 채택하였다. "우리는 예수 그리스도 이외에 다른 구원의 길을 제시할 수 없다. 동시에 우리는 하나님의 구원하시는 능력을 제한할 수 없다."[38]

---

35) 다음을 참고하라. 김길성, "WCC 한국 총회를 앞둔 한국 교회의 방향과 전망," 37-40; 권성수, "WCC 신학을 어떻게 볼 것인가?" 총회신학부 편저, 『WCC 어떻게 대처할 것인가?』(서울: 대한예수교장로회총회 교육개발원, 2010), 19-20.
36) 이러한 입장은 당시 전 WCC 대리 총무였던 독일 개신교의 콘라드 라이저(Konrad Raiser)와 덴마크 루터교 대표인 피터 로드베르크(Peter Lodberg) 등에 의해서 표명되었다. 이형기, "제7차 총회: 호주 캔버라(1991년)의 보고서," 말린 벤엘데린 엮음, 『세계교회협의회 40년사』(서울: 한국장로교출판사, 1993), 289. 다음을 참고하라. 이형기, "정현경 교수의 강연에 대한 필자의 반응," 벤엘데린 엮음, 『세계교회협의회 40년사』, 296-300. 이형기는 정현경의 특강이 해방신학의 일단을 보여 주는 것으로서 신학적으로보다는 사회윤리 차원의 이론 정도로 소개되었으면 좋았을 것이라고 말하면서도 그 특강이 WCC에서 근래 요청하고 있는 전통신학과 토착화신학의 협화음에 대한 답을 어느 정도 주었다고 평가하였다.
37) WCC, "Together on the Way: Being Together under the Cross in Africa; The Assembly Message," http://www.wcc-coe.org/wcc/assembly/fmesc-e.html.

브라질의 포르투알레그레(Porto Alegre)에서 모인 제9차 총회(2006)는 "하나님, 당신의 은혜로 세상을 변화시키소서(God, in Your Grace, Transform the World)"라는 주제로 개최되었다. 여기서는 교회가 연합을 추구하는 헌신과 상호 간의 대화를 심화시키는 일이 강조되었다. 총회에서 채택된 '한 교회로 부르심'이라는 문건에서는 '완전한 가시적 일치(full visible unity)'가 반복하여 강조되었다. 이러한 취지에서 교회가 부름 받은 목적이 '다양성 가운데서 하나임'을 드러내는 데 있다고 천명되었다.[39]

이 총회에서는 회장 선출과 중앙위원회 조직에 관한 법을 제정하여 WCC가 하나의 교회로 나아가기 위한 제도적 장치를 마련하였다.[40] 그리하여 그동안 WCC가 추구해 온 교회의 연합과 일치가 사실 하나의 교회를 형성하는 것을 목표로 삼았음을 확인시켰다. 물론 WCC가 추구하는 교회는 진정한 교회가 아니며, 그것이 교회를 대체한다는 변증법적 측면에서만 교회라고 할 것이다. WCC는 성도 각자가 그리스도와 연합하는 가운데 머리이신 그분을 통하여 서로 하나가 되는 진정한 교회의 일치를 추구하지 않는다. 해묵은 그들의 논법은 이제 성도의 교제를 상호 간의 '후대(hospitality)'로 바꾸어 버렸다.[41] 그러나 교회 일치의 본질은 지체 상호 간의 친절이나 호의나 환대가 아니라 지체들이 각각 머리에 연결되어 있으므로 서로 연합되어 하나가 되는 데 있다.

2013년에 열릴 제10차 WCC 부산 총회의 주제는 "생명의 하나님, 우리를

---

[38] 다음을 참고하라. 이은선, "세계교회협의회(World Council of Churches, WCC)의 탄생과 역사," 152-154. 아래로부터 재인용하였다(154). "You are the Light of the World," *Statements on Mission by World Council of Churches 1980-2005*(Geneva: WCC Publications, 2005), 81.
[39] WCC, "Called to Be the One Church: An invitation to the churches to renew their commitment to the search for unity and the deepen their dialogue," 특히 1-7을 보라. http://www.oikoumene.org/en/resources/documents/assembly/porto-alegre-2006.....
[40] 다음을 참고하라. 서철원, "세계교회협의회의 신학변천 개관," 58-59.
[41] 다음을 참고하라. 이은선, "세계교회협의회(World Council of Churches, WCC)의 탄생과 역사," 155.

정의와 평화로 이끄소서(God of Life, Lead Us to Justice and Peace)"로 정해졌다. '함께 부름 받은 소명'과 '정의, 평화, 그리고 창조'라는 주제를 놓고 각축하다가 그 절충안으로 이렇게 결정했다고 알려졌다. WCC는 '교회의 일치'와 '함께 부름 받은 소명'을 두 축으로 에큐메니칼 운동을 정위(定位)시켜 왔다. 이미 우리가 고찰한 대로 '교회의 일치'가 가시적이며 기구적이듯이, '함께 부름 받은 소명'도 그런 차원에서 논의될 것이다. '정의, 평화, 그리고 창조'는 제7차 캔버라 총회 이후 분과를 두고 추진해 왔던 부분이다. 캔버라 총회 이후 부각된 성령의 역사에 관한 담론을 다루되 구원론적인 측면은 간과하고 일반은총적인 관점으로만 다루기 위해서 형성된 분과이다. 그러므로 이 부분의 논의도 회심이 없는 구원, 그리스도의 대속적 은혜가 없는 구원의 관점에서 진행될 것이다.

주제에 비추어 본다면, 제10차 총회는 '하나님의 선교' 개념에 기초한 종교다원주의적 입장에서 새로운 인간성을 진작시키는 생명의 신학을 추구할 것으로 보인다. 그리고 정의, 평화, 창조로 세분된 논의가 있을 것이다. 우리는 이것을 지금까지 살펴본 아홉 번의 총회에 비추어 생각해 볼 수 있다. '정의'는 인류 일반의 보편적 선이라는 측면에서 논의될 것이다. '평화'는 다양성 가운데 일치라는 모토를 내세울 것이다. 심지어 성경의 진리 문제조차도 그 절대성보다 평화적 공존을 더욱 고상한 가치로 여길 것이다. '창조'는 구원을 포함하는 개념으로 미화될 것이다. 궁극적으로 구속의 특별은총을 창조의 일반은총으로 대체할 것이다. 종교다원주의는 이런 경향을 반드시 수반한다.

아홉 번의 총회를 통하여 우리는 WCC의 목적이 교리를 불문하고 교회의 연합과 일치를 추구하는 데 있음을 알게 되었다. 회원 교회들은 각자의 고유한 교리를 훼손당하지 않을 권리가 있으나, 참교회에 대한 신학적 변증은 금기시되었다. 특정한 교리를 함께 고백하되 그 교리에 대한 다원적, 혼합적 해석이 오히려 장려되었다. 이러한 경향은 총회가 진행될수록 더욱 노골적으로 드러났다. 제10차 총회에서도 이러한 경향이 극대화되리라 전망한다.[42]

2. WCC의 정체

1) 명문(明文)상 명목적 정체

WCC의 헌법은 그 정체에 대해 "다 함께 공동의 소명을 완수하고자 노력하는 교회들의 교제"라고 규정한다.[43] WCC는 '함께 모이고(intend to stay together) 하나가 되고자 하지만(intend to unite) 교회(church)를 이루고자 하지는 않는다'고 규정한다. 뿐만 아니라 '유일한 교회(the Church)나 하나의 초교회(a Super-Church)로 여겨지는 것도 원하지 않는다'고 규정한다.[44]

1927년 제1차 로잔 신앙과 직제위원회는 처음부터 가시적 교회의 일치를 목적으로 삼았다. 그래서 부칙에서 다음과 같이 규정하였다.

"예수 그리스도께서 한 분이심을 선포하고 세상으로 하여금 교회들을 믿게 하기 위하여 그리스도 안에서 행해지는 예배와 공동의 삶 가운데 표현되는 하

---

42) 예상하건대, 제10차 총회는 개신교와 로마 가톨릭의 연합, 소위 바울신학에 대한 새로운 관점의 수용 여부 등이 신학적 중심 논제가 될 것이다. 전자는 이신칭의 교리의 절대성을 부인하는 자리로, 후자는 구약을 유대주의로 대체하는 자리로 유도될 것이다. 그러나 이런 논의조차 일어날지 의문이다. 최근 WCC는 신학적 담론 자체를 피해 가려는 경향을 짙게 드러내기 때문이다.
43) WCC, *The New Delhi Report*(New York: Association Press, 1961), 426.
44) 다음을 참고하라. W. A. Visser't Hooft, "The Significance of the World Council of Churches," in World Council of Churches, *Man's Disorder and God's Design: An Omnibus Volume of the Amsterdam Assembly Series Prepared under the Auspices of the First Assembly of the World Council of Churches Including the Official Findings of the Four Sections*, vol.1. *The Universal Church in God's Design*(New York: Haper&Brothers, 1948), 177-195. WCC는 하나의 교회가 아니라 교회들의 협의회이기 때문에 각각의 교회로부터 분리될 수 없다고 하였다. WCC의 정체성에 대한 이러한 원칙은 제2차 에번스턴 총회의 제2분과 보고서에서 명문화되었다. 세계교회협의회 엮음, 『세계교회협의회 역대총회 종합보고서』, 89.

나의 신앙과 성례적 교제를 통하여 가시적 일치(visible unity)를 이루고자 하는 목적으로 부르신 것이다."[45]

교회의 '가시적 일치'를 WCC의 목적으로 명문화한 이 규정은 제1차 암스테르담 총회의 결의에 따라 회집된 '신앙과 직제위원회'의 중앙위원회가 작성하여 발표한 '토론토 성명서(Toronto Statement)'에서 세부적으로 다루어졌다. 여기에서는 WCC의 정체성이 소극적(또는 부정적) 측면과 적극적(또는 능동적) 측면으로 나누어 규정되었다. 먼저 소극적 규정으로 다섯 가지 항목들이 제시되었다.

"① WCC는 초교회가 아니며 결코 그렇게 되어서는 안 된다.
② WCC의 목적은 교회들이 오직 스스로 주도함으로써 이루어 낼 수 있는 연합들을 협상하는 것이 아니라 교회들이 서로 살아 있는 관계에 이르는 것과 교회 일치에 관한 문제들을 연구하고 논의하는 것을 고양시키는 데 있다.
③ WCC는 교회에 대한 특별한 한 가지 개념(any one particular conception)에 기초할 수 없으며, 기초해서도 안 된다. 곧 교회의 문제를 사전에 판단하지 않는다.
④ WCC의 회원이 되는 것은 어떤 한 교회가 가지는 교회에 대한 고유한 개념(own conception)을 단지 상대적으로 취급하는 것을 암시하지 않는다.
⑤ WCC의 회원이 되는 것이 교회 일치의 본성에 관한 특정한 교리를 수용하는 것을 암시하지 않는다."[46]

---

45) WCC, "Faith and Order By-Laws, 3.1," in Thomas F. Best, ed., *Faith and Order at the Crossroads: The Plenary Commission Meeting, Kuala Lumpur 2004*, Faith and Order Paper No.196(Geneva: WCC, 2005), 405.

그리고 여덟 가지의 적극적인 항목들이 있다. 여기에서는 그중에서 교회 일치와 관련하여 중요한 ③항과 ⑤항을 살펴보기로 한다.

"③ 회원 교회들은 그리스도의 교회의 회원이 되는 것을 그들 자신들이 속한 교회의 몸의 회원이 되는 것보다 더욱 포괄적인 것으로 인식한다. 따라서 그들은 주님의 주 되심을 고백하는 자신들의 체제 바깥에 있는 사람들과 살아 있는 관계로 들어가기를 추구한다.
⑤ WCC의 회원 교회들은 다른 교회들을 통해 참교회의 요소들이 무엇인지를 깨닫게 된다. 이러한 깨달음은 서로 간의 신중한 대화를 통하여 주어진다. 그들은 자신들이 깨달은 바가 진리에 부합한다는 사실을 의식하면서 완전한 진리가 무엇인지를 알게 되고, 그 지식을 기초로 하나가 되고자 한다."[47]

WCC는 교회(*ecclesia*)가 아니며 교회 밖의 교회(*ecclesia extra ecclesiam*)도 아니라는 입장이 뉴델리 총회에서 신학적으로 정리되어 보고되었다. '일치' 분과 보고서에서는 '하나의 완전히 헌신된 교제(one fully committed fellowship)'를 '지금 여기에서(here and now)' 구현하는 것이 하나님의 뜻이라는 사실을 적시하였다. 이를 삼위일체 하나님의 사역으로 보고는 서두에 "성령의 일치 가운데서 행해지는 아버지와 아들의 사랑이 삼위일체 하나님께서 모든 사람들과 창조를 위하여 뜻하시는 일치의 근원이자 목적이다"라고 선포하였다. 이러한 목적이 '자신의 교회를 향한 하나님의 뜻이자 선물'로서 지금 '가시적으로' 성취되고 있다는 것이다.[48]

---

46) Marien E. Brinkman, *Progress in Unity? Fifty Years of Theology within the World Council of Churches: 1945-1995. A Study Guide*(Louvain: Peeters Press, 1995), 13-15에서 인용하였다.
47) Brinkman, *Progress in Unity?* 15-16에서 인용하였다.

그리고 '완전히 헌신된 교제'에 대해서 설명하면서, '교회의 진정한 존재 의미(what the Church truly is)'가 여기에 있으며, 이것은 "한 몸과 한 성령 가운데서 생생한 다양성이 협력하며 살아가는 삶을 의미한다"라고 하였다.[49] 일치와 다양성에 대한 이러한 인식을 바탕으로 이 문건은 신앙고백, 세례, 성찬, 기도, 설교, 그리스도인의 삶에 대해서 언급한다.[50]

2) 실제적 정체: 교회를 대체하는 가시적 기구를 추구함

WCC의 정체성과 관련하여 일찍이 디트리히 본회퍼(Dietrich Bonhoeffer)가 던진 질문은 여전히 시사하는 바가 크다.

"에큐메니즘 기구는 교회인가(Ist die Oekumene Kirche)?"[51]

WCC는 자신이 교회도, 교회를 대체하는 기구도, 제3의 무엇도 아니며, 단지 '가시적 교제(visible fellowship)'를 지향할 뿐이라고 명문으로 규정한다. 그러나 이것은 단지 형식적인 표명일 뿐, 처음부터 끝까지 WCC는 '완전한 가시적 교회(full visible church)'를 추구해 왔다.[52]

본회퍼의 질문에 답하기 위해서 우리는 먼저 WCC가 교회의 본질을 어떻게 바라보는지를 살펴보아야 한다.

초대 교회 이후 참교회(*ecclesia vera*)에 대한 논의는 성도의 신앙과 삶과 고백이라는 측면에서 전개되었다. 참신앙과 참다운 그리스도인의 삶은 분리될

---

48) WCC, *New Delhi Speaks*(London: SCM Press, 1962), 55. 문장 인용, "The love of the Father and the Son in the unity of the Holy Spirit in the source and goal of the unity which the Triune God wills for all men and creation."
49) *New Delhi Speaks*, 59.
50) *New Delhi Speaks*, 58-70.
51) Visser't Hooft, "The Significance of the World Council of Churches," 178.
52) 리마의 BEM 문건은 WCC로의 일치가 곧 가시적 교회로의 일치임을 확정하였다. 다음을 참고하라. *Towards Visible Unity. Commission on Faith and Order*. 2 vols. Lima, 1982.

수 없는 것으로 여겨졌으며, 그것은 신앙에 대한 고백으로 표현되었다. 교회는 박해를 받을수록 은밀한 훈육(disciplina arcana)을 통해 참성도의 길을 견고하게 추구했다. 기독교 교리의 기원이 되는 신앙고백(symbolum)과 신앙의 규범(regula fidei)은 이러한 은밀한 훈육의 열매들이었다.[53]

교회는 성도의 예정으로 작정되고, 부르심(소명)으로 형성된다. 교회는 언약의 머리이신 그리스도와 그분과 연합한 지체들로 구성된다. 교회의 필연성은 오직 그리스도 안에서 성도를 예정한 하나님의 기뻐하심에서만 찾을 수 있다. 하나님의 영원한 뜻은, 그리스도의 대속적 공로를 전가 받음으로써 의롭다 칭함을 받는 사람을 지체로 삼아 한 몸인 교회를 이루시는 데 있다. 지체가 여럿이지만 오직 한 몸을 이루게 되는 것은 각 지체가 한 분 그리스도에게 연합되어 있기 때문이다.

그리스도와의 연합이 성도의 고유한 표(表)이다. 그러므로 참성도의 본모습은 지체다움에서 결정된다. 교회의 본질(essentia)은 머리와 지체의 연합에 있다. 그러므로 교회는 본질상(in essentia) 비가시적이다. 곧 비가시적 교회가 본질적이다(essentialis).[54]

주님께서 오시기 전까지 교회는 가시적 교회와 비가시적 교회로 동시에 함께 존재한다. 양자는 구별되기는 하지만 분리되지는 않는다. 가시적 교회는 비가시적 교회에 근거하며, 비가시적 교회를 지향하고 추구하는 한 참되다. 가시적 교회는 비가시적 교회의 존재를 전제하는 개념이다. 가시적 교회는 지상의 교회로서 함께 신앙을 고백하고, 함께 예배하며, 하나님의 백성으로서

---

[53] 신앙의 규범은 세례 받을 때의 고백과 함께 성경의 진리가 보편적 신경으로 형성되어 가는 과정에 과도기적으로 나타났다. 안디옥의 이그나티우스, 이레나이우스, 터툴리안 등의 신앙 규범이 대표적이다. Philip Schaff, ed., *The Creeds of Christendom with a History and Critical Notes*, Vol.2, *The Greek and Latin Creeds*, rep.(Grand Rapids: Baker, 1983), 10-39.
[54] Herman Bavinck, *Reformed Dogmatics, Volume 4: Holy Spirit, Church, and New Creation*, ed., John Bolt, tr. John Vriend(Grand Rapids: Baker, 2005), 273-325.

살아가는 성도의 모임을 뜻한다. 가시적 교회의 조건은 교회의 표지(標識)라는 개념으로 인식되었다. 말씀의 순수한 선포, 성례의 합당한 거행, 권징의 합법적인 시행 등이 교회의 표지로 주로 논의되었다.[55] 그리고 교회의 표지가 충족될 때 그 교회를 참교회로 여겼다.

가시적 교회가 비가시적 교회를 성경적으로 구현하는 진리가 바로 교리이다. 그래서 교리를 가시적 교회의 '서고 넘어짐의 조항(articulus ecclesiae stantis et cadentis)'이라고 부른다. 초대 교회 공의회는 성경의 진리를 교회의 교리로 확립하기 위하여 개최되었다. 종교개혁기에 독일의 레겐스부르크(Regensburg)와 프랑스의 푸아시(Poissy)에서 열렸던 에큐메니칼 회의들도 교리를 넘어서는 일치가 아니라 교리적 일치를 추구하였다.[56] 교리를 떠난 교회는 이미 교회가 아니다. 교회의 본질에 대한 깊은 인식 없이 추구되는 가시적 교회의 연합은 참교회와 거짓 교회의 경계를 없애는 교회 파괴 운동에 이를 위험에 노출되어 있다.

교회는 그리스도를 머리로 삼아 한 몸을 이룬 성도들의 연합체(societas)[57]이다. 그리스도를 믿어 그분의 의를 받은 성도마다 그분의 중보로 말미암아 그분과 교제하고 교통한다. 교회는 그리스도와 각 성도들의 신비한 연합을 기초로 한다. 그리스도와의 연합을 전제하지 않은 성도의 연합이라는 구상은 단지 사변적이고 명목적이고 헛된 것일 뿐이다. 종교개혁주의자들은 이러한 모임

---

55) 다음을 참고하라. Edmund P. Clowney, *The Church*(Downers Grove, IL: InterVarsity Press, 1995), 37-47, 99-115.
56) 다음을 참고하라. John T. McNeill, *Unitive Protestantism: The Ecumenical Spirit and Its Persistent Expression*(Richmond: John Knox Press, 1964); Donald Nugent, *Ecumenism in the Age of the Reformation: The Colloquy of Poissy*(Harvard: Harvard University Press, 1974); Anthony N. S. Lane, *Justification by Faith in Catholic-Protestant Dialogue: An Evangelical Assessment*(Edinburgh: T.&T. Clark, 2002).
57) 이 단어는 어원상 아담과 하와가 한 몸이 됨, 즉 부부의 연합을 제시한다. 그러므로 '체(體)'라는 개념이 부각되어야 한다.

을 "거짓 교회(ecclesia falsa)"라고 불렀다.

로마 가톨릭과 마찬가지로 WCC는 가시적 교회만을 인정한다. "선교에 관한 복음주의와 로마 가톨릭의 대화(the Evangelical-Roman Catholic Dialogue on Mission, ERCDM)"라는 이름의 일련의 모임에서(1977, 1982, 1984) 이러한 입장이 확실히 드러났다. ERCDM의 보고서에서는 "교회와 복음"이라는 제목으로 한 장을 할애하여, 보이지 않는 복음의 본질을 보이는 교회의 속성과 관련하여 설명한다.

첫째, 교회를 '복음의 한 부분(part)'으로 정의한다. 교회가 구속된 사람들을 국제적으로 연합하는 기능을 한다는 측면에서 그러하다는 것이다.

둘째, 교회를 '복음의 열매(fruit)'로 정의한다. 교회가 '믿고 예배하고 돌보고 증언하는 공동체'라는 점을 그 근거로 든다.

셋째, 교회를 '복음의 체현(體現, embodiment)'으로 정의한다. '삼위일체 하나님께서 세 위격 가운데 한 분으로서 역사하시듯이 교회는 오직 한 공동체를 이룸으로써 화해의 복음을 진정으로 증언할 수 있다'고 그 뜻을 설명한다.

넷째, 교회를 '복음의 대리자(agent)'로 정의한다. 교회가 복음에 가시적인 살과 피를 공급하지 않는다면 복음은 신빙성이 없어지고 그 증언의 효력이 떨어진다고 한다. 그리하여 교회의 연합이 성육신적으로 복음을 가시화한다고 주장한다.[58]

WCC의 이러한 이해는, 비가시적 교회의 존재를 부인하고 지상의 가시적 교회만을 인정하면서 그것이 구원의 서정에 필수적이라고 보는 로마 가톨릭의 사상을 충실히 반영한다. 로마 가톨릭주의자들은 교황을 위시한 사제들을 통해 이루어지는 교회의 중보를 성도의 구원 과정에 반드시 필요한 것으로 여

---

[58] Basil, Meeking and John Stott, ed., *The Evangelical-Roman Catholic Dialogue on Mission 1977-1984*(Grand Rapids: Eerdmans, 1986), 65-69.

긴다. 그들은 교회가 마리아에 의해 베풀어진 그리스도의 은총을 성도에게 주입하는 주체라고 믿는다. 그리하여 구원을 마치 예수 그리스도가 아니라 교회로 회심하는 것인 양 다룬다.[59]

로마 가톨릭주의자들은 구원이 교회적 사건으로서 교회의 말씀을 들음으로 말미암는다고 주장한다. 하나님의 말씀이 성도의 모임인 교회 안에서 들리고 해석될 때 비로소 진정한 계시가 된다고 보기 때문이다.[60] 소위 신복음주의자들은 이러한 로마 가톨릭의 입장에 동조한다.[61] 그들은 자신들이 만인구원론은 반대하지만 하나님께서는 만인에게 현존하시고 예수 그리스도가 만인에 대한 잠재적인 구원자가 되신다는 사실은 인정한다고 천명하는데, 사실 두 견해는 신학적으로 거의 차이가 없다.[62]

WCC는 연합이나 일치라는 말을 사용하면서 교리적 일치를 도모하지 않고 단지 교회들이 다수인 채로 공존하는 명분과 질서를 제공할 뿐이다. WCC는 WCC를 머리로 하는 교회들의 연합을 말할 뿐, 그리스도와 신비한 연합을 이룸으로써 성도가 서로 연합하는 데는 무관심하다.[63] ERCDM이 보고한 넷째 조항에서 보듯이, WCC는 성육신한 그리스도를 교회의 비밀로 여기지 않고 교회의 연합을 성육신과 같이 간주한다. 앞의 세 조항에서는 교회를 복음의 산물로 바라보는 것이 아니라 마치 복음이 교회로부터 나온 것처럼 천명한다.

WCC는 교리의 진위를 따지지 않는 현상적이고도 가시적인 교제를 점점 더

---

[59] Meeking and Stott, ed., *The Evangelical-Roman Catholic Dialogue on Mission 1977-1984*, 65-69.
[60] Meeking and Stott, ed., *The Evangelical-Roman Catholic Dialogue on Mission 1977-1984*, 16-19.
[61] '신복음주의자들'은 성경을 믿는다고 하지만 이성적 전통의 권위에 대해 열려 있으며, 그리스도의 구원의 은총이 유일한 대속의 값이라고 하면서도 인간의 공로에 구원의 효력이 있다고 인정하는 절충적인 입장을 취한다. 많은 경우 이들의 입장은 절충적이라기보다 모호하다.
[62] Meeking and Stott, ed., *The Evangelical-Roman Catholic Dialogue on Mission 1977-1984*, 45-46.
[63] Ans J. Van Der Bent and Dietrich Werner, "Ecumenical Conferences," in *Dictionary of the Ecumenical Movement*, ed. Nicholas Lossky et. al., 2nd edition(Geneva: WCC, 2002), 359-373. 여기에는 1910년부터 1998년까지 있었던 마흔여섯 번의 WCC의 에큐메니칼 회의들이 소개되어 있다.

노골적으로 추구함으로써 교회들이 비진리 가운데 서로 무감각하게 공존하는, 사실상 가장 고질적인 분열을 고착시키는 데 기여했을 뿐이다.[64] 그래서 일찍이 박형룡 박사는 WCC에 대해 '교리적 해석에 관하여 전적인 자유를 보증하고, 신학(교리)과 신앙(생활)에 괴리가 있으며, 교의는 분열하나 봉사의 영역에서는 협력을 추구하고, 진정한 가시적 통일을 맹목적으로 추구한다'고 비판하였다.[65]

 WCC는 교회가 될 수 없다. 그런데도 부단히 교회이고자 한다. WCC가 추구하는 교회는 가시적이고 비본질적이며, 복음을 대체하는 비성경적, 반교리적 교회이다. WCC는 참교회의 연합에 관심을 갖지 않는다. 단지 교회라는 이름으로 교회를 대체하는 새로운 형태, 즉 거짓된 유일한 교회가 되고자 할 뿐이다.

---

[64] Meeking and Stott, ed., *The Evangelical-Roman Catholic Dialogue on Mission 1977-1984*, 87-88. ERCDM 문건은 영적인 유익을 위하여 개신교 신자들도 로마 가톨릭의 미사를 드릴 수 있으며, 로마 가톨릭 성도들도 개신교 예배에 참석할 수 있다고 하였다.

[65] 『신학지남』 141(1968, 여름). 여기에서 저자는 일찍이 다음 글에서 표명했던 자신의 지론을 계속 유지하고 있다. "에큐메니칼 운동의 교리와 목적," 『박형룡 박사 저작전집 XIV, 신학논문 (하)권』 (서울: 기독교교육연구원, 1997).

'Uniting' of the Church and 'Unity' of the Doctrine

3장
WCC의 에큐메니칼 신학 비판

1. 성경론
2. 삼위일체론과 기독론
3. 교회론
4. 성례론

3장

WCC의 에큐메니칼 신학 비판

1. 성경론

1) 성경의 '상관적' 또는 '상대적' 권위만 인정

WCC는 교회를 말씀과 성령의 산물로 자주 서술한다. 그러나 교회의 본질을 말씀 자체가 아니라 성도가 실존적으로 말씀을 만나는 사건, 즉 전통에서 찾는 경향이 뚜렷이 나타난다.

산티아고 데 콤포스텔라(Santiago de Compostela)에서 열린 제5차 신앙과 직제위원회(1993)는 교회의 본성과 사역에 대한 연구와 더불어 성경 해석에 대한 기존의 입장을 정리하고 심화하였다. 이 위원회는 성경을 복음의 전통이라는 관점에서 다루었는데, 개신교를 대변한 캐제만(Ernst Käsemann)과 로마 가톨릭을 대변한 브라운(Raymond Brown)은 동일하게 신약성경을 해석을 통하여 이루어진 '전통화(traditioning)'의 산물로 보았다.[1] 이로써 1963년 몬트리올

(Montreal) 신앙과 직제위원회가 설정한 '전통(Tradition), 전통(tradition), 전통들(traditions)'에 대한 입장이 더욱 구체적으로 확정되었다.

성경을 전통 또는 전통화로 여기게 되면 성경의 절대적 권위는 부인될 수밖에 없다. 1971년 루뱅(Louvain, 벨기에) 신앙과 직제위원회는 성경의 권위를 '상관적인 개념(relational concept)'으로 보았다. 여기에서는 성경은 경험되기 전에는 그 자체로 권위가 없기 때문에 성경의 정경성(canonicity)을 절대시하거나 변하지 않는 것으로 여겨서는 안 된다고 하였다. 그리고 성경은 단지 '상대적인 중요성'을 가질 뿐이며, 성령의 영감은 성경의 권위와는 상관없는 성도의 신앙의 산물이라고 하였다.[2] 심지어 성경의 권위는 그 가르침을 진리로 인식하는 교회의 경험에 의지하기 때문에 교리를 전제하는 것은 율법주의와 다름없다고 매도하기까지 하였다.[3]

정통 개혁주의 신학자들은 '신학의 원리(*principia theologiae*)' 또는 '계시의 원리(*principia revelationis*)'를 다음과 같이 전개하였다. 먼저, 하나님의 말씀은 스스로 존재한다는 '존재의 원리(*principium essendi*)'를 말한다. 스스로 존재하시는 하나님은 스스로 지식이시다. 하나님 자신이 자신에게 지식이시다. 이러한 하나님의 지식을 계시, 즉 말씀이라고 부른다. 하나님은 외계적으로 자신을 계시하시기 전에도 스스로 계시이셨다. 그러므로 하나님의 계시는 절대적이고도 객관적인 지식이다. 그것은 어떤 것으로도 유비되지 않는 순수한 지식이다.

---

1) Thomas F. Best, "Beyond Unity-in-Tension. Prague: the Issues and the Experience in Ecumenical Perspective," in Thomas F. Best, ed., *Beyond Unity-in-Tension: Unity, Renewal and the Community of Women and Men*, Faith and Order Paper No.138(Geneva: WCC, 1988), 2-3.
2) Ellen Flesseman-van Leer, *The Bible: Its Authority and Interpretation in the Ecumenical Movement*, Faith and Order Paper No.99(Geneva: WCC, 1983), 6-7, 59.
3) Flesseman-van Leer, *The Bible: Its Authority and Interpretation in the Ecumenical Movement*, 53-55.

스스로 존재하시는 하나님의 지식, 즉 계시를 우리가 어떻게 알 수 있는가? 이를 '인식의 원리(principium cognoscendi)'라고 한다. 사람은 하나님의 형상을 지니고 있으므로 그것을 알 수 있는 존재이지만, 또한 피조물로서 의존성을 가지고 있으므로 스스로는 알지 못한다. 우리는 오직 하나님께서 알려 주셔야만 알 수 있다. 하나님이 자신의 지식을 우리의 수준에 맞추어 알게 하실 때 비로소 우리는 알게 된다. 그러므로 우리는 하나님을 모른다는 불가지론에 서서도 안 되며, 스스로 알 수 있다는 합리주의나 관념론에 빠져서도 안 된다.

하나님은 외계에 자신을 계시하실 때 아들을 통해서만 그리하신다. 아들의 중보가 없다면 하나님에 관한 참지식도 있을 수 없다. 그러므로 우리가 아는 하나님의 계시는 '맞추어진(accommodata)' 계시, '계시된(revelata)' 계시, '중보된(mediata)' 계시이다. 우리는 이러한 계시를 외적으로는 성경에 기록된 말씀을 통해, 내적으로는 성령의 역사를 통해 받아들인다. 그래서 성경을 '외적 인식의 원리'요, 성령의 역사를 '내적 인식의 원리'라고 부른다.

성경은 스스로 계시이며 스스로 계시하시는 하나님의 말씀의 기록이다. 그 말씀은 오직 성령으로만 역사한다. 그러하기에 계시에는 성부의 뜻과 성자의 말씀과 성령의 작용이 함께 나타난다. 그러므로 삼위일체 하나님을 전제하지 않으면 성경을 계시로 받을 수 없다.[4] WCC는 교리를 전제하는 것을 율법주의와 같이 여기는데, 삼위일체 교리를 전제하지 않고서는 율법 자체도 알 수가 없다.[5]

WCC의 입장은 이러한 개혁주의 원리와는 철저히 상반된다. WCC는 하나님의 지식, 즉 계시를 일반 지식과 다름없이 상대적이고도 유추적인 지식으

---

4) 이상 논의된 신학 또는 계시의 원리에 관하여 다음을 참고하라. Herman Bavinck, *Reformed Dogmatics, Volume 1: Prolegomena*, ed. John Bolt, tr. John Vriend(Grand Rapids: Baker, 2003), 89, 207ff.; Abraham Kuyper, *Principles of Sacred Theology*, tr. J. Hendrik De Vries(Grand Rapids: Eerdmans, 1980), 248-263.

로 받아들인다. 에큐메니칼 신학자들은 구속사와 세속사를 엄격히 구별하지 않는다. 그래서 성경의 기록을 합리적인 재구성 작업으로 여긴다. 이것을 "해석학적 작업"이라고 부른다. 그들의 주장에 따르면, 성경은 해석학적 작업의 산물이며, 그것은 해석자의 수준과 체험을 넘어설 수 없다. 그러므로 성경적 사실들은 해석된 사건 이상의 권위를 가질 수 없다.[6] 예컨대, 신약성경은 '그리스도 안에서 일어난 하나님의 행위에 관한 권위 있는 자료'에 불과하다.[7]

WCC에 따르면, "성경을 통해서 우리가 하나님의 말씀을 듣고 그분의 뜻을 배울 수 있기 때문에 성경에 권위가 있다."[8] 즉, 성경의 권위는 본래적으로 주어지는 것이 아니라 독자의 체험에 의존하게 된다. 또 성경의 권위는 해석의 대상이 되는 전통을 구성하는 범위 안에서만 존재하게 된다. 결론적으로 성경의 권위는 전통적 권위 또는 전통의 권위에 불과하다.[9]

신앙과 직제위원회의 임원으로서 그리스도의 제자들 교단에 속한 토마스 베스트(Thomas F. Best)는 1985년 프라하(Praha) 회의에서 'WCC가 처한 여러 가지 문제들은 성경을 전통으로 해석하는 것으로 풀어 가야 한다'고 주장하였다. 그는 시대적 정황이 우리가 성경을 읽는 한계를 규정하는 조건이라고 하면서, 성경 해석을 '성경을 읽는 가운데 제기되는 많은 문제들에 적극적으로 맞서 그 시대에 맞는 답을 주는 것'이라고 정의하였다. 즉, 성경 해석 자체를 성경의

---

5) 그러므로 성경에 대한 변증은 삼위일체를 전제할 때 가능하다. 성경은 말씀의 기록이고 말씀은 영원한 성자 하나님으로서 우리에게 빛으로 오셔서 성령의 역사로 아버지를 계시하시기 때문이다. 이러한 삼위일체 전제적 변증에 대하여 다음을 참고하라. Cornelius Van Til, *The Protestant Doctrine of Scripture, In Defense of the Faith*, vol.1(Ripon, CA: den Dulk Christian Foundation, 1967).
6) Flesseman-van Leer, *The Bible: Its Authority and Interpretation in the Ecumenical Movement*, 48-49.
7) Flesseman-van Leer, *The Bible: Its Authority and Interpretation in the Ecumenical Movement*, 52.
8) Flesseman-van Leer, *The Bible: Its Authority and Interpretation in the Ecumenical Movement*, 43.
9) 성경과 전통에 관한 신앙과 직제위원회의 몬트리올 보고서는 이것을 입증한다. Flesseman-van Leer, *The Bible: Its Authority and Interpretation in the Ecumenical Movement*, 18-20.

전통화 과정으로 본 것이다.[10]

이러한 관점에서 베스트는 "성경 해석은 단지 주어진 교리를 교회 안에서 적용하는 차원에 머무는 것이 아니라 특정한 상황에 처한 모든 사람들의 문제점들을 교회가 듣고 그에 대한 답을 제시하는 것이다. 그러므로 그것은 교회의 삶과 사회적 삶의 경험에 대한 해석이어야 한다"라고 주장한다.[11] 성경 해석이 말씀 자체에 대한 것이라기보다는 말씀의 경험을 분석하는 것이라고 여겨지는 대목이다.

베스트와 동일한 입장에서 태너(Mary Tanner)는 1981년 리마(Lima) 신앙과 직제위원회를 준비하면서 성경을 해석할 때 전통과 현재적 경험의 상관관계를 어떻게 다루어야 하는지에 대해 다음과 같이 제시하였다.

"신학적 방법은……우리의 삶의 경험을 통한 확신에 기초하고 있다. 그것은 우리가 누구이며 어디에 살든지, 또 우리가 어느 교회에 속해 있든지 마찬가지이다. 삶의 경험은 기독교인의 진리와 우리가 찾는 공동체의 비전을 이해할 수 있는, 살아 있고 생생한(해석되지 않은) 자료이다. 이러한 경험은 수세기를 통하여 우리에게 면면이 계승되어 왔으며, 우리가 속한 기독교 공동체의 가르침과 삶과 증언 안에서, 또 그것을 통하여 우리에게 주어진 기독교 전통에 비추어 평가되어야 한다. 물려받은 이러한 전통이 우리의 경험을 판단하고 우리의 경험에 말해 주어야 한다."[12]

---

10) Best, "Beyond Unity-in-Tension. Prague: the Issues and the Experience in Ecumenical Perspective," 4.
11) 이러한 입장은 '교회의 일치와 인류의 일치'를 주제로 다룬 '루뱅 신앙과 직제위원회'에서 존 데셔너(John Deschner)에 의해 지적되었다. Best, "Beyond Unity-in-Tension. Prague: the Issues and the Experience in Ecumenical Perspective," 9-10.

이 입장에 따르면, 성경은 아직 완성되지 않은 텍스트로서 독자의 의미 부여를 기다리는 책으로 남게 된다. 성경은 절대 진리(계시)로서 계시되지 않고 실존적 삶의 문제들을 해결하는 실마리로서 주어질 뿐이다. 에큐메니칼 신학자들의 입에 '성경' 또는 '계시'라는 말보다 '성경 해석'이라는 말이 더욱 자주 오르내리는 것은 바로 이런 이유 때문이다.[13]

에큐메니칼 신학자들은 정황적 성경 해석을 통하여 성경의 문자가 실존적 의미를 덧입게 되는 데도 성육신적 의미가 있다고 본다. 즉, 관념의 육화(肉化)를 성육신과 동일하게 여긴다. 그래서 성육신을 영원한 하나님의 아들이 사람이 되신 단회적, 역사적 사건으로 이해하지 않고, 그것을 아들을 통하여 자신의 뜻을 이루어 가시는 아버지의 경륜을 표상하는 개념 정도로 받아들인다. 하나님의 뜻을 한 사람의 아들 예수가 역사적으로 실현(實現)한 그 현실(現實)이 성육신이라는 것이다.[14]

이러한 관점에서 피오렌자(Fiorenza)는 에큐메니칼 성경 해석에 관한 논문에서 성육신을 '예수와 동일한 성령의 임재를 받은 사람들이 그의 일을 행함으로써 공동체의 연합과 평등을 구현하는 것'으로 해석하였다.[15] 해석이라는 이름으로 성육신의 고유한 역사적 의미(한 위격 가운데서의 신성과 인성의 연합)가 다 걷어지고 말았다. 성육신은 없고 성육신의 실존적 의미만이 남게 되었다.

---

[12] Mary Tanner, "Towards Visible Unity: Commission on Faith and Order, Lima 1982," in "Community Study and the Unity of the Church and Renewal of Human Community," in Michael Kinnomon, ed., Faith and Order Paper No.113(Geneva: WCC, 1982), 154; Best, "Beyond Unity-in-Tension. Prague: the Issues and the Experience in Ecumenical Perspective," 15에서 재인용하였다.
[13] Best, "Beyond Unity-in-Tension. Prague: the Issues and the Experience in Ecumenical Perspective," 22-27.
[14] 이러한 이해는 내재주의신학을 제창한 슐라이어마허(Friedrich Schleiermacher)의 입장과 유사하다. 이에 관하여 본서 3장 2.4)를 참고하라.
[15] 다음을 참고하라. Elisabeth Schüssler Fiorenza, "Liberation, Unity and Equality in Community: a New Testament Case Study," in Best, ed., *Beyond Unity-in-Tension*, 58-74.

실상이 없는 허상은 헛될 뿐이다. 해석은 본문 자체의 고유한 이해구조를 부각시키는 작업이 되어야 한다. 이것이 해석이 감상(鑑賞)과 다른 까닭이다.[16)]

주님의 성육신으로 말미암아 영원한 말씀이 은혜와 진리가 충만한 빛으로 우리의 심령에 조명되었다. 성육신은 우리를 위한 하나님의 말씀 해석 그 자체이다. 말씀이 육신이 되어 진리의 영으로 우리 속에 들어오실 길을 마련하셨다. 그러하기에 정통신학자들은 성육신을 '계시의 정점(culmen, climax)'이라고 부른다.

WCC의 성육신에 대한 이해는 성경의 가르침에 배치된다. WCC는 성육신과 관련하여 사람이 되신 하나님이 아니라 하나님이 된 사람에 주목한다. 나사렛 사람 예수가 영원한 하나님의 아들이라는 사실은 무시되고, 그가 그저 한 사람으로서 이 땅에 하나님의 뜻을 구현하였다는 점만이 논의된다. 그에게 신적인 어떤 것이 있다면, 그것은 그의 인격이 아니라 그의 사역의 독특성에 관계될 뿐이라고 본다.[17)]

WCC의 성경 해석학은 그들의 성육신 이해와 맥이 닿아 있다. 그들에 따르면, 성육신의 주체는 이 땅에 오신 하나님의 아들이 아니라 그저 이 땅의 사람인 예수일 뿐이다. 그의 신성은 본래적이지 않은 것으로 여겨진다. 다만 그가 자신의 일로 하나님의 뜻을 실현했다는 측면에서만 신적인 존재로 판단될 뿐이다. 성육신은 하나님의 아들이 사람이 된 종결된 역사적 사건이 아니라 특별히 신령한 한 사람이 하나님이 되어 가는 과정으로 치부된다. 이러한 관점

---

16) '해석'은 본문이 말하는 바를 말하는 것이다. '감상'은 본문에 대해서 말하는 것이다.
17) 성육신을 하나님의 아들이 사람이 되신, 즉 말씀이 육신이 되신 사건으로 다루는 정통신학을 '하강기독론(Abstiegschristologie, Christology from above)'이라고 부른다. 반면 성육신을 사람이 자질을 양양해서 하나님과 같이 됨으로 이루는 자기 구현으로 보는 입장을 '상승기독론(Aufstiegschristologie, Christology from below)'이라고 부른다. 이렇듯 상승신학자들은 성육신을 신화(神化)로 대체한다. 신화에 대해서는 본서 3장 2.3)을 참고하라.

을 견지하는 가운데, WCC는 성경 역시 그 자체로 하나님의 지식, 즉 계시를 담고 있는 것이 아니라 해석을 통하여 실존적 의미를 가지는 계시가 되어 가는 것이라고 본다. 이런 경우, 성경의 계시는 절대적이지 않다. 그것은 정황적, 실존적 해석을 기다린다는 측면에서 상관적이며, 상관적인 한 상대적이다.[18]

2) 에큐메니칼 성경 해석학

WCC 신앙과 직제위원회는 여러 번의 연구협의회와 소회의를 거쳐 1998년에 『질그릇에 담긴 보배: 해석학에 관한 에큐메니칼 고찰을 위한 도구』를 출판하였다.[19] 이 책에서는 에큐메니칼 해석학이 '교회의 일치를 위한 해석학'으로 정의되었으며,[20] 교회의 코이노니아를 '가시적으로' 만드는 본질적인 방법으로 신앙고백의 일치가 제안되었다.[21]

『질그릇에 담긴 보배』는 1967년 브리스톨(Bristol) 신앙과 직제위원회에서 공표한 파격적인 지침들을 더욱 상세하고 확고하게 규정하였다. 브리스톨 보고서에 나타나는 지침들은 다음과 같다.

"① 성경은 일련의 문학적인 자료들을 포함하고 있으므로 다른 문학적 자료들을 연구할 때 사용되는 방법들과 동일한 방법으로 연구되어야 한다. 따라서 문학비평이 반드시 필요하다.

---

18) 성육신은 본질상 WCC의 성경 해석학과 양립할 수 없다. 성육신은 말씀의 절대적이고도 영원한 존재를 전제하기 때문이다.
19) WCC, *A Treasure in Earthen Vessels: An Instrument for an Ecumenical Reflection on Hermeneutics the Nature and Mission of the Church-A Stage on the Way to a Common Statement*(2005). http://www.oikoumene.org/en/resources/documents/wcc-commissions/faith-and-order-commission/... 이하 이 자료에 대한 인용은 항목으로 표시하였다.
20) *A Treasure in Earthen Vessels*, 5.
21) *A Treasure in Earthen Vessels*, 3.

② 성경은 오랜 기간 기록과 재기록과 해석의 과정을 통해 만들어진 역사적 산물이므로, 역사비평이 반드시 필요하다.

③ 성경은 다양한 내용들을 담고 있는데, 서로 다른 내용들이 상호 보완적이기도 하지만(에스라 특수주의와 예언자들의 보편주의), 때로는 서로 어긋나기도 한다(욥기와 역대기에 나타나는 하나님의 섭리에 대한 다른 개념, 마태복음 1장 8절과 로마서 1장 3절에 나타나는 서로 다른 기독론). 이때 강요된 조화를 피하고, 서로 어긋나는 상태로 놔두어야 한다."[22]

여기에서 우리는 WCC가 성경의 무오성과 성령 영감성을 부인하고 그것을 단지 인간의 저술로 여기고 있음을 확인할 수 있다. WCC는 성경의 의미를 확정하기 위해서는 문학적이거나 역사적인 비평이 반드시 필요하며, 굳이 한 가지 뜻으로 해석할 수 없는 경우에는 그냥 놔두라고 말한다.

이러한 브리스톨 보고서는 1949년에 옥스퍼드 워드햄(Oxford Wadham)에서 개회된 에큐메니칼 대회에서 제출된 성경 해석에 대한 지침들을 공식적으로 수용하였다.[23] 당시 그것들의 논조는 온건했으나 축자영감을 따르지 않는 바르트(Karl Barth)의 영향을 깊이 받아, 성경은 그 자체로 계시가 아니며 '하나님의 말씀이 거기서 우리에게 부딪쳐 오기 때문에' 계시가 된다고 보는 입장을 뚜렷이 드러내었다.[24]

---

22) 엘렌 플레세안-반 리어, 『에큐메니칼 운동에 있어서 성경의 권위와 해석』, 이형기 옮김(서울: 한국장로교출판사, 1996), 54-67. 이것을 요약한 황성일, "WCC의 성경관에 대한 비판," 대한예수교장로회총회 WCC 대책위원회, 홍정이·문병호 엮음, 『WCC는 우리와 무엇이 다른가?』(서울: 대한예수교장로회총회 출판부, 2011), 80-81에서 재인용하였다.
23) 플레세안-반 리어, 『에큐메니칼 운동에 있어서 성경의 권위와 해석』, 이형기 옮김(서울: 한국장로교출판사, 1996), 29-34.
24) 김길성, "WCC 성경관 비판," 31-32. 칼 바르트의 성경관에 관해서는 본서 4장 1.3) "종교다원주의로 나아가는 길"을 참고하라.

『질그릇에 담긴 보배』에 따르면, 신자들의 공동체는 다양한 상황 속에서 신앙을 새롭게 형성해 가야 하므로 의미 있게 복음을 전하는 일 그 자체가 가장 주요한 해석학적 과제이다.[25] 해석학을 통하여 신앙과 공동체의 순수한 일치를 드러내기 위해서는 특정한 상황에 있는 해석자 자신이 먼저 해석되어야 한다.[26] 또한 성령의 역사로 말미암아 하나님의 헤아릴 수 없는 신비가 각 공동체의 고유한 삶의 방식을 따라서 고유하게 나타나므로, 성경의 진리도 정황에 따라 개별적으로 인식되어야 한다.[27] 따라서 연합과 일치를 추구하는 '에큐메니칼 해석학'은 필연적으로 다른 공동체의 해석을 들어 주는 해석학이 되어야 한다.[28] 즉, 하나님의 말씀을 '성령 자신의 메시지(the Spirit's own message)'로 받아들이는 각 공동체의 고유한 전통에 서로 귀를 기울여야 한다.[29]

『질그릇에 담긴 보배』는 성령이 절대적이고도 객관적인 성경의 진리를 조명하고 감화시키는 것이 아니라 각 개인에게 고유한 새로운 진리를 조성하는 역할을 할 뿐이라고 본다. 이러한 입장은 '텍스트를 통해 의미(意味)라는 집의 문이 열리기는 하지만 그 집을 지을 수는 없다'는 리꾀르(Paul Ricoeur)의 말이나 성경의 진리를 전통의 다양성에 기초하여 계층적으로 이해하고자 하는 로마가톨릭의 '진리의 계층질서(hierarchia veritatum, hierarchy of truths)'라는 개념과 통한다.[30]

'진리의 계층질서'는 제2차 바티칸 공의회에서 공식적으로 논의된 개념으로

---

[25] A Treasure in Earthen Vessels, 4.
[26] A Treasure in Earthen Vessels, 6-7.
[27] A Treasure in Earthen Vessels, 10.
[28] A Treasure in Earthen Vessels, 8.
[29] A Treasure in Earthen Vessels, 7, 9.
[30] 다음을 참고하라. Anton Houtepen, "Hermeneutics and Ecumenism: The Art of Understanding a Communicative God," in Peter Bouteneff and Dagmar Heller, ed., *Interpreting Together: Essays in Hermenuetics*(Geneva: WCC, 2001), 2-7.

서, 근본 신앙과 관계된 다양한 교리들을 계층별로 다루고자 한다. 진리가 하나라고 절대시하기보다는 그 밀접성에 따라서 다양한 상대적인 가치들을 인정하자는 것이다. 이는 에큐메니즘을 실현하기 위해서는 진리에 대해 어느 정도 타협하더라도 분열보다 연합을 추구하는 편이 낫다는 일종의 공리(公理)를 인정하는 근거가 된다. WCC 캔버라 총회 때 권고되어 작성된 바 WCC와 로마 가톨릭의 협력 관계를 총체적으로 강화하기 위한 한 보고서에서 이 교리가 다루어졌다.[31]

WCC는 진리의 절대성과 유일성을 부인한다. 비록 진리가 있다고 하더라도 그것이 이미 그러한 것이 아니라 종말론적인 의미를 덧입어야 한다고 생각한다. 즉, 진리가 진리 되기 위해서는 정황에 따른 해석을 기다려야 한다. 그러므로 진리는 오직 전통의 형태로만 존재한다. 성경의 고유한 특성은 그것이 진리 자체가 아니라 진리의 전통을 담고 있다는 사실로부터 추구되어야 한다. 성경은 유일한 전통(Tradition)으로서 어떠한 전통(tradition)의 대상이 된다는 측면에서만 고유할 뿐이다. 이런 입장에서 몬트리올 신앙과 직제위원회는 다음과 같이 공표했다.

"전통(Tradition)은 교회 안에서, 그리고 교회에 의해서 한 세대에서 다음 세대로 전해진 복음 자체, 교회의 삶에 현존하신 그리스도 자신을 의미한다. 전통(tradition)은 전승 과정(the traditionary process)을 의미한다. 전통들(traditions)이라는 용어는……표현되는 다양한 양식들과 고백적 전통들을……의미한다."[32]

---

31) 다음을 참고하라. Konrad Raiser, "Thirty Years in the Service of the Ecumenical Movement: The Joint Working Group Between the Roman Catholic Church and the WCC," *Ecumenical Review* 47/4 (1995), 436.
32) *A Treasure in Earthen Vessels*, 15.

WCC에 따르면, 복음은 역사 가운데 존재하는 교회, 즉 가시적 교회에 의해 전해지고 경험되는 범위 내에서 작용하는 성경의 전통이다. 성경은 성령의 능력으로 말미암아 복음을 증언할 뿐, 복음 그 자체는 아니다. "성경 자체는 무시간적인 진리들에 대한 직접적인 계시로서가 아니라, 하나님께서 인간의 역사 가운데 자신을 계시하시는 일련의 중재들에 대한 기록된 증언으로서 자신을 제시한다." 그러므로 성경에 대한 지속적인 비평 자체가 본질적으로 요구된다. 성경은 구전된 후에 계시적 성격을 드러낸다. 성경은 계시가 아니라, 계시적 성격을 드러낼 뿐이다.[33]

이렇게 성경을 계시화하는 작업이 바로 '에큐메니칼 성경 해석'이다. 그것은 다양한 전통에 속한 교회들이 한 진리를 믿는 전통을 성경이라는 이름으로 형성하는 작업이다.[34] 거기에는 영감된 말씀은 없고 '영감된 증언'만이 있을 뿐이다.[35] 성경은 공동체의 증언을 통하여 형성된 '하나의 전통(one Tradition)'일 뿐이다. 성경의 구절들은 복음 또는 케리그마(kerygma)의 '전승(paradosis)'으로 여겨질 뿐이다.[36] 절대적 진리는 없고 '에큐메니즘의 수렴(ecumenical convergence)'만이 있을 뿐이다.[37] 그러하기에 성경에 역사적, 사회학적, 기호학적, 경전적, 독자-반응적, 여성신학적, 해방신학적 비평이 더해져야 한다는 것이다.[38]

이러한 이해에 따르면, 성경은 하나님 안에 스스로 존재하는 진리를 계시하

---

33) *A Treasure in Earthen Vessels*, 21. 예컨대 창세기 1장과 2장은 근동지역의 가나안과 바벨론의 종교적 전통에 많은 빛을 지고 있다고 말한다. WCC, *Confessing the One Faith: An Ecumenical Explication of the Apostolic Faith as It Is Confessed in the Nicene-Constantinopolitan Creed(381)*, Revised Edition(Eugene, OR: Wipf and Stock, 2000), 70.
34) 이는 동방 정교회의 입장을 대변한다. 다음을 참고하라. Nicholas Lossky, "Tradition Revisited," in Bouteneff and Heller, ed., *Interpreting Together*, 98-101.
35) *A Treasure in Earthen Vessels*, 24.
36) *A Treasure in Earthen Vessels*, 15, 27.
37) *A Treasure in Earthen Vessels*, 21.

는 것이 아니라 진리에 대한 '예기적 투사(an anticipatory projection)'에 불과하다. 교회는 해석학적 공동체로서 미래를 향하고 있으며, 성경은 여전히 완성되어 가고 있는 그 무엇에 불과하다. WCC는 이를 "성경 자체의 종말론적인 차원(the eschatological dimension of Scripture itself)"이라고 말한다.[39]

이렇듯 에큐메니칼 해석학은 영감성과 함께 성경의 충족성과 완전성을 모두 거부하고, 성경의 전통(Tradition)만을 인정한다. 성경의 전통은 지금도 다양한 전통들(traditions) 가운데 형성되어 가고 있다.[40]

WCC가 말하는 성경은 '하나의 전통(one Tradition)'으로서, 진리를 절대적으로 계시하는 것이 아니라 단지 관념적인 모방의 대상이 될 뿐이다. 교회들은 언제나 상황에 따라서 하나님의 전통을 다양한 양식으로 '다시 받아들여야(re-receive)' 한다.[41]

그렇다면 '하나의 전통'으로서 성경은 무엇으로 실재하는가? WCC에 따르면, 그것은 부활하신 '그리스도의 살아 있는 현존(現存) 가운데(in the living presence of Christ)' 계시된다. 그리고 이 '현존'은 '살아 있는, 종말론적인 실재(a living, eschatological reality)'로서 교회가 마지막까지 추구할 것이다. 교회가 연합을 추구함으로써 이런 종말론적인 실재를 이룬다고 보는 것이다. 교회의 연합 자체를 성례와 같이 여기는 오류가 여기에서 배태된다.[42] 이런 경우 '종말론적'이라는 말은 여전히 해석되어야 할 말씀, 여전히 완성되어야 할 교회의 불완전함을 드러낼 뿐이다.[43] 더 심각한 문제는 성경 해석과 교회의 완성을 가시적이고도 기구적인 인위적 연합에서 찾고자 한다는 것이다.

---

[38] *A Treasure in Earthen Vessels*, 22. 다음을 참고하라. *Confessing the One Faith*, 106.
[39] *A Treasure in Earthen Vessels*, 25.
[40] *A Treasure in Earthen Vessels*, 16.
[41] *A Treasure in Earthen Vessels*, 32.
[42] *A Treasure in Earthen Vessels*, 37.
[43] *A Treasure in Earthen Vessels*, 34.

WCC는 교회의 '보편성(catholicity)'과 '상황성(contextuality)'이 공존하기 때문에 교회가 '해석학적 공동체'로 규정된다고 본다.44) 이러한 가시적 교회의 특성 가운데서 '가시적인 교회 일치(visible church unity)'를 이루기 위해서는 가시적으로 교제해야 하며,45) 교회의 이러한 당위성을 '협의회성(conciliarity)' 이라고 하였다. 이렇듯 WCC의 성경 해석의 특징은 성경 자체가 아니라 그 기구의 성격으로부터 귀결될 뿐이다.46)

WCC는 성령의 역사로 말미암아 성경에 대한 다양한 실존적 이해가 하나의 전통으로 수렴될 때 비로소 성경이 계시가 된다는 입장을 견지한다. 이런 입장은 "성경은 계시 자체와 구분되어야 한다. 증언은 그 증언된 것과 동일하게 여겨질 수 없다"라고 한 바르트의 이해가 에큐메니즘에 적용된 하나의 양상을 보여 준다.47) 『질그릇에 담긴 보배』에서는 말씀 가운데 '성령 자신의 메시지'를 듣고 성령이 '영감'한 교회 안에서 '하나의 전통(the one Tradition)'을 구현하기 위해 힘쓰라고 하는데, 이것은 이러한 바르트의 사상이 고스란히 배어 나타난 것이다.48)

WCC의 성경관은 그 출발부터 모호했다. 1937년 에든버러 신앙과 직제위원회는 '전통 가운데 주어진 교회의 증언(the witness of the church as given in tradition)'이 성경과 동일한 권위를 가진다고 주장하는 교회가 있다고만 했을 뿐, 그 주장에 대하여 전혀 비판하지 않았다.49) 이러한 입장은 줄곧 유지되어

---

44) *A Treasure in Earthen Vessels*, 50. 이런 입장에서 선교와 관련하여 성경은 복음의 증언이다. 다음을 참고하라. George R. Hunsberger, *Bearing Witness of the Spirit: Lesslie Newbigin's Theology of Cultural Plurality*(Grand Rapids: Eerdmans, 1998), 38-44.
45) *A Treasure in Earthen Vessels*, 51, 58.
46) *A Treasure in Earthen Vessels*, 61.
47) 김길성, "WCC 성경관 비판," 31. 다음을 참고하라. 이승구, "WCC의 문제점에 대한 한 고찰," 64-67.
48) *A Treasure in Earthen Vessels*, 7, 9, 32.
49) "Final Report," sec. Ⅲ. in Lukas Vischer, ed., *A Documentary History of the Faith and Order Movement 1927-1963*, 44-45.

왔으며, 급기야 전승된 말씀과 설교, 그리고 교회에 의해서 세워진 기구들의 선포를 교회의 전통으로 여기는 제2차 바티칸 공의회의 결정에 상응하는 리마 텍스트를 수립하게 되었다.

"상호 간의 신뢰 가운데 함께 자라 가는 과정에 교회들은 그들이 사도들 및 우주적 교회의 가르침들과 일치하는 공동체로서의 삶을 살고 있다고 선포할 수 있는 마지막까지 이러한 교리적인 수렴(doctrinal convergences)을 단계별로 발전시켜야 한다."[50]

성경이 계시라거나 하나님의 말씀이라는 언급은 어디에도 없다. 다만 전통이라는 단어만이 반복해서 등장한다. 성령의 역사로 말미암아 성경이 전통의 전승 및 형성 과정과 관련해서만 이해된다.[51] 절대적이며 객관적인 영원한 진리, 즉 계시를 담고 있는 하나님의 말씀의 기록으로서 성경이 지니는 고유한 특성은 논의되지 않는다.

질그릇 안에 담긴 보배가 단지 '전통'인가? 종말론적 성취를 기다리는 미완성의 진리인가? 교회의 해석이 없으면 여전히 모호한 상태로 남아 있어야 하는, 인간 중심적인 실존적 부딪힘을 기다리는 어떤 것에 불과한가?

그들은 해석학적 방법에 '잠재적 모호성(a potential ambiguity)'이 존재한다고 하였다.[52] 그들의 논리에 따르면, 해석학적 방법이 각 교회의 전통(tradition)이고 거기에 성경이 하나의 전통(Tradition)으로서 상관하고 있으므로 결

---

50) WCC, *Baptism, Eucharist and Ministry*, Faith and Order Paper No.119(Geneva: WCC, 1982), preface, ix.
51) 다음을 참고하라. Michael Prokurat, "The Pneumatological Dimension in the Hermeneutical Task," in Bouteneff and Heller, ed., *Interpreting Together*, 104-109. 저자는 성령과 전통에 대한 이러한 경향이 동방 정교회에서 전개되어 왔다고 지적한다.
52) *A Treasure in Earthen Vessels*, 41.

국 성경에 잠재적 모호성이 있다는 말이 된다. 성경이 전통과 상관적인 한 성경은 분명히 상대적일 수밖에 없다.53) 그리고 성경의 권위 역시 '상관적'이고 '상대적'일 수밖에 없다.54)

WCC가 주장하는 에큐메니칼 해석은 성경과 전통에 관한 로마 가톨릭과 동방 정교회의 입장을 반영하고 있다.55) 그에 따르면, 성경은 가치 판단 이전의 자료로서 그 자체로 옳고 그름을 판단해서는 안 된다. 성경은 전통이 존재하기 위한 전제일 뿐이다. 성경은 전(前)해석적이고 본질적인 것이 아니라 교회를 통하여 해석되어 왔고 성령에 의해 앞으로 해석될 어떤 것이다. 성경은 '교회 선포의 전승(the paradosis of the kerygma)'과 다르지 않다.56)

여기서 우리는 정통 개혁주의 신학자들이 추구한 신학의 원리가 여지없이 파괴되는 것을 본다. 원형계시의 존재는 아예 거론되지도 않으며, 모형계시도 위로부터 부여된 것이 아니라 아래에서 사람이 만든 전통의 산물로 여겨질 뿐이다.57) WCC의 논법에 따르면, 성경이 살아 있는 전통이 되듯이 전통이 살아 있는 성경이 될 수도 있다는 결론에 이를 수밖에 없다.58)

---

53) WCC 뉴델리 총회에서 "성경에 따라서"라고 선포한 것은 이런 의미를 가질 뿐이다. 성경은 전통을 증언하는 범위에서 계시의 준비로서만 가치가 있을 뿐이다. 이러한 입장을 견지하는 WCC에 관하여 다음을 참고하라. Heinz-Joachim Held, "According to the Scriptures," *Ecumenical Review*, 37/2(1985), 189-194.
54) 이러한 결론은 앞 장의 1.1)의 논의와 일맥상통한다.
55) 다음을 참고하라. Martin Cressey, "'Scripture, Tradition and traditions': A Reflection on the Studies of This Issue in the 1960s," in Bouteneff and Heller, ed., *Interpreting Together*, 92-97.
56) WCC, "Scripture, Tradition and Traditions(1963)," 11, 12(45-46항, 51-52항).
57) 원형계시(*revelatio archetypa*)는 하나님의 자기계시를 의미하며, 모형계시(*revelatio ectypa*)는 그것이 사람들에게 계시된 계시를 의미한다. 모형계시는 하나님께서 우리에게 맞추어 주신 계시이다. 이에 대하여 본서 3장 1.1)을 참고하라.
58) 이러한 이해는 로마 가톨릭의 제2차 바티칸 공의회의 관점과 흡사하다. 다음을 참고하라. Brinkman, *Progress in Unity?* 44-51. 중세 후기와 종교개혁기의 성경과 전통의 권위에 관하여 다음을 참고하라. Heiko A. Oberman, "Quo vadis, Petre? Tradition from Irenaeus to Humani Generis," in *The Dawn of the Reformation: Essays in Late Medieval and Early Reformation Thought*(Edinburgh: T.&T. Clark, 1992), 269-296; Brinkman, *Progress in Unity?* 44-51.

WCC는 성경의 진리가 아니라 성경 해석의 방법만을 문제 삼는다.[59] 진리 안에서의 일치를 추구하지 않고, 진리를 보는 해석학적 시각을 동일하게 맞추는 것을 교회 일치의 본질로 본다. 교회 가운데 역사하는 하나님의 말씀은 아직 진리가 아니며, '성령의 능력 안에서 진리의 종말론적인 완성을 향하여(towards the eschatological fullness of the truth in the power of the Holy Spirit)' 나아갈 뿐이다.[60] 성도가 말씀을 깨닫는 것이 진리를 형성해 가는 본질적 요소로 제시된다. 하나님께서 만나와 메추라기를 모두 만들어 내려 주셨듯이 이미 완성된 진리를 주시는데도 애굽에서 종살이할 때 손수 구워 먹던 신령하지 못한 것을 추억하고 있으니, WCC의 질그릇에 담긴 보배는 도대체 무엇이란 말인가?

2. 삼위일체론과 기독론

1) 개관

교회는 성경의 가르침에 따라 한 분 하나님께서 세 위격으로 계심을 가르친다. 한 분 하나님께서 성부, 성자, 성령으로 존재하신다. 각 위는 고유한 특성에 따라 서로 구별되기는 하지만 분리되지는 않는 인격으로서 고유한 사역을 감당하신다. 각 위는 본질의 면에서 동일하시다. 성부, 성자, 성령은 한 분 하나님으로서 동일하며 기원이 없으며 영이며 무한하시다.

성부, 성자, 성령 하나님은 전후나 우열이나 상하가 없이 동등하시다. 다만 위격적 존재로서 각각 고유한 특성을 가지고 고유한 사역을 감당하신다. 존재의 면에서 볼 때, 성부는 나지도, 출래하지도 않으시고, 성자는 오직 성부로부터 나셨으며, 성령은 성부와 성자로부터 출래하신다. 웨스트민스터 신앙고백

---

[59] *A Treasure in Earthen Vessels*, 52.
[60] *A Treasure in Earthen Vessels*, 12.

서는 이것을 다음과 같이 고백한다.

"아버지는 아무로부터도 아니시므로 나시지도, 출래하시지도 않았다. 아들은 아버지로부터 영원히 나셨다. 그리고 성령은 아버지와 아들로부터 출래하신다(Pater quidem a nullo est, nec genitus nempe nec procedens: Filius autem a Patre est aeterne genitus: Spiritus autem Sanctus aeterne procedens a Patre Filioque)."[61]

이러한 고백은 칼빈에게서 그 기원을 찾을 수 있다.

"아버지는 아무로부터도 아니시고, 아들은 오직 아버지로부터 나시고, 성령은 아버지와 아들로부터 출래하신다(Pater a nullo est, Filius a Patre solo est genitus, Spiritus sanctus a Patre et Filio procedens)."[62]

칼빈은 이러한 존재적 삼위일체론과 함께 경륜적 삼위일체에 대해 다음과 같이 서술한다.

"일하심의 시작과 모든 것들의 기초와 원천이 아버지께, 지혜와 계획과 일들을 행하심에 관한 경륜이 아들께, 행위의 능력과 작용이 성령께 돌려진다 (patri principium agendi, rerumque omnium fons et scaturigo attribuitur; filio sapientia, consilium, ipsaque in rebus agendis dispensatio; at spiritui

---

61) 다음을 참고하라. Philip Schaff, ed., The Creeds of Christendom with a History and Critical Notes, Vol.3, The Evangelical Protestant Creeds, rev.(Grand Rapids: Baker, 1983), 608, 2.3.
62) Inst. 1.13.18, CO 2.105.

virtus et efficacia assignatur actionis)."[63]

이렇듯 교회는 존재적이며 경륜적인 삼위일체 하나님을 함께 고백하였다.

그러나 WCC는 초대 교회의 정통성을 논하면서 니케아-콘스탄티노플 신경 (325, 381)만을 편향되게 강조하고, 상대적으로 칼케돈 신경(451)을 깎아내린다. 그렇다고 해서 니케아-콘스탄티노플 신경에서 고백된 삼위 하나님의 존재와 경륜의 비밀을 온전히 따르는 것도 아니다.

니케아-콘스탄티노플 신경은 성자와 성령의 신위격을 선포하는 데 주안점을 두는데, 특히 기독론에 관하여 '성자와 성부의 동일 본질(coessential to the Father, ὁμοούσιος τῷ πατρι), 만세 전에 잉태되심(begotten before all the worlds, πρὸ πάντων αἰώνων), 참 하나님의 참 하나님(very God of very God, θεὸς ἀληθινὸς ἐκ ἀληθινοῦ), 나셨으며 창조되지 않으신 분(begotten, not made, γεννηθείς, οὐ ποιηθείς)'이라는 사실을 처음으로 공교회의 이름으로 선포하였다.[64]

칼케돈 신경은 삼위일체 하나님에 관한 니케아-콘스탄티노플 신경의 고백 위에 충실히 서서, 사람이 되신 영원한 하나님의 아들 예수 그리스도께서 신인양성의 위격 가운데서 구속 사역을 성취하셨음을 고백하였다.

"우리 모두는 거룩한 교부들의 뒤를 따라, 이구동성으로 사람들을 가르쳐 한 동일한 아들, 우리 주, 예수 그리스도를 고백하게 한다. 신성의 면에서 동일한 완전한 자이며 인성의 면에서 동일한 완전한 자이시며, 참 하나님이고 참 사람이시며, 합리적인 영혼과 육체로 되신 동일자이시며, 신성에 있어서는

---

[63] *Inst.* 1.13.18, *CO* 2.105.
[64] Philip Schaff, *The Creeds of Christendom*, vol.1, *The History of Creeds*, rep.(Grand Rapids: Baker, 1996), 24. 니케아 신경의 본문은 다음을 참고하라. *The Creeds of Christendom*, vol.2, *The Greek and Latin Creeds*, rep.(Grand Rapids: Baker, 1996), 60.

아버지와 동일 본질이며(ὁμοούσιον) 인성에 있어서는 우리와 동일 본질이시다(ὁμοούσιον). 죄를 제외하고는 모든 면에서 우리와 같다. 신성에 따라 만세 전에 성부에게서 나셨고, 후일에 우리와 우리의 구원을 위하여 인성에 따라 하나님의 어머니(τῆς θεοτόκου) 동정녀 마리아에게서 나셨다. 유일하신 그리스도, 아들, 주, 독생자로서 양성이 혼합 없이, 변화 없이, 분열 없이, 분리 없이(ἐκ δύο φύσεων [ἐκ δύο φύσεσιν], ἀσυγχύτως, ἀτρέπτως, ἀδιαιρέτως, ἀχωρίστως) 인식되어야 한다. 연합으로 인하여(διὰ τὴν ἕνωσιν) 양성의 구별이 없어진 것이 아니라, 오히려 인성과 신성의 각 특성이(τῆς ἰδιότηρας ἑκατέρας φύσεως) 그대로 보존되었다. 그리고 한 인격과 한 위격에로 함께 들어갔고(εἰς ἓν πρόσωπον καὶ μίαν ὑπόστασιν συντρεχούσῃ), 두 인격으로 나뉘거나 분리되지 않는, 한 동일한 아들, 독생하신 하나님, 말씀, 주 예수 그리스도이시다. 선지자들이 이전에 그에 대해, 또 예수 그리스도 자신이 우리에게 가르쳐 주신 것처럼 교부들의 신경을 우리에게 전해 주셨다."

여기에서 예수 그리스도의 중보에 관하여 신인양성이 서로 "혼합되지 않고(inconfuse), 변화되지 않고(immutabiliter), 분열되지 않고(indivise), 분리되지 않는다(inseparabiliter)"라는 정통 기독론의 원리가 수립되었다. 그리하여 참 하나님이자 참 사람이신 그리스도의 중보의 유일성과 고유성이 확정되었다.[65]

WCC는 칼케돈 신경이 신약성경의 가르침을 제대로 구현하지 못하고 지나치게 관념화했다고 비판한다. 그러나 이는 삼위일체 하나님의 존재와 경륜의 비밀을 오해한 데서 초래된 자신들의 기독론적 오류를 감추려는 변명에 불과하다.

---

[65] 칼케돈 신경의 헬라어와 라틴어 본문은 다음을 참고하라. Schaff, *The Creeds of Christendom*, vol.2, *The Greek and Latin Creeds*, 62–63.

WCC는 성자의 위격을 성부가 그 안에 거하면서 일하시는 모종의 독특한 품성 정도로 여긴다.[66] 주님이 영원한 하나님의 아들로서 이 땅에 오신 유일한 중보자라는 진리가 무시되고, 종교적 감화를 일으킬 수 있으면 누구나 중보자가 될 수 있다는 다원주의가 대두된다. 이러한 이해는 신약의 가르침을 지나치게 유대주의 단일신론 전통에서 읽는 오류에서 비롯된다.

WCC는 성령이 아버지와 아들로부터 출래하신다는 필리오케(*Filioque, et Filio*, 그리고 아들로부터) 교리를 받아들이지 않는다. 왜냐하면 성자는 성령의 감화의 대상일 뿐이지 그 출래의 주체가 될 수 없다고 생각하기 때문이다. 필리오케 교리는 어거스틴(Augustine)의 가르침을 계승한 서방 교회에 의해서 채택되었다(제3차 톨레도 회의, 589).

"나는 주요 생명의 수여자이신 성령을 믿습니다. 그분은 아버지와 아들로부터 출래하십니다(*qui ex Patre Filioque procedit*). 그분은 아버지와 아들과 함께 예배를 받고 영광을 받으십니다. 그분은 선지자들을 통하여 말씀하셨습니다."[67]

필리오케 교리는 아타나시우스 신경(Symbolum Quicunque)을[68] 비롯한 정통 신경들과 정통신학자들에 의해 고백되었다. WCC가 이 교리를 받아들이지 않는 가장 직접적인 이유는 WCC 신학을 주도하는 동방 정교회의 영향 때

---

66) 다음을 참고하라. 졸고. 문병호, "WCC 기독론 비판: 위격적 연합 교리를 중심으로," 대한예수교장로회 총회 WCC 대책위원회, 홍정이·문병호 엮음, 『WCC는 우리와 무엇이 다른가?』(서울: 대한예수교장로회총회 출판부, 2011), 139-162.
67) Schaff, ed., *The Creeds of Christendom with a History and Critical Notes*, vol.2, *The Greek and Latin Creeds with Translations*, rev.(Grand Rapids: Baker, 1983), 59.
68) Schaff, *The Creeds of Christendom*, vol.2, 68, *Symbolum Quicunque* 23: "성령은 아버지와 아들로부터 계신다. 그분은 만들어지거나 창조되신 것이 아니라 출래하신다(*Spiritus Sanctus a Patre et Filio: non factus, nec creatus, nec genitus: sed prodedens*)."

문이다.

    삼위일체론과 기독론에 대한 WCC의 입장을 고찰하는 것은 WCC의 정체와 성격을 직시하고, 가시적 교회 일치론과 '하나님의 선교' 개념, 다원주의와 혼합주의, 세속주의, 성례주의 등 WCC가 추구하는 현안들을 신학적으로 올바로 파악하는 데 큰 도움이 된다. 무엇보다도 이 주제를 다루면서 염두에 둘 것은, 이와 관련하여 WCC가 명문으로 공표하고 있는 바와 그것을 신학적으로 받아들이는 이해와의 간격 또는 괴리가 매우 크다는 점이다.[69] 예컨대, WCC는 자신들이 니케아-콘스탄티노플 신경에 선포된 삼위일체론을 충실히 따른다고 누누이 강조하면서도 정작 삼위일체론을 가르치는 성경의 계시성과 정경성은 부인한다.

2) 사도적 신앙에 대한 왜곡

    WCC는 초대 교회의 교리의 정통성을 논하면서 니케아-콘스탄티노플 신경에 집중한다. 그들은 이 신경이 사도신경과 아타나시우스 신경보다 먼저 공인되었기 때문에 신약성경에 가장 근접하며 사도적 신앙의 핵심을 잘 요약할 뿐만 아니라, 심지어 신약성경에서는 발견할 수 없는 교리도 포함하고 있다고 보았다. 그리고 그것이 두 번의 공의회를 통하여 거의 모든 교회들을 아우르는 합의로 작성되었으며, 역사상 수많은 성도들이 이를 신앙의 규범으로 여겼고, 많은 교회들이 이를 기독교의 중심 전통으로 간주해 왔다고 보았다. 무엇보다도 교리적 이유로 나누어진 교회들이 나타나기 전의 순수한 가르침이 니케아-콘스탄티노플 신경에 담겨 있기 때문에 이 신경이 다양한 정황에 놓여

---

[69] 다음을 참고하라. 최홍석, "신론과 연루된 WCC의 신학적 입장에 대한 비판," 대한예수교장로회총회 WCC 대책위원회, 홍정이·문병호 엮음, 『WCC는 우리와 무엇이 다른가?』(서울: 대한예수교장로회총회 출판부, 2011), 96.

있는 교회들의 일치를 이루는 방편이 될 수 있다는 점을 부각하였다.[70]

WCC는 니케아-콘스탄티노플 신경 이후에 작성된 신경들이 신약성경을 구약성경과 유대 전통을 함께 계승했다는 측면에서 다루지 못하고 지나치게 철학적으로 관념화했다고 비판한다. 예컨대, 칼케돈 공의회는 예수 그리스도의 성육신을 신성과 인성의 위격적 연합으로 보는 데 치중하다 보니 유대인인 그리스도께서 이방인의 빛으로 오신 본래의 의미를 퇴색시켰다고 비판한다. 그리고 자신들이 필리오케 교리를 받아들이지 않는 이유는 그 교리가 '기독론적 당위성(Christological legitimacy)'을 가지고 있지만 '정경적 부당성(canonical illegitimacy)'이 크기 때문이라고 지적한다.[71]

WCC가 니케아-콘스탄티노플 신경에 집착하는 데는 진리적인 동기보다는 교회의 가시적 일치를 주장하려는 편의적인 동기가 더 강하게 나타난다. 그들이 제시하는 에큐메니칼의 네 가지 원리에는 니케아-콘스탄티노플 신경도 포함된다.

> "우리는, 우리 교회들의 공식적 대표들로서 이 에큐메니칼 사건에 함께 모여, 여전히 우리 사이에 교리의 차이들이 존재하지만 하나의 사도적 신앙에 대한 우리의 일치를 인정한다.
> - 구약과 신약성경에 의해 증언된 사도적 신앙으로서
> - 고대 교회의 신경들인 니케아-콘스탄티노플 신경(381)과 사도신경에 요약된 사도적 신앙으로서
> - 교회의 제의, 즉 성찬에 의해서 기념되는 사도적 신앙으로서

---

[70] Hans-Georg Link, "Fullness of Faith. The Process of an Ecumenical Explication of the Apostolic Faith," in Hans-Georg Link, ed., *One God One Lord One Spirit*, Faith and Order Paper No.139(Geneva: WCC, 1988), 5-8.
[71] Link, "Fullness of Faith. The Process of an Ecumenical Explication of the Apostolic Faith," 6-10.

– 교회의 에큐메니칼 협의회들에 의해서 해석된 사도적 신앙으로서."[72]

여기에서 우리는 WCC가 추구하는 신앙적 규범과 삶의 원리가 성경이 아니라 그들이 나름대로 규정하는 '사도적 신앙(apostolic faith)'에 기초하고 있음을 알 수 있다. 이에 따르면, 성경은 '신경들'과 '제의(성찬),' 그리고 '에큐메니칼 협의회들'과 더불어 '사도적 신앙'의 한 자료, 즉 하나의 전통에 불과하다. 칼케돈 신경을 언급하지 않은 것은 WCC의 '하나님의 선교' 개념이 이와 양립할 수 없다는 점을 감안하면 당연하다고 할 수 있다.

산티아고 데 콤포스텔라의 제5차 신앙과 직제위원회(1993)가 제출한 "하나의 신앙을 고백하면서: 니케아-콘스탄티노플 신경(A.D. 381)에 고백된 사도적 신앙에 대한 에큐메니칼 해석"이라는 문건에서는, 사도적 신앙이 '하나의 고유한 고정된 공식(a single fixed formula)'이 아니며 어느 특정 시대의 진리에 기초하는 것도 아니고 '기독교 신앙의 역동적 실재성(the dynamic reality of the Christian faith)'을 가리킨다고 천명되어 있다.[73]

이것은 사도적 신앙이 텍스트들, 이야기들, 의식들, 그리고 관습들을 포함하는 '전통들'에 의존하고 있음을 암시한다. 성경의 전통(Tradition)이 복음이라고 여기는 WCC는 신경 또는 신조를 복음에 대한 공교회의 고백이요 또 다른 전통(tradition)으로 본다.

로잔에서 개최된 제1차 신앙과 직제위원회(1927)에서부터 니케아-콘스탄티노플 신경은 초대 교회 공동체가 인정한 '신앙의 규범(*regula fidei*)'과 함께 하

---

[72] Link, "Fullness of Faith. The Process of an Ecumenical Explication of the Apostolic Faith," 11. 이것은 저자가 1888년에 영국 성공회가 결의했던 '람베스 4강령(Lambeth Quadrilateral)'에 빗대어 오늘날 'an ecumenical quadrilateral'로 선포될 수 있는 조목들이라고 제시한 것이다.
[73] WCC, *Confessing the One Faith: An Ecumenical Explication of the Apostolic Faith as It Is Confessed in the Nicene-Constantinopolitan Creed(381)*, "Introduction," 7. 이하 본 자료에 대한 인용은 항목으로 표시하였다.

나의 권위 있는 전승으로서 동방 교회와 서방 교회가 모두 받아들이는 신앙고백서로 여겨졌다.[74] WCC는 니케아-콘스탄티노플 신경이 '전통의 맥락에서(within the context of the Tradition)' 성경의 '증언'과 '빛'으로 작용한다고 보았다. 여기서 말하는 전통(Tradition)은 복음을 의미한다.[75] 에큐메니칼 해석학을 신앙고백에 도입하는 이러한 시도를 '신앙고백의 상황화(contextualization)'라고 불러도 무방할 것이다.

3) 관계적 삼위일체론

1985년 자이르(Zaire, 현 콩고 민주공화국의 옛 이름)의 킨샤사(Kinshasa)에서 열린 신앙과 직제위원회는 "우리는 한 하나님을 믿는다(We believe in One God)"라는 제하의 보고서에서 삼위 하나님 서로 간의 '관계(relationship)'에서부터 위격적 존재와 사역을 유추하는 새로운 방법을 제안하였다. 그들은 이 관계를 '교제(κοινωνία, communion)'라고 불렀다.[76]

삼위 하나님 서로 간의 '관계'는 각 위격이 고유한 특성을 유지한 채 연합되어 있는 양상을 의미할 뿐, 그 자체로 독자적인 존재성을 가지는 것이 아니다. 따라서 그 자체로 사역의 주체가 될 수는 없다. 그러므로 삼위의 위격적 존재를 전제하고 그들의 상호 관계로부터 각 위격의 고유한 사역을 추론하는 것은 옳지만, 킨샤사 보고서에 제시된 대로 삼위 간의 관계로부터 각 위격의 존재와 사역을 역으로 유추하는 것은 옳지 않다. 예컨대, 말씀은 성자 자신이지 성자에 대한 성부의 관계로부터 유추되는 어떤 것이 아니다.

---

74) *Confessing the One Faith*, "Introduction," 12, 15-16.
75) *Confessing the One Faith*, "Introduction," 17.
76) WCC, "We believe in One God. An Ecumenical Explication. Report of a Faith and Order Consultation held at Kinshasa, Zaire, 14-22 March 1985," in Link, ed., *One God One Lord One Spirit*, 19(para.6-7).

한 분 하나님은 세 위격으로 존재하며 일하신다. 세 위격은 본질의 면에서 동일하시지만 서로의 관계의 면에서는 성부, 성자, 성령으로서 고유하시다. 예컨대, 성자는 성부와 동일 본질이시나 성부와의 관계적 측면에서는 아들로 불린다. 하나님은 항상 세 위격으로 일하시지만 각 위격의 사역은 그 자체로 고유하다.

계시는 성부의 뜻을 드러내는 성자 자신이며, 성령으로 말미암아 우리에게 작용한다. 그러나 성부와 성자의 '관계'는 계시가 아니다. 그것은 계시의 경륜을 드러낼 뿐이다. 그런데도 WCC는 아버지와 아들의 관계가 계속되는 것처럼 우리의 관계도 계속되므로 우리가 계시의 형성 과정에 참여하게 된다고 주장한다. 또한 아버지와 아들의 관계가 사랑이므로 그 유비에 따라서 우리의 사랑도 신적인 의미를 획득하게 된다고 주장한다.

뿐만 아니라 WCC는 삼위 하나님 간의 관계에서부터 우리의 관계를 유추하는 과정을 넘어 궁극적으로 우리 서로 간의 관계에서부터 우리와 하나님과의 관계를 유추하는 데까지 나아간다. 우리가 서로 나누면 그것이 하나님의 계시가 되고, 서로 사랑하면 그것이 하나님의 사랑이 된다고 본다. 그들이 '코이노니아의 일치'라고 부르는 성도들의 교제에서부터 삼위 간의 교제가 역으로 유추된다. 즉, 가시적인 것으로부터 비가시적인 것을, 지상의 것으로부터 위의 것을 유추하는 것이다.[77]

필자가 여기에서 사용하는 '유비(*analogia*)'라는 표현은 인식의 방법을 가리킨다. 또한 '유추'는 유비를 통한 인식을 가리킨다. 자연신학적 방법이란 '존재의 유비(*analogia entis*)'를 통해 신지식을 획득하는 것을 말한다. 이것은 곧 존재를 서로 비교해서 아는 철학적 지식이다. 반면 성경적 진리에는 오직 믿

---

[77] "We believe in One God, An Ecumenical Explication," 20–22(para.10–13).

음으로 받아들여 알게 되는 '신앙의 유비(analogia fidei)'가 있다. 개혁신학은 신앙의 유비를 신지식을 획득하는 유일한 길로 여긴다. 한편 WCC가 자주 거론하는 바 관계를 통하여 지식을 습득하는 방법을 우리는 '관계의 유비'라고 부를 수 있을 것이다. 관계의 유비는 존재의 유비의 한 양상이라고 볼 수 있다. 다만 그것은 존재에 대한 지식을 전제하지 않는다는 측면에서 '관계의 존재의 유비'를 뜻한다.

WCC 에큐메니칼 신학자들은 성부 중심의 단일신론적 관점 위에서 하나님의 본질을 교제로 파악하려는 경향을 보인다. 그러면서 자신들의 관계적 삼위일체론이 유대교, 이슬람교, 아프리카의 전통 종교 등에 속하여 단일신론을 믿는 사람들을 이해시키는 데 도움이 될 것이라고 말한다.[78]

WCC는 우주 창조를 성부 중심의 단일신론적 교제로 설명한다. 성부가 성자를 낳았다는 사실과 성부의 창조가 유비된다. 성부와 성자 사이의 관계, 즉 낳으심이 창조를 통해 우주적 교제로 확장된다고 본다. 이러한 차원에서 주님의 성육신도 새로운 인성과의 교제로 여긴다.[79] 이렇게 본다면 영원한 하나님의 아들이 사람이 되신 성육신은 없어지고, 사람 예수의 출생을 통하여 유추되는 성부와 성자의 관계만이 남게 된다.

이러한 입장이 인도 코타얌(Kottayam)에서 계속된 위원회의 보고서, "우리는 한 주 예수 그리스도를 믿는다(We believe One Lord Jesus Christ)"에서 구체적으로 개진되었다. 이 문건에서 에큐메니칼 신학자들은 하나님은 아버지와 아들의 관계로만 계시된다고 주장한다. 주님이 이 땅에 오신 이유가 영원한 아버지와 아들의 관계를 절대적인 사랑과 선(善)과 완전한 순종을 통하여 계시하기 위함이라고 말한다. 오직 관계적 측면에서 성육신을 설명하려는 이러

---

[78] "We believe in One God. An Ecumenical Explication," 22-23(para.10-13).
[79] "We believe in One God. An Ecumenical Explication," 37(para.21-24).

한 입장에 따르면, 이 땅에 오신 하나님의 아들이 참 하나님이자 참 사람으로서 모든 사역을 이루고 지금도 양성 가운데 중보하신다는 위격적 연합 교리가 무색해진다. 그리고 주님께서 참 하나님과 참 사람으로서 인성에 따라 고난을 받으셨다는 사실조차 관계의 유비로만 관념적으로 남을 뿐이다.[80]

왜 에큐메니칼 신학자들은 주님의 위격과 사역을 실체적으로 이해하지 않고 추상적인 관계로만 바라보는 것일까? 이것은 그들이 동방 교회의 신화(神化, deificatio) 사상을 받아들여 '하나님께서 사람이 되셨듯이 사람도 하나님이 될 수 있다'는 극단적인 오류에 빠져 있기 때문이다.[81] 동양 정교회와 동방 정교회가 1967년에 합의한 다음 문장은 이러한 신화 사상의 핵심을 알려 준다.

"인류를 향한 하나님의 무한하신 사랑은 우리가 영원한 신격과 우리 주 예수 그리스도의 완전한 인성의 연합의 비밀을 이해하는 출발점이다. 이 사랑으로 그분께서 우리를 창조하고 구원하셨다. 말씀이신 하나님께서 우리 중 하나가 되신 것은 우리를 구원하기 위해서였다. 그래서 아버지와 동일 본질이신 분이 성육신함으로써 또한 우리와 동일 본질이 되셨다. 그분의 무한하신 은혜로 말미암아 하나님은 스스로 있는 자신의 영광을 얻도록 하기 위하여 우리

---

80) "We believe in One Lord Jesus Christ. An Ecumenical Explication. Report of a Faith and Order Consultation held at Kottayam, India, 14-22 November 1984," in Link, ed., *One God One Lord One Spirit*, 63-64(para.3-4).
81) 초대 교부 아타나시우스, 어거스틴 등은 '신화(*deificatio*)'를 성화의 개념으로 약하게 사용하였다. 그러나 이후 동방 신학자들은 이 단어를 오늘날 칼 라너(Karl Rahner)가 주장하는 존재적 앙양을 통한 초월의 의미로 이해하였다. 다음을 참고하라. Michael J. Christensen and Jeffery A. Wittung, ed. *Partakers of the Divine Nature: The Historical and Development of Deification in the Christian Traditions*(Grand Rapids: Baker Academic, 2007), 특히 Part Ⅲ,Ⅵ; Francis J. Caponi, "Karl Rahner: Divinization in Roman Catholicism"(259-280); Dumitru Staniloae, "The Procession of the Holy Spirit from the Father and His Relation to the Son, as the Basis of Our Deification and Adoption," in *Spirit of God, Spirit of Christ: Ecumenical Reflections on the Filioque Controversy*, Faith and Order Paper No.103(London: SPCK, 1981), 174-186.

를 부르셨다. 하나님은 은혜로 말미암아 사람이 하나님이 되도록 하기 위하여 본성상 사람이 되셨다. 그리스도의 인성은 이렇게 사람의 진정한 소명을 계시하고 실현한다. 하나님은 우리를 인도하여 그리스도의 몸 안에서 자기 자신과 완전한 교제로 들어가게 하신다. 그리하여 우리가 영광으로부터 영광으로 변화되게 하신다. 우리는 이러한 구원론적인 관점에서 기독론적인 질문에 접근한다."[82]

여기에서 '사람이 은혜로 말미암아 하나님이 되도록 하기 위해서' 하나님과 동일 본질인 주님이 성육신하여 사람과 동일 본질이 되셨다는 점이 문장 전체를 통하여 주도면밀하게 강조되고 있다. 우리가 신이 되는 것, 즉 신화(神化)를 '사람의 진정한 소명'으로 보고 있다. 그리고 신화의 목적이 그리스도의 몸을 통하여 아버지와의 '완전한 교제' 가운데로 들어가는 것이라고 천명하고 있다. 에큐메니칼 신학자들은 가시적 교회의 모든 현상들을 대변하는 '교제,' '관계,' '다양성 가운데 일치성' 등의 용어들을 자의적으로 적용하여 이 땅에 오신 주님께서 '진정한 우리 인간의 형상'뿐만 아니라 '진정한 한 분 하나님의 형상'으로 오셨다고 주장한다. 이러한 용어들을 사용하여 사람이 하나님의 형상이라는 사실에서 하나님이 사람의 형상이라는 사실을 유추하고, 이러한 하나님과 사람의 관계에서 삼위 간의 관계를 유추한다.[83] 즉, 신화 사상으로부터 관계적 삼위일체론을 유추하고 있다.

에큐메니칼 신학자들은 니케아-콘스탄티노플 신경의 성령에 관한 조항을 다루면서, 동일한 영으로 구약의 선지자들이 말씀을 기록하였고 신약의 백성들이 그것을 체험하게 되었다고 강조한다. 또한 그렇게 함으로써 유대주의와

---

[82] "We believe in One Lord Jesus Christ," 64(para.5).
[83] "We believe in One Lord Jesus Christ," 71-72, 73(para.18,20(5)).

신약 복음의 연속성을 넌지시 주장한다. 그들은 오늘날 바울신학의 새 관점을 주장하는 신학자들과 함께 신약을 구약이 아니라 유대주의와 연결하여 설명하려고 하는데, 그것은 성부 중심적 단일신론적 입장에서 삼위일체론을 전개함으로써 동방 교회와 서방 교회가 나뉘게 된 결정적인 이유인 필리오케 교리를 피해 가기 위함이다.[84]

그들은 예수 그리스도를 성령의 임재를 받은 사람으로만 보려 할 뿐, 그를 성령을 파송하는 하나님으로 여기지 않는다. 그리하여 예수가 받은 영과 우리가 받은 영을 동일하게 여김으로써 우리도 그와 같이 하나님이 될 수 있다는 신화 사상을 지지하고자 한다.[85]

4) 동력적, 양태론적 삼위일체론

산티아고 데 콤포스텔라의 제5차 신앙과 직제위원회의 문건은 니케아-콘스탄티노플 신경을 해석하면서 삼위일체에 대한 주요한 신학적 논의들을 배제하고, 세 위격들이 '한 신적인 존재와 교제하는 가운데 일치(unity in communion[κοινονια] in the one divine being)'를 이룬다는 점만을 지나치게 부각시켰다.[86] 또한 삼위일체를 삼위 하나님이 일하면서 드러내시는 교제의 계시로 정의하고서, 삼위의 존재보다는 사역, 즉 '경륜(economy)'에만 집중하였다.[87]

WCC는 하나님의 사역을 서술할 때 "성부께서 성령의 능력으로 성자 가운

---

[84] Hans-Georg Link, "The Prophetic Spirit, the Church as a Community and Living Our Hope. Ecumenical Aspects of the Third Article of the Creed," in Link, ed., *One God One Lord One Spirit*, 116-117(para.1-2).
[85] 성령의 감화를 통한 연합이라는 개념은 특히 존 웨슬리(John Wesley)의 신학에서 'union in affection' 이라는 개념으로 전개되었는데, 그는 그렇게 역사하는 영을 'Catholic Spirit'라고 불렀다. 이러한 입장은 WCC의 입장과 어느 정도 일맥상통하는 면이 있다. 다음을 참고하라. Geoffrey Wainwright, *The Ecumenical Movement. Crisis and Opportunity for the Church*(Grand Rapids: Eerdmans, 1983), 206.
[86] *Confessing the One Faith*, 10.
[87] *Confessing the One Faith*, 15.

데서 일하신다"라는 표현을 자주 사용한다. 이러한 표현은 초대 교회의 교부들에게도 낯설지 않다. 문제는 WCC가 이것을 왜곡하여 사용한다는 점이다. WCC가 이렇게 말할 때, 성자는 역사상 이 땅에 살았던 사람의 아들 예수로, 성령은 그 예수 안에서 능력으로 역사하는 분으로, 성부는 그 사역을 시작하고 이루시는 분으로 제시된다. 삼위의 동일 본질이 존재론적으로 논의되지 않고, 성부가 일을 이루시는 경륜 가운데 성자와 성령이 나타날 뿐이다. 삼위일체의 계시가 이러한 일하심 또는 경륜에 머물고, 하나님이 이 땅에 오신 예수 안에서 성령의 능력으로 일하셨다는 사실을 드러낼 뿐이다. 이런 의미에서 영국 감리교에 속한 제프리 웨인라이트(Geoffrey Wainwright)는 WCC가 '그리스도 중심적 삼위일체론(Christocentric Trinitarianism)'이라는 신학적 중심 위에 서 있다고 하였다.[88]

산티아고 데 콤포스텔라의 공동고백문에는 존재적 삼위일체에 대해 언급되어 있지 않다. '영원한 삼위일체(eternal Trinity)'라는 말만 등장할 뿐이다. 이 말은 아버지의 뜻을 이루는 아들의 일을 통하여 계시되는 삼위 간의 영원한 교제를 의미한다. 이것을 삼위의 '상호 교제(mutual communion)' 또는 '삼위일체적 교제'라고 부른다. 이러한 교제가 영원하며, 그것이 이 땅에 오신 아들의 사역을 통하여 역사상 처음으로 계시된다는 점에서 '영원한 삼위일체'라는 말을 사용하는 것이다.[89]

이 고백문은 예수 그리스도의 신성을 하나님께서 성령으로 주님 안에서 일

---

[88] Geoffrey Wainwright, "Faith and Order within or without the WCC," *Ecumenical Review* 45/1 (1993), 118-119. '그리스도 중심적(Christocentric)'이라는 말은 '기독론적(Christological)'이라는 말과는 구별된다. '기독론적'이라는 말은 영원한 하나님의 아들이 사람이 되어 참 하나님과 참 사람으로서 중보 사역을 감당하신다는 뜻으로 사용된다. 반면 '그리스도 중심적'이라는 말은 하나님의 영원한 작정 가운데 이 땅에 오신 사람 예수가 성령의 특별한 능력으로 성부의 뜻을 행함으로써 우리의 모범이 되신다는 뜻을 담고 있다. 전자는 위격적 연합 교리에 기초하고, 후자는 신화(神化) 사상을 전제한다.

[89] *Confessing the One Faith*, 17, 18.

하신다는 데서만 찾는다.[90] 성부의 '통치(monarchy)'가 성자의 신성을 암시할 뿐이다.[91] 이런 의미에서 삼위일체 신앙은 "예수 그리스도 안에서 계시되는 하나님의 역사적 계시(the historical revelation of God [revealed] in Jesus Christ)에만 기초한다"라고 단언한다.[92]

이와 같은 맥락에서 성부의 신성은 그 사랑이 아들에 의해 성취되고 성령으로 교통된다는 측면에서만 고백된다.[93] 성부 하나님의 부성(父性)은 그분이 '모든 신성의 근원(the source of all divinity)'이 되시는 데서 비롯된다고 한다. 그리고 아들과 아버지의 삼위일체적 교제를 통하여 교회가 다 함께 하나님을 아버지라고 부르는 공동체가 된다고 지적한다.[94]

이러한 이해는 동방 교회의 전통을 보여 준다. 어거스틴을 위시한 서방 교회는 성부와 성자와 성령이 서로의 기원이 된다고 보지 않는다. 다만 성자는 성부로부터 나시고 성령은 성부와 성자로부터 출래하신다고 고백할 뿐, 성부를 신성의 근원으로 보는 것은 아니다. WCC 신앙과 직제위원회에서는 자이르 킨샤사 보고서에서 이 점을 지적하였으나, 니케아-콘스탄티노플 신경은 동방의 전통을 따른다고 함으로써 자신들이 그 전통 위에 서 있음을 간접적으로 드러내었다.[95]

칼빈은, 성부가 성자와 성령의 '본질의 수여자(*Essentiator*)'라고 주장한 쟝 띨(Valentine Gentile)이 종속설(subordinationism)을 대변하고 있다고 강하게 비판하였다. 칼빈은 또한 삼위 하나님은 그 존재와 본질이 동일하고(ὁμοουσια) 자존하시므로(αὐτοουσιά αὐτοθεοτης) '성부만이 원인(*causa*)이요 성자와 성령은

---

90) Confessing the One Faith, 16.
91) Confessing the One Faith, 18.
92) Confessing the One Faith, 15.
93) Confessing the One Faith, 36.
94) Confessing the One Faith, 50, 53-55.
95) 다음을 참고하라. "We believe in One God. An Ecumenical Explication," 19(para.6-7).

원인으로부터(*a causa*)라고 말할 수 없다'고 하면서 자신의 입장을 분명히 밝혔다.[96]

WCC는 삼위의 교제만을 일체로 여기고, 삼위의 동일 본질에 대해서는 하나님께서 '아버지와 아들과 성령에 의해서 활동적으로 공유되는 삶(the life which is actively shared by Father, Son, and Spirit)'을 사신다는 측면에서만 파악한다.[97] 즉, 성자가 하나님의 아들이신 것은 그분이 영원히 하나님과 관계를 맺고 계시기 때문이다.[98] 성부는 '관계 속에 있는 인격(a person in relationship)'으로서 영원하실 뿐이다.[99] 낳으심이 곧 관계를 맺으심이요, 낳으신 분이 영원하므로 아들도 영원하다는 것이다.[100]

이러한 관계적 삼위일체론은 칼케돈 신경 이후 고백되어 온 한 위격 양성의 '위격적 연합 교리'를 무색하게 만들고, '영원한 말씀의 활동적인 현존(the active presence of the eternal Word)'만을 남긴다. 위격적 연합 교리는 '예수의 인간적 실존(the human existence of Jesus)'을 드러내고, '그분의 완전한 인성을 통하여 일하신다(acts through his complete humanity)'는 사실을 지적할 뿐이다.[101]

결국 그 속에서 하나님이 일하시는 사람 예수의 활동만이 남게 된다. 이러한 입장은 정통 교회가 배척해 온 동력적 단일신론(Dynamic Monarchianism)을 그대로 재현하는 것이다. 이것을 변명하기 위해서 동 위원회는, 마치 공관복음서와 요한복음이 공존하듯이, 예수의 선재성을 부인하는 역사비평적 방법론과 니케아 신경의 정통적 방법론이 공존한다는 궤변을 늘어놓기도 한다.[102]

WCC는 이 문건에서 '하나님께서 영원하시므로 하나님과 관계를 맺는 성자

---

[96] *Inst*. 1.13.23-29(CO 2.109-116).
[97] *Confessing the One Faith*, 94.
[98] *Confessing the One Faith*, 112, 114-115.
[99] *Confessing the One Faith*, 117.
[100] *Confessing the One Faith*, 115.
[101] *Confessing the One Faith*, 95.

도 영원하시다'라고 하는데, 이는 성자를 성부와 동등한 위격이 아니라 성부의 작정 속에 있는 존재 정도로 여기는 사상과 맞닿아 있다. 그리스도를 '영원한 모델, 모든 피조물의 로고스(the eternal model, the 'Logos' of all creation)'라고 하여 성자를 자연철학에서 말하는 생성의 원리 정도로 이해하는 입장은 이러한 사상의 단면을 잘 보여 준다.[103]

또한 이 문건에서 하나님의 아들이 사람이 되셨다는 것의 의의는 '참인성을 완전히 체현한(embodied fully true humanity)' 예수를 우리가 닮을 수 있는 전형으로 제시한다는 데 있다고 하여 신화(神化) 사상을 수용하고 있다. 성육신의 의의를 우리도 주님과 같이 '하나님의 현존의 능력(the power of God's presence)'을 지닐 수 있다는 점에서 찾는 것이다.[104] 성육신의 의의를 영원한 하나님의 아들이 사람이 되셨다는 사실이 아니라 하나님의 영원한 작정이 이루어져 하나님이 인간 예수 안에서 일하듯이 우리 안에서도 일하신다는 사실에서 찾고자 한다. 그리하여 예수도 '한 인간 개인(a human individual)'이라는 점이 특별히 부각된다.[105]

이러한 입장은 예수 그리스도께서 속죄의 값을 치르셨다는 객관적 의의 전가 교리에 배치된다. 주님은 우리를 위하여 '새로운 삶의 원형(a prototype of new life)'을 보여 주셨다는 측면에서 우리의 모범이 되실 뿐이다.[106] 예수 그리스도께서 참 하나님과 참 사람으로서 우리를 위하여 인성에 따라 고난당하셨다는 사실은 전혀 언급되지 않고, 하나님께서 인간 예수 안에서 일하셨다는 측면만이 강조된다. 양성의 위격적 연합 교리가 양태론적 삼위일체론으로 대

---

102) *Confessing the One Faith*, 106-109.
103) *Confessing the One Faith*, 119.
104) *Confessing the One Faith*, 125.
105) *Confessing the One Faith*, 126.
106) *Confessing the One Faith*, 143-147, 158.

체되는 것이다.107) 다음 글에서 우리는 WCC가 취하는 성부고난설의 한 부분을 발견할 수 있다.

"예수의 고난과 십자가를 통해 하나님은 자신의 아들의 인격 가운데서 우리의 죄로 인하여 시작된 인간의 죽음의 조건을 자신에게로 취하셨고 예수와 인류의 연대와 그들의 고통을 향한 긍휼을 제시하셨다."108)

이렇게 이해한다면, 예수가 우리의 머리가 되신다는 것은 단지 그분이 우리보다 먼저 행하셨다는 의미만을 가질 뿐이다. 또한 그분의 의의 전가로 말미암아 우리가 의롭게 되는 것이 아니라 우리가 그분과 동일한 신적 체험을 함으로써 의롭게 된다는 결론에 이르게 된다. 예수는 한 모범에 불과하다. 한 모범으로서의 전형이 될 뿐이다.

이러한 WCC의 입장은 내재주의 신학자 슐라이어마허(Friedrich Schleier-macher)의 신학과 일맥상통한다. 그는 예수가 우리와 같은 사람으로서 자기 자신을 구원하여 모범(Vorbild)을 보임으로써 인류 구원의 원형(Urbild)을 제시했다고 보았다. 그러하기에 그는 예수를 '한 인격 가운데서 구속자이며 구속된 분(Erlöser und Erlöster in einer Person)'이라고 불렀다.109) 슐라이어마허에게 구속은 언약에 따른 그리스도의 의의 전가가 아니라 그리스도의 삶을 사는 사람들의 자기 완성의 공로로 말미암은 것이다. 구속자는 죄의 값을 대신 치른

---

107) WCC는 삼신론과 함께 양태론을 배격한다고 말은 한다. *Confessing the One Faith*, 8.
108) *Confessing the One Faith*, 156.
109) 다음을 참고하라. Friedrich Schleiermacher, *Der christliche Glaube nach den Grundsätzen der evangelischen Kirche in Zusamenhange dargestellt*, Band 1 und Band 2(Berlin: Georg Reimer, 1821, 1822). 이 책은 똑같은 제목으로 1830년에 제2판이 출판되었다. 여기서는 제2판에 대한 Walter de Gruyter의 현대본(2008)을 사용하였다. 영문 번역은 다음을 참고하라. Friedrich Schleiermacher, *The Christian Faith*, ed., H. R. MacKintosh and J. S. Stewart(Edinburgh: T.&T. Clark, 1976), 93.3.

것이 아니라 자기의 신(神)의식으로 우리를 초대할 뿐이다.

"구속자는 성도들을 자신의 신의식의 능력으로 끌어들인다. 이것이 구속자의 구속 활동이다(Der Erlöser nimmt die Gläubigen in die Kräftigkeit seines Gottesbewuβtseins auf, und dies ist seine erlösende Thätigkeit)."[110]

여기서는 삼위일체 하나님, 예수 그리스도의 신인양성의 중보, 대속 교리가 모두 부인되고 있다. WCC는 자신의 신학적 입장을 뚜렷하게 드러내지 않는다. 그러나 조금만 숙고해 보면, 거기에는 기독교가 수용할 수 없는 극단적인 신학적 이단 사상들이 면면이 배어 있다.

5) 필리오케 교리를 부정함

WCC가 성령의 위격과 사역을 다루는 방식도 성자를 다루는 방식과 별반 다르지 않다. 성령의 위격은 '구원의 경륜'으로서 주로 논의되었다.[111] 성령의 구원 사역이 삼위의 교제를 계시한다는 관계적 삼위일체론에 기초한 언급이 먼저 나타난다.[112] 성령의 능력으로 말미암은 삼위의 교제가 성도가 신의 성품에 참여하여 하나가 되는 하나님과 사람 사이의 교제와 유비된다.[113]

관계적 삼위일체론을 근거로 하는 양태론적 삼위일체론의 경향을 보이는 WCC가 '성령이 성부와 성자로부터 출래한다'는 필리오케 교리를 배척하는 것은 어쩌면 당연하다. WCC는 동방과 서방 교회가 분열하는 원인이 되었던

---

110) Schleiermacher, *Der christliche Glaube nach den Grundsätzen der evangelischen Kirche in Zusammenhange dargestellt*, 100(제목).
111) *Confessing the One Faith*, 199.
112) *Confessing the One Faith*, 201.
113) *Confessing the One Faith*, 207.

이 교리에 집착하는 회원 국가들이 없다고 말하면서, 각 교회가 이 교리에 대해 언급하지 않는 니케아-콘스탄티노플 신경을 충실히 받아들여야 한다고 권한다.[114]

성령에 관한 초대 교회의 논쟁은 대체로 그분의 신위격(*deitas*)과 출래(나오심, *processio*, ἐκπορευσις)에 집중되었다. 성령의 위격에 대한 교리는 381년에 콘스탄티노플 공의회에서 수립되었으나, 성령의 출래에 대한 논의는 오랫동안 계속되다가 결국 서방 교회와 동방 교회가 분열하는 원인이 되었다. 동방 교회(희랍교회)는, 원래의 니케아-콘스탄티노플 신경대로 성령이 오직 성부로부터만 출래한다고 주장했다. 이러한 출래는 삼위일체 내적으로 영원히 일어나는 것으로서, 역사상 성령이 아들을 통하여 성도들에게 임재하는 것과는 다르다고 보았다. 한편 서방 교회는, 어거스틴의 가르침을 계승하여 필리오케 교리를 충실하게 고백하였다.

앞에서 보았듯이, 칼빈은 삼위일체 하나님의 존재를 다루면서 '성령께서 아버지와 아들로부터 출래하신다'는 사실을 분명히 말하였다. 또한 웨스트민스터 신앙고백서에도 이와 거의 동일한 고백이 나타난다. 웨스트민스터 신앙고백서에서는 필리오케 교리에 근거하여 '성령이 그리스도의 영이심'을 구원의 서정, 율법의 적용, 교회론과 성례론, 종말론을 다루는 부분에서 반복하여 언급한다.[115] 그리고 그리스도가 자신의 영을 부어 주심으로 성도를 위하여 계속 중보하심을 강조한다.

"그리스도는 값으로 대속하신 사람들 모두에게 동일한 것을 확실하고도 효과적으로 적용하고 나누신다. 그들을 위하여 중재하시고, 말씀 안에서, 말씀

---

114) *Confessing the One Faith*, 209-210.
115) Schaff, ed., *The Creeds of Christendom*, Vol.3, 3.6; 8.8; 13.3; 14.1; 16.3; 19.7; 26.1; 32.3.

으로 그들에게 구원의 비밀들을 계시하시며, 자신의 영으로 효과적으로 그들을 감화시켜 믿고 순종하게 하시고, 자신의 말씀과 영으로 그들의 마음을 다스리시며, 자신의 전능한 능력과 지혜로 그들의 대적들을 물리치시고, 그러한 방식과 방편들로 자신의 놀랍고도 닿을 수 없는 경륜을 가장 조화롭게 이루신다."[116]

개혁주의 신학자들은 그리스도의 머리 되심과 중보하심을 설명하면서 필리오케 교리를 주요한 성경의 가르침으로 견지한다.[117] 개핀(R. B. Gaffin, Jr)은 기독론과 성령론의 긴밀성을 주장하면서, 오순절 보혜사 성령의 강림을 예수 그리스도의 사역의 연장선으로 이해하고자 하였다.[118] 또한 퍼거슨(Sinclair B. Ferguson)은 그리스도와의 연합을 성령론의 기초로 삼고 성령이 그리스도의 영이라는 개념을 강조했다.[119]

서철원 교수는 그리스도와 성령의 관계를 다음과 같이 설명한다.

"성령은 그리스도와 결합될 때에만 성령으로 남고 인간의 영이 되지 않는다. 그러므로 성령신학은 그리스도신학으로 개진되어야 한다. 이것은 그리스도

---

116) Schaff, ed., *The Creeds of Christendom*, Vol.3, 8.8: "To all those for whom Christ hath purchased redemption, he doth certainly and effectually apply and communicate the same; making intercession for them; and revealing unto them, in an by the Word, the mysteries of salvation; effectually persuading them by his Spirit to believe and obey; and governing their hearts by his Word and Spirit; overcoming all their enemies by his almighty power and wisdom, in such manner and ways as are most consonant to his wonderful and unsearchable dispensation."
117) 다음을 참고하라. Marc A. Pugliese, "How Important Is the *Filioque* for Reformed Orthodoxy." *Westminster Theological Journal* 66(2004): 159-177.
118) Richard B. Gaffin, Jr. *Perspectives on Pentecost: New Testament Teaching on the Gifts of the Holy Spirit*(Phillipsburg, NJ: Presbyterian and Reformed Publishing, 1979), 19, 28, 30-31, 34, 37-38, 44.
119) Sinclair B. Ferguson, *The Holy Spirit*(Downers Grove, IL: IVP, 1996), 36-37, 100-103, 112, 116, 182, 188, 202, 247.

와 성령을 일치시키는 것이 아니라 그리스도의 영으로서의 성령이어야 함을 뜻한다. 교회가 그리스도의 교회가 되고 성령의 전이 되려면 그리스도의 영을 바르게 말해야 한다."[120]

교회론에서 필리오케 교리를 제거하는 것은 동방 교회가 추구한 중요한 신학적 목표였다. 오늘날 에큐메니칼 신학자들은 필리오케 교리의 형성이 정치적이었다거나 무모했다거나 교부들의 가르침을 반영하지 못했다거나 하는 이유들을 열거하면서 그것을 거부한다.

WCC의 신앙과 직제위원회는 1978년과 1979년에 걸쳐 프랑스 스트라스부르크 근처의 슈로쓰 클링겐탈(Schloss Klingenthal)에서 "에큐메니칼 관점에서 본 필리오케"라는 문건을 작성한다.[121]

이 문건에서는 먼저 예수 그리스도 안에 항구적으로 임재한 성령과 오순절 이후 성도가 받은 성령을 동일하게 여기는 것에서 신학적인 논의를 시작한다. 예수 그리스도께서 성령으로 충만하여 '실재적이고도 진정한 인성(real and authentic humanity)'을 지니신 것과 같이, 그분과 동일한 성령을 받은 사람들도 '그리스도들(christs)'로서 '그리스도화(christified)' 된다고 한다.

여기에서는 '성령이 충만하여 성령을 주시는 예수에 대한 교회의 깊은 경험'과 '성육신하신 말씀과 성령의 충만하고도 지속적인 상호 의존'만이 강조된다. 비록 "기독론적이고 삼위일체론적인 성령 이해"라는 제목을 달고 있지만, 성령을 예수 그리스도 안에서 일하시는 하나님의 능력이라는 경륜적 관점으로만 파악하며 존재적 삼위일체와는 별개의 것으로 다룬다.[122]

---

[120] 서철원, 『성령신학』, 개정판(서울: 총신대학교출판부, 2006), 6.
[121] WCC, "The Filioque Clause in Ecumenical Perspective," in *Spirit of God, Spirit of Christ: Ecumenical Reflections on the Filioque Controversy*, Faith and Order Paper No.103(London: SPCK, 1981), 3-18.

이 문건은 경륜적 삼위일체론적 관점에서 내재적 삼위일체론을 논함으로써, 동방 교회와 서방 교회가 다투어 온 필리오케 교리에 대한 논쟁이 사실은 관점의 차이에 불과하다는 사실을 애써 부각시키려 한다.[123] 동방 교회는 삼위의 고유한 위격적 특성-성부는 근원이심(ἀγεννησις), 성자는 성부로부터 나심(γεννησις), 성령은 성부로부터 출래하심(ἐκπορευσις)-에 의거하여 성부의 위격적 특성이 성자에게 전달될 수 없다는 점에서 성령이 오직 성부로부터만 출래하였다고 한 반면, 서방 교회는 성부뿐만 아니라 성자에 대해서도 성령이 가지는 관계가 동시적이며 영원하다는 점에서 성령이 성부와 성자로부터 출래하신다고 보았다고 지적한다.[124] 그리고 이러한 고찰 가운데 동방과 서방이 공유할 수 있는 견해를 다음과 같이 제안한다.

"첫째, 성령이 '아버지와 아들로부터' 출래하신다고 말해서는 안 된다. 왜냐하면 이 말은 아버지와 아들의 구별을 없애기 때문이다. 둘째, 성령의 출래는 삼위일체 안에 존재하는 아버지와 아들의 관계를 전제해야 한다. 왜냐하면 아들은 영원히 아버지 안에서, 그리고 아버지와 함께 계시며, 아버지는 아들 없이 계시지 않기 때문이다."[125]

WCC는 동방 교회의 견해를 따를 경우 성령이 위격으로서 성자와 맺는 고유한 관계를 간과하는 오류에 빠질 수 있다는 점을 인정한다. 그렇다고 서방 교회의 견해를 따르면 각 위격의 고유한 속성이 침해될 수 있으며, 성령의 충만함을 받은 주님이 동시에 성령을 부어 주시는 분이라는 모순을 피하기가 어

---

122) "The Filioque Clause in Ecumenical Perspective," 6-9.
123) "The Filioque Clause in Ecumenical Perspective," 9-10.
124) "The Filioque Clause in Ecumenical Perspective," 11-18.
125) "The Filioque Clause in Ecumenical Perspective," 15.

렵다고 본다. WCC는 이러한 문제점을 다음의 세 가지를 전제함으로써 극복하려고 한다.

"첫째, 성령의 출래는 하나님의 존재가 아니라 사역으로서 우선적으로 파악되어야 한다. 둘째, 성령의 임재는 성육신한 주님의 인성과만 관련된다. 그것은 영원한 삼위 하나님의 관계와는 구별된다. 셋째, 성육신한 사람 예수 안에서 이루어지는 삼위 하나님의 교제가 성도 각자에게도 유비적으로 일어나므로 성도가 신화(神化)에 이르게 된다."[126]

관계적 삼위일체론을 근거로 하는 이러한 해법은 동방 교회와 서방 교회를 아우르기 위한 궁여지책에 불과하다. 아버지와 아들의 관계가 영원하므로 그 관계 가운데서만 성부가 성령을 부어 주신다고 말하자는 것이다. 결국 자신들이 고안한 삼위 간의 교제라는 모호한 개념으로 후퇴하고 만다. WCC는 이러한 논거를 여러 곳에서 암시하거나 진술하면서, 성령조항이라고 불리는 니케아 신조 제3항을 규범으로서 회복해야 한다고 하여 필리오케 교리를 부인하는 입장을 분명히 밝혔다.[127]

동방 교회는 필리오케 교리를 인정하지 않고 성령이 성부로부터만 출래한다고 함으로써 자신들이 영광의 신학을 추구한다고 하지만, 사실 그것은 진

---

[126] 대체로 아타나시우스와 갑바도기아 교부를 거쳐서 루터와 칼빈에 이르기까지, 신화(*deificatio*)는 성화를 뜻하는 수사학적 표현으로 사용되어 왔다. 심지어 동방 정교회도 초창기에는 그러한 경향을 보였다. 그러나 칼 바르트의 신학에 영향을 받은 칼 라너에 이르면, 신화는 로마 가톨릭의 공로 사상과 함께 어우러져 실체적인 개념이 된다. 그것은 문자 그대로 신이 되는 것을 의미하게 되었다. 라너의 초월 사상이 여기에 기인한다. 오늘날 WCC는 이러한 의미에서 신화 사상에 물들어 있다. 다음을 참고하라. Michael J. Christensen and Jeffery A. Wittung, ed. *Partakers of the Divine Nature: The Historical and Development of Deification in the Christian Traditions*(Grand Rapids: Baker Academic, 2007), 특히 Part Ⅲ, Ⅵ; Francis J. Caponi, "Karl Rahner: Divinization in Roman Catholicism"(259-280).
[127] "The Filioque Clause in Ecumenical Perspective," 18.

정한 영광의 신학이 아니라 중보자가 없는 신비주의에 가까운 것이다. 그리고 자신들이 성도의 성화를 강조한다고 하지만, 그것은 그리스도의 중보를 무시하고 자신들의 자질을 통해 고양되고자 하는 신화(神化) 사상에 젖어 있음을 말해 줄 뿐이다.

동방 정교회에 속한 신학자들은 필리오케 교리를 인정하면 '아들의 부성(υιοπατρια)'을 인정하는 것이 되므로 성령은 오직 성부로부터만 출래한다고 하였다.[128] 그들은 성령이 '아들을 통하여(δι Yiου)' 출래한다는 말은 단지 지상의 사역에 관해서만 사용될 수 있다고 하였다.[129] 또한 아들이 원인이 된다는 의미에서 다만 성령의 '능력(ενεργεια)'이 아들로부터 나온다고 볼 수 있는데, 이러한 관점에서만 필리오케 교리를 받아들일 수 있다고 하였다.[130] 그리고 삼위의 존재의 측면에서 오직 '원인(αιτια, cause)'은 성부이며 성자는 '원인에 따른(αιτιαται, caused)' 분일 뿐 원인이 될 수는 없다는 점을 필리오케 교리를 반박하는 근거로 사용하였다.[131]

동방 교회의 신학자들은 필리오케 교리가 비성경적이며 전통에도 어긋나고 교리적으로도 위험하다고 보았다.[132] 그들은 아타나시우스가 '아들을 통하여(δια του Yiου)'라는 말을 사용한 것은 오직 성육신한 주님께서 성도에게 성령

---

128) Markos A. Orphanos, "The Procession of the Holy Spirit According to Certain Later Greek Fathers," in *Spirit of God, Spirit of Christ: Ecumenical Reflections on the Filioque Controversy*, 21-25. 이 견해는 포티우스(Photius)에 의해서 대변된다.
129) Orphanos, "The Procession of the Holy Spirit According to Certain Later Greek Fathers," 25-29. 이 견해는 키프로스의 그레고리(Gregory the Cypriot)에 의하여 대변된다.
130) Orphanos, "The Procession of the Holy Spirit According to Certain Later Greek Fathers," 29-35. 이 견해는 그레고리 팔라마스(Gregory Palamas)에 의하여 대변된다.
131) Orphanos, "The Procession of the Holy Spirit According to Certain Later Greek Fathers," 35-42. 특히 구 가톨릭교회의 사제 Urs Küry는 이것을 강조한다. 다음을 참고하라. Kurt Stalder, "The Filioque in the Old Catholic Churches: The Chief Phases of Theological Reflection and Church Pronouncements," in *Spirit of God, Spirit of Christ: Ecumenical Reflections on the Filioque Controversy*, 102.

을 부어 주시는 방식만을 가리키기 위함이었다고 주장한다. 또한 갑바도기아 교부들이 성령의 출래를 다루면서, 경륜적인 특성과 관련하여 '아들을 통하여'라는 말을 사용할 수 있지만 존재적인 특성과 관련하여 '아들로부터(ἐκ τοῦ Υἱοῦ)'라는 말을 쓸 수는 없다고 한 점을 강조한다.[133]

또한 그들은 터툴리안(Tertullian)이나 어거스틴과 같은 서방 신학자들조차도 필리오케 교리에 대해서 부정적이었다고 주장한다. 터툴리안은 그리스도의 대속 사역을 인정했을 뿐이고, 어거스틴도 '원리적으로는(*principaliter*)' 성령이 성부로부터만 출래한다고 보았다는 것이다.[134] 오늘날 일부 신학자들은 성자를 통하여 성령의 능력으로 일하시는 하나님의 사역, 즉 경륜적 삼위일체론적 관점에서만 필리오케 교리를 수용하는 입장을 취하고 있다.[135] 로마 가톨릭교회도 이러한 입장을 취한다.[136]

저명한 동방 정교회의 신학자 보브린스코이(Boris Bobrinskoy)가 말하듯이, 필리오케 교리는 단지 성령이 성부와 성자 사이의 사랑이요 연합이며 성부와 성자의 공통된 은사일 뿐이라는 사실을 드러내며, 영원한 성자께서 성령의 출래에 무관하지는 않다는 점을 지적하는 유익만을 가질 뿐인가?[137]

몰트만(Jürgen Moltmann)은 필리오케 교리를 단지 경륜적 삼위일체론적 관

---

132) Dietrich Ritschl, "Historical Development and Implications of the Filioque Controversy," in *Spirit of God, Spirit of Christ: Ecumenical Reflections on the Filioque Controversy*, 47.
133) Ritschl, "Historical Development and Implications of the Filioque Controversy," 55-58.
134) Ritschl, "Historical Development and Implications of the Filioque Controversy," 60-61.
135) 이러한 학자들로는 바르트, 몰트만, 토랜스(T. F. Torrance) 등이 언급된다. Alasdair Heron, "The Filioque in Recent Reformed Theology," in *Spirit of God, Spirit of Christ: Ecumenical Reflections on the Filioque Controversy*, 111-117. 특히 이 교리에 대한 신학적 논의에 대하여 다음을 참고하라. T. F. Torrance, *Theology in Reconciliation: Essays towards Evangelical and Catholic Unity in the East and West*(Grand Rapids: Eerdmans, 1975), 15-81.
136) 다음을 참고하라. Jean-Miguel Garrigues, "A Roman Catholic View of the Position Now Reached in the Question of the Filioque," in *Spirit of God, Spirit of Christ: Ecumenical Reflections on the Filioque Controversy*, 149-163.

점으로만 논의해서는 안 되며 내재적 삼위일체론적 관점에서 다루어야 한다고 하였다. 그러나 그는 관계적 삼위일체론적 관점을 벗어나지는 못하였다. 몰트만은 위격(hypostasis)에 관해서는 성령이 오직 성부로부터 출래하지만, 그 관계적인 형상(facies)은 성부와 성자로부터 얻는다고 하였다. 전자는 위격(υποστασις)에, 후자는 형상(προσωπον)에 해당하는 것으로서 서로 구별된다고 본 것이다. 결국 이것은 위격이 아니라 그 능력(ενεργεια)에 관해서만 필리오케 교리를 인정하려는 동방 정교회의 입장을 대변하고 있을 뿐이다. 그리하여 성령은 성자의 아버지이신 성부로부터만 출래한다는 것을 언급하며 결론을 맺고 있다.[138]

바르트는 필리오케 교리를 인정하되, 그리스도의 인성 가운데 역사하는 성령이 성도에게도 동일하게 작용한다는 측면에서 인정했다. 이런 입장을 견지함으로써 바르트는 신화를 말할 수밖에 없게 되었다. 필리오케에 대한 바르트와 동방 정교회의 견해 차이만큼이나 신화에 대한 양자의 입장도 차이가 있지만, 바르트가 신화를 주장한 것은 분명하다. 프린스턴 신학교의 바르트 신학자 맥코르막(Bruce L. McCormack)은 '바르트는 동방 정교회와는 달리 형이상학적이 아니라 역사적으로 승귀를 인정했을 뿐'이라고 하여 바르트가 신화를 말하지 않았다고 하였다. 그러나 맥코르막의 말을 바꾸어 보면, 바르트는 신인양성의 위격적 연합 가운데서의 승귀는 부정하였지만 예수의 인성에 대한 역사적 승귀는 인정했다는 것과 같다. 이것은 잘못된 성육신론에 기초한 WCC의 신화 사상과 정확히 일치한다.[139]

필리오케 교리에 대한 클링겐탈 신앙과 직제위원회의 문건과 그 형성에 영

---

137) Boris Bobrinskoy, "The Filioque Yesterday and Today," in *Spirit of God, Spirit of Christ: Ecumenical Reflections on the Filioque Controversy*, 142-143
138) Jürgen Moltmann, "Theological Proposals towards the Resolution of the Filioque Controversy," in *Spirit of God, Spirit of Christ: Ecumenical Reflections on the Filioque Controversy*, 164-173.

향을 미친 신학자들은 미묘한 견해 차이를 보이면서도 몇 가지 사실에 대해 일치하는 경향을 보인다.

첫째, 그들은 양태론적 삼위일체론에 기초하여 하나님께서 성자를 통하여 성령의 능력으로 일하신다는 사실을 전개하면서 이 교리를 논한다.

둘째, 주님이 요단강에서 세례를 받으신 후에 충만하게 임한 성령을 그 실체에서뿐만 아니라 경륜에서도 성도들이 받는 성령과 동일한 것으로 여김으로써 주님께서 부어 주시는 그리스도의 영이라는 성경적 개념을 인정할 수 없게 되었다.

셋째, 그리하여 자신의 영의 역사로 말미암아 성도를 위하여 중보하시는 그리스도의 사역이 그분의 의의 전가를 통한 은혜로 여겨지지 않고, 예수와 동일한 성령을 받아서 스스로 활동하는 성도의 공로가 강조된다.

넷째, 그리스도께서 성도의 머리가 되신다는 의미가 무색해진다. 즉, 그리스도께서 성령을 부어 주시는 것이 곧 그분의 의가 전가되는 것이며 이로써 성도가 그분과 연합하게 되는데, 필리오케를 부인하는 입장에서는 그러한 연합이 성도가 그리스도와 동등한 위치에서 교제하는 것 정도로 여겨지기 때문이다.

다섯째, 결국 필리오케를 부인하면 그리스도는 성도의 신화(神化)를 위한 하나의 모범으로 남을 뿐이다. 객관적 속죄론이 쓸모없어지고, 그리스도의 공로는 단지 하나의 선례를 제시한 것에 불과하게 된다.[140]

---

139) Bruce L. McCormack, "Participation in God, Yes; Deification, No," in *Orthodox and Modern: Studies in the Theology of Karl Barth*(Grand Rapids: Baker Academic, 2008), 235-260. 맥코르막의 이 논문은 결과적으로 바르트가 신인양성의 위격적 연합 교리를 인정하지 않고 단지 인성의 사람으로서 그리스도의 비하와 승귀를 논했다는 반증을 제공한다.

140) 필리오케 교리를 부인하는 입장은 성자가 인성 가운데 신화되어 영화롭게 되었다는 오류에 빠지게 되며, 그 가운데 성도의 신화를 인정하는 자리로 나아가게 된다. 다음을 참고하라. Staniloae, "The Procession of the Holy Spirit from the Father and His Relation to the Son, as the Basis of Our Deification and Adoption," in *Spirit of God, Spirit of Christ: Ecumenical Reflections on the Filioque Controversy*, 174-186.

이와 같이 우리는 WCC가 필리오케 교리를 수용하지 않는다는 사실 자체보다는 오히려 그 배후의 신학적 필연성과 동기에 주목해야 한다. 그것은 내재주의적, 세속주의적, 양태론적, 단일신론적 신관을 지향한다.[141]

3. 교회론

1) 비가시적 교회를 부인

1948년 2차 세계대전 종전 후 암스테르담에서 개최된 WCC 제1차 총회에서는 주로 WCC의 정체성에 대한 논의가 이루어졌다. WCC는 '그리스도 안에서 일치를 표현하고자 하는 하나의 교제(a fellowship)'일 뿐 교회가 아니라는 사실과 함께 WCC는 '교회들을 위한 하나의 협의회(a council of churches)'일 뿐 '분열되지 않은 하나의 교회를 위한 유일한 협의회(the Council of the one undivided Church)'는 아니라는 사실이 주목할 만하게 천명되었다.[142]

WCC는 철저히 가시적 교회의 일치를 추구하면서도 그 신학적 근거를 비가시적 교회의 본질에서 찾고 있다. 이 점에 주목하라.

"세계교회협의회는 예수 그리스도를 하나님이요 구세주로 인정하는 교회들로 구성된다. 교회는 그분 안에서 서로의 일치를 발견한다. 교회는 일치를 만들 필요가 없다. 왜냐하면 일치는 하나님의 선물이기 때문이다. 그러나 생활과 봉사 속에서 그 일치를 표출하기 위해 공통의 명분을 만드는 것이 교회의 과제임을 안다……일치는 예수 그리스도 안에서 하나님의 사랑으로부터 나

---

141) 다음을 참고하라. 최홍석, "신론과 연루된 WCC의 신학적 입장에 대한 비판," 109-116.
142) WCC, *The First Assembly of the World Council of Churches, Amsterdam 1948*(London: SCM Press, 1949), 217. 다음을 참고하라. Visser't Hooft, *The Genesis and Formation of the World Council of Churches*, 66-67.

온다."[143]

이 글에서 "교회는 그분 안에서 서로의 일치를 발견한다"라고 했는데, 이것은 가시적 교회가 추구해야 할 바를 언급한 것이다. 그런데 바로 이어서 "교회는 일치를 만들 필요가 없다"라고 한 것은 비가시적 교회의 속성에 대한 언급이다. 여기에서 우리는 비가시적 교회의 속성을 들어서 가시적 교회를 설명하는 오류를 발견하게 된다.

비가시적 교회는 과거, 현재, 미래를 아울러 선택된 사람들의 총수로서 창세전의 작정대로 이미 이루어진 것이지만, 가시적 교회는 여전히 전도와 선교를 통하여 그 작정을 이루어 가야 한다. 비가시적 교회와 가시적 교회를 함께 다루되 동일한 것으로 여겨서는 안 된다. 이러한 WCC의 오류는 교회의 본질을 가시적으로 보고 성경이 말하는 비가시적 속성을 단지 상징적 어구처럼 여기는 태도에서 비롯된다.[144]

WCC는 자신의 정체성을 말하면서 계속 교회의 속성들(단일성, 보편성, 거룩성, 사도성)[145]에 대해서 언급한다. 그러면서도 자신에게는 교회의 본질적인 표지들이(notae ecclesiae) 없으므로 교회는 아니라고 변명한다.[146] 교회의 속성을 가진 교회가 아닌 실체, 이러한 모순적 언사는 어디에서 기인하는가?

WCC의 정체성에 대한 연구는 "토론토 성명서(Toronto Statement)"로 불리

---

[143] The First Assembly of the World Council of Churches, Amsterdam 1948, 217. 다음을 참고하라. Visser't Hooft, The Genesis and Formation of the World Council of Churches, 68.
[144] WCC는 성례의 가시적 표징을 단지 상징으로만 여긴다. WCC는 그들이 성례를 이해하는 것과 같은 논법으로 지상의 가시적 교회가 천상의 비가시적 교회를 상징한다고 본다. 이렇듯 교회를 일종의 성례와 같이 여기는 것은, 교회의 본질을 가시적 교회에서 찾는 그들이 자신들의 입장을 견지하면서 성경이 분명히 가르치는 교회의 비가시적 속성을 설명하기 위해 고안해 낸 방편일 뿐이다. 이 부분은 다음 장에서 자세히 다룬다.
[145] "one holy catholic and apostolic Church(Ecclesia una, sancta, catholica, et apostolica)"에 대한 고백은 콘스탄티노플 공의회(381)에서 수립되었다.
[146] Visser't Hooft, The Genesis and Formation of the World Council of Churches, 71.

는 "참교회, 교회들, 그리고 세계교회협의회(The Church, the Churches and the WCC, 1950)"라는 문서에 체계적으로 나타난다. 여기에서는 WCC는 '세계 교회(the world church)'도 아니며 '하나의 거룩한 교회(*the Una Sancta*)'도 아니라고 선포된다. 또한 윌리엄 템플 대주교가 진술한 다음의 말이 에큐메니칼 협의회의 원칙으로서 회자되었다.

"세계교회협의회의 '권위'는 '세계교회협의회가 자기들의 지혜로써 교회들과 함께 지니는 중요성'에만 있을 뿐이다."

토론토 성명서는 세계교회협의회는 교회가 아니며 특정한 교회적 개념에 근거하고 있지도 않다는 점을 전제하고서 작성되었다. 그렇다면 왜 WCC는 그리스도는 하나의 몸의 머리가 되시며, 오직 하나의 그리스도의 교회만이 존재하고, 그리스도의 몸을 세우고 그리스도를 증언하는 것이 교회의 사명이라는 점을 들어서 자신의 정체성을 논하려고 하는가?

그것은 WCC가 교회의 본질, 즉 그리스도와 성도의 연합을 무시하면서도 교회를 말할 수밖에 없는 딜레마, 교회의 일치를 말하면서도 교회의 서고 넘어짐의 기준이 되는 교리의 진위(眞僞)에는 무관심할 수밖에 없는 딜레마에 빠져 있기 때문이다. 이러한 딜레마는 필연적으로 가시적 교회의 일치만을 맹목적으로 추구하고자 하는 WCC의 정체성으로부터 기인한다.

WCC는 교회의 '표지들(notae)'이 아니라 교회의 '흔적들(vestigia)'에 대해서만 말할 뿐이다. 표지는 성경-규범적이나 흔적은 경험-유추적이다. WCC는 에큐메니칼 운동의 근거가 그것을 추구하고자 하는 교회들의 '신념(conviction)'에 있다고 말한다.[147] 그러나 정작 교회의 참표지가 말씀에 대한 순수한 선포와 성례의 합당한 거행, 그리고 권징의 합법적인 시행에 있다는 것을 무시한다. 교회를 대상으로 하는 교회협의회가 교회의 본질과 속성에 대한 객관적 이해를 결여하고 있다. 실존적 불확실성이 진리의 확실성을 대체하고 있다. '신념'이 성경보다 진리에 가깝다고 여기거나 아니면 성경을 단지 신념의 자료 정도로 간주한다.[148]

WCC는 교회가 오직 가시적 형태로만 존재한다고 여긴다.

"세계교회협의회는 '볼 수도 없고 만질 수도 없는 교회, 오직 영적인 교회, 비록 신앙적인 문제에서는 분열될지라도 보이지 않는 끈을 통해 하나가 될 교회를 상상하지' 않는다."[149]

1952년에 스웨덴의 룬드(Lund)에서 개최된 제3차 신앙과 직제위원회 세계대회에서는 이러한 입장을 확정했다.

"우리는 두 개의 교회, 즉 가시적인 교회와 비가시적인 교회가 있는 것이 아니라, 하나님의 교회가 지상에서 가시적으로 표현되어 나타나야 한다는 것에 일치한다."[150]

---

[147] 이상의 논의는 다음을 참고하라. Lukas Vischer, ed., *A Documentary History of the Faith and Order Movement 1927-1963*(St. Louis: Bethany Press, 1963), 171-176.
[148] 칼빈은 교회의 표지를 말씀의 순수한 선포와 성례의 합당한 거행으로 보았고, 이후 개혁주의자들은 여기에 권징의 합법적 시행을 더하였다. 칼빈도 권징을 '교회의 힘줄'이라고 하여 중요하게 여겼다. 이 세 가지는 모두 말씀의 진리를 지키고 전파하고 수호하는 데 그 목적이 있다. 성례에는 말씀의 제정이 핵심 요소이며, 권징은 무너뜨리려는 것이 아니라 말씀에 따라 성도를 세우려는 목적을 가지고 있다.
[149] Vischer, ed., *A Documentary History of the Faith and Order Movement 1927-1963*, 171.
[150] Vischer, ed., *A Documentary History of the Faith and Order Movement 1927-1963*, 103. 다음을 참고하라. Marlin Vanelderen, ed., *And So Set up Signs… The World Council of Churches' First 40 Years*(Geneva: WCC, 1988), 20.

이 대회에서는 성도와 그리스도의 연합을 강조하고 그것을 기반으로 '하나의 거룩하고도 보편적인 사도적 교회'에 대한 고백을 다루지만, 정작 교회의 본질을 가시적 교회로만 파악하고 있다.[151] 이런 입장은 가시적 교회와 비가시적 교회를 구별하지 않고 비가시적 교회를 가시적 교회의 종말론적 완성이라는 측면으로만 치우쳐 보는 데서도 뚜렷이 나타난다.

WCC는 지상교회와 그것의 완성으로서의 천상교회가 있다고 말한다. 그러나 그들이 말하는 지상교회와 천상교회는 사실상 가시적 교회의 두 양상에 불과하다.

"우리가 추구하는 일치의 본성은 예수 그리스도를 살아 계신 주와 구속주로 인정하는 모든 교회들이 세상 끝 날까지 믿게 될 그리스도의 몸에 서로가 온전히 속하였다고 인정할 수 있는 가시적 친교의 본성이다."

"그날 예수 그리스도께서는 자신의 흩어진 백성들을 자신과의 영원한 연합 안에서 살아가도록 모으실 것이다. 그 연합의 기쁨을 이미 우리의 것이 된 그 일치 안에서 느낄 수 있다."[152]

여기에서 보듯이 WCC는 교회의 일치가 본질상 성도와 그리스도의 연합이 아니라 가시적 친교에 있다고 봄으로써 비가시적 교회의 비밀을 제거해 버렸다. 또한 교회의 연합이 이미 가시적으로 이루어졌으며 그 기쁨을 지금 맛보게 된다고 함으로써 교회의 종말론적인 의미를 왜곡하였다. 그리고 하나님의 무조건적 선택의 은총을 개개인의 주관적 정서(신념)로 대체함으로써 교회의

---

151) Vischer, ed., *A Documentary History of the Faith and Order Movement 1927-1963*, 87-88, 93.
152) Vischer, ed., *A Documentary History of the Faith and Order Movement 1927-1963*, 105-106.

본질에 관한 인본주의적인 가치만 남게 되었다.

이런 의미에서 WCC는 교회를 '사람들의 몸'이라고 정의한다.

"교회는 하나님의 은혜와 진리를 증언하기 위하여 하나님의 부르심을 받은 데 근거한 사람들의 몸이다. 이 보이는 몸은 그리스도가 오시기 전에는 이스라엘에서 발견되었고, 이제 화해의 사역을 위탁받은 새 이스라엘에서 발견된다."[153]

신약이든 구약이든 모든 시대를 통틀어 교회의 머리는 그리스도이시다. 교회는 그리스도를 머리로 하여 연합한 성도들의 모임이다. 그래서 성도들을 몸 된 교회의 지체들이라고 한다. 성도들은 하나님의 부르심을 받은 사람들이다. 즉, 교회는 언약의 공동체이다. 교회를 '몸'이라고 부르는 한 교회의 '머리'는 그리스도이시다. 교회를 '몸'이라고 부를 때, 그것은 일차적으로 비가시적 교회를 지칭한다. 그러므로 비가시적 교회에 대한 인식 없이 교회를 '몸'이라고 부르는 것은 이치에 맞지 않다. 위에서 WCC는 교회를 '사람들의 몸,' '보이는 몸'이라고 했는데, 이것을 '보이지 않는 그리스도의 몸'이라고 고쳐야 할 것이다.

"그의 능력이 그리스도 안에서 역사하사 죽은 자들 가운데서 다시 살리시고 하늘에서 자기의 오른편에 앉히사 모든 통치와 권세와 능력과 주권과 이 세상뿐 아니라 오는 세상에 일컫는 모든 이름 위에 뛰어나게 하시고, 또 만물을 그의 발 아래에 복종하게 하시고 그를 만물 위에 교회의 머리로 삼으셨느니라. 교회는 그의 몸이니 만물 안에서 만물을 충만하게 하시는 이의 충만함이니라"(엡 1:20-23).

---

[153] Vischer, ed., *A Documentary History of the Faith and Order Movement 1927-1963*, 46-47.

2) 그리스도 없는 교회

WCC는 교회의 본질이 그리스도와의 연합이 아니라 그것에 대한 교회 구성원의 주관적인 판단 또는 확신에 있다고 봄으로써 내재주의자들과 성경비평주의자들의 입장을 견지해 왔다.[154] 이러한 오류는 이미 제1차 로잔 신앙과 직제위원회의 보고서에서 그 시초를 찾을 수 있다.

"우리는 교회가 그리스도의 몸이요, 모든 믿는 사람들의 복된 사귐이요, 땅에 있든 하늘에 있든 성도들의 교제라는 사실을 믿는다."[155]

이 보고서에는 교회가 "그리스도의 몸이요, 모든 믿는 사람들의 복된 사귐이요, 땅에 있든 하늘에 있든 성도들의 교제"라고 정의되어 있다. 표면적으로 이 세 가지 정의는 가시적 교회와 비가시적 교회에 모두 적용될 수 있다. 그러나 우리는 이런 말들을 사용하는 WCC의 의도를 헤아려야 한다. 우리는 WCC가 '그리스도의 몸,' '사귐,' '교제'라는 말을 모두 가시적 교회의 관점에서만 받아들인다는 사실에 주목해야 한다. 그들이 교회를 '그리스도의 몸'이라고 부르는 것은 성도들의 가시적 '교제'와 '사귐' 이외에 다른 의미가 없다. 이런 경우에는 그리스도가 교회의 머리라는 성경적 의미도 사라지고 다만 눈에 보이는 성도들의 모임만이 교회의 본질로 논의되고 있는 것이다.

---

154) 결국 이러한 입장은 슐라이어마허가 교회를 신의존 감정을 공유한 공동체로 보는 경우와, 루돌프 불트만(Rudolf Bultmann)이 부활의 역사는 부인하면서도 초대 교회 성도들이 부활에 대한 신앙을 가지고 있었다는 사실만 인정하는 경우와 유사하다. 이런 관점으로 본다면, WCC의 성도와 그리스도의 연합 교리는 신화(神化)이거나 신화(神話)에 불과한 것이 된다. 다음을 참고하라. Schleiermacher, *The Christian Faith*, 131-141; Rudolf Bultmann, "The Study of the Synoptic Gospels," in Rudolf Bultmann and Karl Kundsin, *Form Criticism: Two Essays on New Testament Research*, tr. Fredrick C. Grant(New York: Harper&Brothers, 1962), 64-70.

155) Vischer, ed., *A Documentary History of the Faith and Order Movement 1927-1963*, 42.

제7차 캔버라 총회에서는 이러한 WCC의 입장이 적극적으로 표명되었다. 이 총회에서는 뉴델리 총회 이후 제기되었던 교회의 본질에 대한 논의를 확정 지으면서, 교회의 근간과 목적과 본질이 성도들의 '완전한 교제(full fellowship)'에 있다고 선포하였다.[156]

이러한 선포를 구체적으로 다루기 위해 열린 제5차 산티아고 데 콤포스텔라 신앙과 직제위원회는 "교회의 본성과 목적"이라는 문건[157]을 상정했으며, 이것이 "교회의 본성과 사역(The Nature and Mission of the Church)"이라는 문건의 토대가 되었다.

"교회의 본성과 사역"은 WCC의 교회론을 다룬 가장 최근의 문건으로서, 우리가 지금까지 살펴본 가시적 교회의 일치에 대한 그들의 입장이 총망라되어 있다.[158] 이 문건에는 그동안 중심 논제가 되어 왔던 WCC의 성경관과 전통관, 성례관, 직제관 등이 조목별로 전개되어 있다. 눈에 띄는 특징은, 같은 고백을 하되 교회마다 다양한 해석이 존재하는 사안에 대해서는 각각의 해석을 그대로 기록해 두었다는 점이다.

이 문건에서 WCC는 제1차 총회 이후 여러 가지로 표명해 왔던 교회의 기독론적 요소를 걷어 내고, 교회를 말씀의 공동체로만 파악하는 획기적인 입장의 변화를 보여 주었다. 여기에서는 교회의 주가 되시는 그리스도에 대해 전혀 언급하지 않은 채 "교회는 하나님의 말씀과 성령의 산물이다"[159]라고만 하였다.

교회를 '말씀의 산물(creatura Verbi)'이라고 한 것은 말씀을 접한 사람들의

---

156) 다음을 참고하라. Michael Kinnamon and Brian E. Cope, ed., *The Ecumenical Movement: An Anthology of Key Texts and Voices*(Geneva: WCC, 1997), 124-125.
157) *The Nature and Purpose of the Church*, Faith and Order Paper No.181(1998).
158) WCC, *The Nature and Mission of the Church-A Stage on the Way to a Common Statement*, Faith and Order Paper No.198(2005). http://www.oikoumene.org/en/resources/documents/wcc-commissions/faith-and-order 이하 이 자료에 대한 인용은 항목으로 표시한다.
159) *The Nature and Mission of the Church*, 9.

교제가 교회의 본질이라고 여겼기 때문이다. 우리가 WCC의 성경론을 통하여 보았듯이, WCC는 성경 자체가 아니라 그것을 실존적으로 체험하면서 가지는 의미를 계시로 여긴다. 그동안에는 비록 형식적일지라도 성도의 교제가 그리스도 안에서 이루어져야 한다고 천명해 왔는데, 이제 그런 언급조차 하지 않고, 성도의 교제를 성도가 말씀과 부딪치는 '만남(encounter)'으로만 서술했다.

이 문건에서는 말씀을 성육신한 말씀, 기록된 말씀, 선포된 말씀으로 나누어 다루지만, 어떤 경우든 동일하게 성도가 그 말씀에 부딪쳐 실존적 의미를 경험할 때 비로소 그것이 계시로 작용한다고 보았다. 교회의 교제가 이처럼 말씀을 접한 사람들의 실존적 의미의 체험 가운데서만 정의된다. 그들이 교회를 '만남' 또는 '교제'라고 정의할 때, 그것은 그 체험을 공유하는 것과 다르지 않다. 말씀은 명분일 뿐, 사람의 실존적 체험만 남고 교회에서 그리스도가 사라지게 되었다.

> "교회는 말씀과 만남으로써 자신들에게 말씀하시며 자신들의 성실한 응답과 반응을 요구하시는 하나님과 살아 있는 관계를 맺고 있는 사람들의 교제이다. 그것은 성도들의 교제이다."[160]

여기에서 성경은 하나님의 말씀의 증거물이나 매개에 불과한 것으로 여겨진다. 그러하기에 "이 하나님의 말씀은 성경을 통해 증언되고 들려진다(This divine Word is witnessed to and heard through Scripture)"라고 했다. 성경이 계시가 아니라 계시의 자료 정도로 치부되는 것이다. 이러한 잘못된 성경관 또는

---

160) *The Nature and Mission of the Church*, 10. 원문은 다음과 같다. "The Church is the communion of those who, by means of their encounter with the Word, stand in a living relationship with God, who speaks to them and calls forth their trustful response; it is the communion of the faithful."

계시관에 기초하여 교회가 성도의 교제로 유추되는 것이다.

이러한 이해는 성도와 그리스도의 연합을 계시 사건으로 여기는 칼 바르트의 신학이 WCC의 교회관에 깊이 영향을 미치고 있음을 드러낸다. WCC는 진리의 기원을 거룩한 하나님의 말씀이 아니라 개인적으로 와 닿는 주관적 체험이나 실존적 깨달음에서 찾는다. 이러한 상대주의에 젖어 그리스도가 없는 교회를 지향하고 있는 것이다.[161]

"교회의 본성과 사역"에서는 교회를 '말씀의 산물'이라고 부를 뿐만 아니라 그것이 '성령의 산물(creatura Spiritus)'이라는 점을 강조한다. 그러나 교회에 임한 성령이 그리스도의 영이라는 사실에는 주목하지 않는다. 주님조차도 우리와 마찬가지로 성령을 받은 한 사람으로 그려질 뿐이다. 우리가 주님과 동일한 성령을 가지고 있다는 점에서 우리가 그와 하나가 된다는 사실만을 누차 말할 뿐이다. 주님은 단지 성령의 임재를 받았을 뿐 성령의 파송자로는 제시되지 않는다. 이러한 이해에 따르면 '필리오케 교리'는 부인될 수밖에 없다.[162]

WCC는 성령과 그리스도의 관계를 정통 삼위일체론적 관점에서 다루지 않는다. WCC는 단지 성령께서 예수 그리스도의 성육신과 사역에 충만히 역사하셨다는 사실만을 내세워, 교회가 말씀과 성령의 산물로서 '신적이고도 인간적인 실재(a divine and a human reality)'가 되었다고 선포한다.[163] 교회의 본질이 이런 차원에서 현상적이고 피상적으로, 즉 가시적으로만 다루어진다.[164]

3) 교회의 본질을 교제로 파악함

WCC는 교회의 본질을 성도 간의 교제로 보고 거기서부터 교회의 고유한

---

[161] 이 부분은 본서 3장 1.2)를 참고하라.
[162] *The Nature and Mission of the Church*, 11.
[163] *The Nature and Mission of the Church*, 13.
[164] *The Nature and Mission of the Church*, 12.

속성들이 파생한다고 생각한다. 성도 간의 교제가 다양하게 일어나기 때문에 교회의 다양성 역시 본연적으로 주어진 속성이라고 여긴다. WCC는 교회를 통하여 하나님의 다양한 섭리가 가시적으로 드러나는 것을 '성육신적(incarnational)'이라고 한다.[165] 성육신을 영원한 하나님의 아들이 사람이 되신 단회적인 특별한 사건이 아니라 우리 안에서 반복하여 일어나는 일반적인 사건으로 간주한다. 또한 성육신을 하나님과 사람과 피조물이 관계를 맺는 가시적 현상 정도로 인식한다. 그래서 성도와 그리스도의 연합보다는 성도 간의 수평적인 교제만을 강조한다.[166]

  WCC는 성도들의 교제가 그리스도 안에서 이루어질 때에만 진정한 연합과 일치에 이르게 된다는 사실을 무시하고, 단지 '전 세계적인 공동체 안에서의 대화(dialogue in worldwide community)'만을 추구한다. 이러한 공동체는 교회의 연합을 목적으로 삼지만 단지 기구적이며 세속적일 뿐이다. 그리고 이러한 공동체 안에서 이루어지는 대화는 기독교적이라기보다 종교적일 뿐이다. WCC는 최근에 '공동체 안에서의 대화(dialogue in community)'보다 '종교 간의 대화(dialogue with other religions)'를 더욱 강조하는 경향을 보인다. 그러나 그리스도가 유일한 진리임을 부인하는 한, 양자는 동전의 양면에 불과하다. 양자는 모두 기독교적인 대화가 아니라 종교적인 대화를 추구한다. WCC가 고안한 '하나님의 선교' 개념은 이러한 종교적인 대화에 대한 명분을 찾기 위한 신학적 자구책이다.[167]

  WCC는 성도 간의 교제가 성도와 그리스도의 연합보다 앞선다고 여긴다. 가시적인 성도들의 교제를 통하여 비가시적인 그리스도와의 연합이 유추될

---

165) *The Nature and Mission of the Church*, 16.
166) *The Nature and Mission of the Church*, 24, 28.
167) 다음을 참고하라. 김홍만, "WCC의 타 종교와의 대화에 대한 역사적 고찰," 『역사신학논총』 19(2010), 8-34.

뿐이다. 가시적 교회가 비가시적 교회보다 앞선다. 가시적 교회가 비가시적 교회를 규정한다.168)

WCC가 성도 간의 교제 및 성도와 그리스도의 연합을 동일한 성령의 역사로 여기고 유비 관계에 두는 것은 바르트의 영향을 단적으로 보여 준다. 바르트는 계시를 '성도가 성령의 역사로 말미암아 성경을 통하여 획득하게 되는 실존적인 의미'로 여기고, 그리스도의 계시 사건을 그 원형으로 다루었다. 바르트가 신학을 교회의 신학이라고 한 것은, 교회를 성경의 실존적 의미를 체험하는 사람들의 교제의 장으로 보았기 때문이다. 그에 따르면, 성경은 계시의 객관적 자료일 뿐이고, 계시는 성경에 따라 교회에 의하여 비로소 형성된다.169) 이러한 바르트에게 교회는 WCC가 이해하는 교회, 즉 가시적 교회일 뿐이다.

WCC는 교회의 본질을 교제로 보는 관점에서 "모든 만물이 하나님과의 교제 안에서 자신의 고유함을 가지고 있다(the whole of creation has its integrity in *koinonia* with God)"라고 진술한다. 그리고 이러한 이해를 기초로 하여 교회의 사역이 "사람과 모든 피조물을 교제로 이끄는 것(to bring humanity and all creation into communion)"이라고 선포한다.170) 교회는 구원의 공동체로서 본질적 기능을 감당해야 한다. 그런데도 WCC는 우주적 교제를 편향적으로 강조하여, 창조의 완성을 위해서는 타락이 없었더라도 주님이 성육신하셔야 했다는 입장을 견지한다. 그 결과 교회의 교제를 그리스도의 은혜의 선물이 아니라 성도의 공로로 여긴다.171)

이러한 입장 가운데 WCC는 선교를 신인양성의 중보자로서의 그리스도의

---

168) *The Nature and Mission of the Church*, 29-31.
169) 다음을 참고하라. George Hunsinger, *Disruptive Grace: Studies in the Theology of Karl Barth* (Grand Rapids: Eerdmans, 2000), 168-173.
170) *The Nature and Mission of the Church*, 34.

대속의 복음을 전하는 것이 아니라 한 사람으로서의 그리스도의 에큐메니즘을 전하는 것 정도로 치부하는 태도를 견지한다. 구원의 길은 유일하며 동일하다. 그런데도 WCC는 '그리스도의 유일성과 보편성'을 거부한다.[172] 오히려 중보자로서 그리스도의 고유한 사역이 부인되고, 마치 모든 사람들이 모든 사람들의 중보자가 되는 듯한 범신론적 입장을 드러낸다.

교회의 성례에 관하여 WCC는 그것이 비가시적 은혜의 가시적 표가 됨을 강조하지 않고, 단지 성례를 통한 가시적 교제에만 신학적 의미를 부여한다. 성도는 오직 그리스도를 믿음으로 그분과 연합하여 지체가 되며, 세례는 이러한 연합의 표가 된다.[173] 그런데도 WCC는 세례와 성찬을 교제 자체로 여긴다. 세례를 통하여 비로소 성도가 그리스도와 연합한다고 여기면서, 그것을 "일치를 위한 기본적인 결합(a basic bond of unity)"이라고 부른다.[174]

WCC의 성례관은 교회 자체를 성례로 여기는 극단적인 오류에 빠지는 데까지 나아간다. 그들은 교회의 비밀을 성례적 비밀로 여기고,[175] 교회를 하나님의 뜻을 이루는 '표징이자 도구(sign and instrument)'로 본다.[176] 교회에 가시적

---

171) *The Nature and Mission of the Church*, 25, 42. 그리스도의 인격에 관한 오시안더(Andreas Osiander)의 입장은 '하나님의 본질은 인성을 취할 수 없다'는 가정을 기초로 삼는다. 그는 하나님의 아들의 존재를 성육신 전·후를 통하여 불변하는 하나님의 본질의 영원한 현존으로 이해한다. 오시안더는 그리스도의 형상(*imago Christi*)으로 창조된 인류는 원래적인 의(*iustitia essentialis*)를 지녔으며, 하나님의 본질을 주입(*infusa*) 받음으로써 그리스도를 닮아 가도록 작정되었다고 한다. 또한 비록 사람이 타락하지 않았더라도 그리스도는 육신을 입었을 것이라고 주장한다. 특히 이 부분에 대한 칼빈의 반박과 관련하여 다음을 참고하라. *Inst.* 3.11.5-12; Peter Wyatt, *Jesus Christ and Creation in the Theology of John Calvin*(Allison Park, Pa.: Pickwick Publications, 1996), 39. 헤르만 바빙크는 오시안더와 로마 가톨릭의 자질 중심의 신학을 신비주의와 연결시킨다. Herman Bavinck, *Reformed Dogmatics*, vol.3, *Sin and Salvation in Christ*, ed., John Bolt, tr. John Vriend(Grand Rapids: Baker, 2006), 345-347.
172) 로잔 언약은 이 부분을 집중적으로 비판하였다. 다음을 참고하라. 배본철, "WCC 선교론의 변천과 논제," 『역사신학논총』19(2010), 113-115.
173) *The Nature and Mission of the Church*, 21.
174) *The Nature and Mission of the Church*, 74.
175) *The Nature and Mission of the Church*, 45.
176) *The Nature and Mission of the Church*, 43.

속성이 있다는 사실에 착안하여 교회를 성례의 표징과 같은 것으로 보는 것이다.[177]

교회는 단순히 성례의 표징이 아니다. 교회는 그 자체로서 실재(實在) 또는 실제(實際)이다. 가시적 교회와 비가시적 교회의 관계를 성례의 표징(*signum*, sign)과 의미(*significatio*, significance)의 관계로 보아서는 안 된다. WCC는 성례의 가시성에만 주목하여 성례의 기독론적 본질을 훼손했으며, 가시적 교회 자체를 성례로 다루어 이중적 오류를 범했다.

✣

지금까지 교회의 본성과 사역에 관한 WCC의 입장을 살펴보았다.

첫째, WCC는 교회의 본질을 하나님의 말씀과 성령의 산물이라는 측면에서 인식론적으로 이해하려고 한다. 이는 명목적으로나마 교회의 본질을 성도와 그리스도의 연합에서 찾고자 한 초기의 입장과는 사뭇 다르다. 사실 WCC는 처음부터 기독론적 교회의 이해를 결여하고 있었다. 그들은 줄곧 교회에 대한 이해를 실존주의적-변증법적 인식론의 체계 위에 세워 왔다. 다만 최근에는 그러한 입장을 노골적으로 표현하고 있을 뿐이다.

둘째, WCC는 교회의 본질을 가시적 교제에서 찾는다. 그 교제를 하나님과 사람, 그리고 피조물 사이의 관계에 일반적이고도 우주적으로 적용할 뿐, 구원받은 백성이 모인 공동체로서의 교회의 고유성은 적절하게 제시하지 않는다. 즉, 교회의 본질이 은혜로 말미암은 성도와 그리스도의 교제에 있다는 사실에 대해서는 언급하지 않는다.

셋째, WCC는 교회의 가시성만을 지나치게 강조함으로써 구원의 과정에 역사하는 보이지 않는 은혜를 강조하기보다는 보이는 표 자체를 은혜로 여기게

---

[177] *The Nature and Mission of the Church*, 53–59.

만들었다. 그리하여 성례가 은혜의 표라는 점보다는 성례 자체가 은혜라는 점만을 부각하여 드러냈다. 이러한 입장 가운데 교회를 하나의 성례로 여기는 잘못을 범하였으며, 마치 가시적 교회가 성례적 표징으로 작용하여 지상에서 비가시적 교회를 표상하는 것처럼 여겼다. WCC는 자신의 정체성을 교회들의 교제라고 밝히지만, 사실 그들의 교회에 대한 이해 자체가 그릇된 것이다.

4. 성례론

1) 에큐메니칼 성례론의 모순

세례(Baptism)와 성찬(Eucharist), 그리고 직제(職制, Ministry)에 관한 리마 보고서를 칭하는 "BEM 문서"(1982)는 1927년 로잔 신앙과 직제위원회 이후 50여 년 만에 맺힌 에큐메니칼 신학의 결실로 여겨진다.[178] 그동안 WCC는 교회의 가시적 연합과 일치를 추구하면서 성례와 직제에 주목해 왔다. 왜냐하면 그것들을 통하여 복음의 전통이 각 교회의 전승으로 표현되는 고유한 양식을 볼 수 있다고 여겼기 때문이다.

성례는 보이지 않는 은혜에 대한 보이는 표로서 그 자체로도 은혜의 방편이 되지만, 그 고유한 가치는 보이는 표징으로서 보이지 않는 은혜를 제시하는 데 있다. 성례는 성도의 은혜의 방편으로서 그리스도께서 다 이루신 모든 영적인 부(富)가 전가된 성도의 은총을 제시한다. 그러나 성례 자체가 구원의 서정에서의 어떤 은혜를 일차적으로 부여한다기보다는 그것을 기념하는 것이 먼저이다.[179]

직제는 하나님의 일이 사람의 손을 통하여 교회 안에서 수행되는 구조와 관

---

[178] *Baptism, Eucharist and Ministry*. 이하 이 자료에 대한 인용은 항목으로 표시한다.

련된다. 성례와 직제는 단지 실천적 규례에 머물지 않고 여러 교회들의 다양한 신학적 입장들이 첨예하게 대립되는 영역이다. WCC는 이 분야에서도 특정한 교리를 일관적으로 주장하지 않으며, 서로를 배격하지 않을 정도의 일치를 이루어 내고자 하는 통상의 입장을 취한다.

WCC는 교회의 본질과 목적을 다루면서 성례적 관점을 지나치게 광범위하게 적용한다. 그렇게 함으로써 교회 일치에 대한 종말론적 명분을 얻고자 한다.[180] 그들의 성례론이 안고 있는 가장 어려운 문제점은 성례의 표징을 가시적 형상(image) 정도로 여기면서도 그것이 구원의 공로가 된다고 보는 데 있다. 1998년에 출간된 "교회의 본성과 사역"은 BEM 문서에 나타난 입장을 확정하는 내용을 담고 있다. 여기에서는 성도가 믿음과 세례로 그리스도의 지체가 된다고 말함으로써 믿음과 함께 세례를 구원의 조건으로 여기는 입장을 분명하게 개진한다.[181]

물론 성례에는 성례적 은혜가 있다. 그러므로 성례를 말씀과 더불어 은혜의 방편이라고 한다. 그러나 성례의 표징 자체가 은혜의 실체가 되는 것은 아니다.[182] 우리가 기억해야 할 것은, WCC가 성례 자체에 구원의 공로가 있다고 보면서도 정작 성례적 은혜를 실제적인 것으로 보지는 않고 그 의미를 단지 '기념(celebration)' 또는 '기억(memorial)' 정도에서 찾는다는 사실이다. 즉,

---

179) 다음을 참고하라. 박형룡, 『박형룡 박사 저작전집 Ⅵ, 교의신학 교회론』, 247: "성례 지상주의의 로마 가톨릭파는 이것을 '사람의 성질에 부가되어 사람으로 하여금 선을 행하고 하나님을 보는(*visio Dei*, The vision of God) 높은 지위에 오르게 하는 성화적 은혜(聖化的 恩惠)'라고 가르친다. 그러나 개혁파는 성례들이 위에서 열거한 영적 은혜들과 특별한 약속들과 언약의 영적 행복들을 표시하여 그것들에 대한 신자들의 신앙을 강화한다고 말하는 것으로 만족한다."
180) 다음을 참고하라. Gennadios Limouris, "The Physiognomy of BEM after Lima in the Present Ecumenical Situation," *Greek Orthodox Theological Review* 30/2(1985), 125-145.
181) *The Nature and Mission of the Church*, 21.
182) 질료(*materia*, matter)는 실체나 내용 또는 자료를 의미한다. 구원의 동기인 또는 동력인은 하나님의 사랑, 질료인은 예수 그리스도 자신 또는 그분의 공로, 형상인 또는 도구인은 믿음, 그리고 목적인은 하나님의 영광이다. 이것을 구원의 네 가지 원인이라고 한다.

WCC는 성례가 보이지 않는 은혜의 보이는 표라는 표징성도 거부하고, 보이는 표인 성례가 제시하는 보이지 않는 은혜가 실제적이라는 실제성도 부인한다. 이것은 성경적 성례론에 전적으로 배치된다.[183]

성례는 말씀의 제정과 표징과 성령이라는 세 요소로 작용한다. 성례의 은혜는 그것이 구원의 선물로 주어진 은혜를 보이는 표로써 제시한다는 데 있다. 성례 자체가 구원의 공로가 될 수는 없다.[184] 세례를 통하여 성도가 구원의 의를 얻고 비로소 하나님의 자녀가 되는 것이 아니다. 세례를 통하여 성도가 처음 그리스도와 교제하는 자리로 나아가게 된다고 말해서도 안 된다.[185] 성찬 역시 새로운 인간성을 계속 회복해 가는 성화의 실체적 의를 얻는 도구가 아니다. 성찬은 성도가 그리스도의 의로 살아가는 표이지 의 자체가 아니다.[186] 그런데도 이러한 입장을 취하는 WCC에는 참성례가 없다. 다만 그릇된 성례주의만 있을 뿐이다.

2) 세례: 새 생명이 아니라 새 인간성의 표로 이해

BEM 문서는 세례를 '예수 그리스도의 삶과 죽음, 그리고 부활에 동참하는 것(participating)'이라고 정의한다. 세례로 말미암아 자신들의 죄가 장사되고, 부활의 능력에 힘입어 새로운 생명으로 거듭나며, 궁극적으로 그리스도와 함께 그분과 하나가 될 것을 확신하게 된다고 말한다.[187] 또한 세례의 의의를 '십자가에 달리고 부활하신 그리스도와 한 몸으로 들어가는 것(in corporation into Christ)'과 '하나님과 하나님의 백성 사이에 새로운 언약으로 들어가는 것(into

---

[183] *The Nature and Mission of the Church*, 75, 79.
[184] WCC는 성례의 본질을 지시하는 말인 비밀(*mysterium*)에 관하여 전혀 구체적으로 언급하지 않고, 단지 그것에 대한 다양한 견해들이 있다고 소개할 뿐이다.
[185] *The Nature and Mission of the Church*, 77.
[186] *The Nature and Mission of the Church*, 81.
[187] *Baptism, Eucharist and Ministry*, 1.3.

the New Covenant)'에서 찾는다.[188]

BEM 문서는 또한 세례를 다음과 같이 정의한다.

"세례는 예수 그리스도를 통한 새로운 삶의 표징(the sign of new life)이다. 세례를 통하여 세례 받은 사람은 그리스도와 그분의 백성과 하나가 된다."[189]

본문의 전반부에서는 세례를 '표징'이라고 부름으로써 그 성례적 의의를 나름대로 드러내고 있지만, 후반부에서는 세례로 말미암아 그리스도와 연합될 뿐만 아니라 성도들이 하나가 된다고 함으로써 구원의 공로가 세례 자체에 있는 것처럼 다루고 있다. 이것은 마치 세례가 은혜의 표징인 동시에 은혜의 질료가 된다고 말하는 것과 같다. 그들이 세례와 성령의 임재를 동일하게 여기는 언급을 반복하는 것도 이러한 경향을 보여 주는 주목할 만한 예이다.[190]

BEM 문서는 세례의 의의와 가치를 '세례적 일치(the baptismal unity)'라는 개념 속에 담고 있다.[191] 세례를 통하여 비로소 성도의 교제가 시작된다는 것이다. 이것은 마치 로마 가톨릭이 세례적 구원(baptismal salvation)의 개념을 인정하는 것과 유사하다. 다만 '구원'을 '교제'로 바꾸었을 뿐이다.

그러나 세례에는 구원에 이르는 능력이 없다. 세례를 받을 때 비로소 성령의

---

[188] *Baptism, Eucharist and Ministry*, 1.1.
[189] *Baptism, Eucharist and Ministry*, 1.2.
[190] *Baptism, Eucharist and Ministry*, 1.14. 세례의 작용을 그리스도와 한 몸이 되는 것, 오순절 성령의 임재가 일어나는 것, 그리고 그리스도의 지체가 됨으로써 성도의 삶을 사는 것으로 보는 것은 1974년 아크라(Accra) 신앙과 직제위원회에서 수립되었으며, 이후 리마 문서로 발전한다. 다음을 참고하라. Gunter Wagner, "Baptism from Accra to Lima," in Max Thurian, ed., *Ecumenical Perspectives on Baptism, Eucharist and Ministry*, Faith and Order Paper No.116(Geneva: WCC, 1983), 15. 세례와 성령의 임재에 관하여 다음을 참고하라. Lewis S. Mudge, "Convegence on Baptism," in Thurian, ed., *Ecumenical Perspectives on Baptism, Eucharist and Ministry*, 38-39.
[191] *Baptism, Eucharist and Ministry*, 1.15.

구원 역사가 일어나는 것도 아니다.[192] 세례는 이미 받은 은혜를 인 치는, 은혜를 '간구하는 법(lex orandi)'이다. 이것은 구원의 과정에 작용하는 '신앙의 법(lex credendi)'과는 구별되어야 한다. 그런데도 BEM 문서는 이 둘을 구별하지 않고 모호하게 사용한다.[193]

WCC가 세례를 '새로운 삶의 표징'이라고 할 때, 그것이 무엇을 제시하는지는 분명하지 않다. 다만 성도와 그리스도의 연합을 가시적으로 파악하는 그들의 입장에서 그것은 칭의 단계의 거듭남(중생)이 아니라 성화 단계의 생활의 변화를 제시한다고 보아야 할 것이다. 그렇다면 WCC에서 세례가 설 자리는 없다. 왜냐하면, 세례는 옛사람이 죽고 새사람이 사는 중생의 표로서, 성화의 은혜를 인 치는 것이 아니기 때문이다. 또한 세례는 성례로서 보이지 않는 은혜를 보이는 표로 제시하는 것이지, 보이는 것으로 보이지 않는 은혜를 유추하는 것이 아니기 때문이다. 이는 성례를 거꾸로 세우는 것이다. 성례는 보이는 표징으로 보이지 않는 은혜를 제시하는 것이지, 보이는 표징의 은혜에 담겨 있는 의미를 추구하는 것이 아니기 때문이다.

BEM 문서는 '표징'이라는 말을 성례적 관점에서 사용하지 않는다. 여기에서는 '성이나 인종이나 사회적 지위의 장벽이 극복되는 새로운 인간성에로의 해방(a liberation into a new humanity)'이 세례의 표징(물 또는 씻음)이 제시하는 '새로운 삶'으로 거론된다. 세례가 옛사람이 죽고 새사람이 사는 중생의 표가 아니라 단지 변화된 새로운 삶을 드러내는 '이미지(image)'에 불과하다는 것이다. 그러나 세례는 새 생활이 아니라 새 생명의 표이다. 그런데도 '새로운 인

---

192) 다음을 참고하라. Vigen Guroian, "On Baptism and the Spirit: The Ethical Significance of the Marks of the Church," in Thomas F. Best and Dagmar Heller, ed., *Becoming a Christian: The Ecumenical Challenge of Our Common Baptism*, Faith and Order Paper No.184(Geneva: WCC, 1999), 68–70.
193) 다음을 참고하라. Janet Crawford, "Becoming a Christian: The Ecumenical Challenge of Our Common Baptism," in Best and Heller, ed., *Becoming a Christian: The Ecumenical Challenge of Our Common Baptism*, 8–12.

간성'이라는 개념이 웁살라 총회 이후 지속적으로 강조되어 왔다. 사실 그것은 WCC의 취지에 걸맞은 새로운 인간 존재의 양식을 의미한다.[194]

BEM 문서는 "세례는 죄의 고백과 마음의 회심을 함축한다(implies)"라고 하면서도 이것을 '새로운 윤리적 방향(a new ethical orientation)'을 제시하는 '윤리적 함의(ethical implications)'로만 여긴다.[195] 세례를 가시적 교회의 일원이 되는 윤리적 자격에 대한 '이미지' 정도로 생각하는 것이다.

다음의 말도 같은 맥락으로 이해할 수 있다.

"우리의 주님께 복종하는 가운데 거행되는 세례는 우리가 함께 제자가 되었다는 표징이자 인(印, a sign and seal)이다. 세례를 통하여 그리스도인들은 그리스도와, 서로, 그리고 모든 시간과 모든 장소에 있는 교회와 연합하게 된다."[196]

본문을 해석하면, '세례가 우리의 인간적 반응(our human response)을 이끌어 낸다'는 점과[197] 그것을 통하여 '인간성(humanity)이 거듭나고 자유롭게 된다'는 점만을 말하고 있음을 알 수 있다.[198] BEM 문서는 세례를 가시적 교제에 대한 가시적, 윤리적, 인성적 표로만 다룬다. 에큐메니칼 신학자들이 세례를 '문화적용(inculturation)'이라고 부르는 것도 이와 동일한 맥락으로 볼 수 있다.[199]

---

194) *Baptism, Eucharist and Ministry*, 1.2.
195) *Baptism, Eucharist and Ministry*, 1.4.
196) *Baptism, Eucharist and Ministry*, 1.6.
197) *Baptism, Eucharist and Ministry*, 1.8.
198) *Baptism, Eucharist and Ministry*, 1.10. 다음을 참고하라. Guroian, "On Baptism and the Spirit: The Ethical Significance of the Marks of the Church," 70-73. 저자는 세례 시 성령의 임재로 말미암아 그리스도인의 삶이 변화된다는 점에 주목한다.
199) 다음을 참고하라. Jaci Maraschin, "Baptism in Latin America and Its Cultural Settings," in Best and Heller, ed., *Becoming a Christian: The Ecumenical Challenge of Our Common Baptism*, 58-63.

3) 사건으로서의 성찬

BEM 문서는 성찬에 관해서도 세례의 경우와 동일한 오류를 범한다. 이 문서는 성찬을 일컬어 "주님의 몸과 피에 대한 성례이며, 그의 실재적 현존(real presence)에 대한 성례"라고 정의하며, 성찬에 참여하는 성도가 '그리스도의 실재적이고 살아 있으며 적극적인 현존(real, living and active presence)'을 고백하게 된다고 말한다.[200] 그러나 여기서 말하는 현존은 상징에 불과하다. 그것은 실제적 의미를 갖는 성례적 현존이 아니다. 주님의 임재에 대한 기념과 감사(thankfulness), 축복(benediction), 찬양의 희생 제물(sacrifice of praise), 축하(celebration)가 성찬의 목적이며 성찬의 표징이 이러한 것들을 제시하는 '표상(representation)'이자 '예기(anticipation)'라고 한 것은 이것을 반증한다.[201]

성찬은 구원을 위한 제물이 아니라 구원을 기념하는 성례이다. 그러나 WCC 신학자들은 성찬을 '성례적 희생 제물(eucharistic sacrifice)'이라고 부르면서 그것을 구약의 제물과 같이 여긴다. 그래서 성찬을 '받은 은혜를 누리는 방편'이 아니라 '새로운 구원의 은혜를 받는 방편,' 즉 '새로운 공로'로 다룬다.[202]

BEM 문서는 성찬의 공로가 창조와 구속과 성화와 그리스도를 통하여 이루어진 모든 일들에 미친다고 본다.[203] 이것은 주님께서 제정하신 성찬의 고유한 의미를 넘어서는 것이다.[204] 성찬은 그리스도의 살과 피에 연합하는 인격적이고도 언약적인 의미를 담고 있다. 그것은 언약의 직접적인 당사자에게 미치는 특별한 은혜이다. 성찬의 은혜를 일반적, 우주적 은총과 동일시할 수는

---

200) *Baptism, Eucharist and Ministry*, 2.13.
201) *Baptism, Eucharist and Ministry*, 2.3, 4, 7.
202) 다음을 참고하라. Max Thurian, "The Eucharistic Memorial, Sacrifice of Praise and Supplication," in Thurian, ed., *Ecumenical Perspectives on Baptism, Eucharist and Ministry*, 90-103.
203) *Baptism, Eucharist and Ministry*, 2.3.
204) 다음을 참고하라. J. M. R. Tillard, "The Eucharist, Gift of God," in Thurian, ed., *Ecumenical Perspectives on Baptism, Eucharist and Ministry*, 104-118.

없다. 그것은 성찬을 단지 이미지나 상징으로 여기는 자의적인 일반화의 오류를 범하는 것이다.

BEM 문서는 성찬의 본질을 단지 외적이며 의식적(儀式的)인 의미로만 다룬다. 성찬의 목적이 그리스도의 인격적 임재보다 그리스도 안에서 일하시는 하나님을 제시하는 데 있다고 본다. 그러하기에 "성찬은 하나님께서 세상을 구원하기 위하여 행하신 모든 것들에 대한 기억이다"라고 정의한다. 성찬에서의 '표상'과 '기대'가 교회의 '감사와 중재(intercession)'를 통하여 표현된다고 함으로써, 그리스도의 죽음과 부활의 현존을 기념하는 성찬 본연의 의의를 퇴색시키고 그것을 교회의 가시적 방편을 통하여 구원의 공로를 얻는 수단으로 취급한다.[205]

BEM 문서는 '성찬의 사건(the eucharistic event)'이 그리스도의 임재로 말미암아 삼위일체적으로 일어난다고 본다.[206] 그것은 계시를 성령의 감동에 따라 하나님의 말씀을 실존적으로 경험하는 사건으로 이해하는 것과 일맥상통한다.[207] 이런 의미에서 성찬을 통해 예수 그리스도의 사역을 기억함으로써 성도가 '하나님의 일의 현재적 효과(the present efficacy of God's work)'를 누리게 된다고 말한다.[208] 성찬에서 '기억(anamnesis)'과 함께 '성령 초대(epiklesis, invocation of the Spirit)'가 특히 강조되는 이유가 여기에 있다.[209]

BEM 문서를 통해 우리는 WCC가 가시적 교회의 연합과 일치에 대하여 성

---

205) *Baptism, Eucharist and Ministry*, 2.8. 여기에서 마치 교회가 주님과 함께 중보를 감당한다는 로마 가톨릭의 입장을 보는 듯하다.
206) *Baptism, Eucharist and Ministry*, 2.14.
207) *Baptism, Eucharist and Ministry*, 2.15.
208) *Baptism, Eucharist and Ministry*, 2.5.
209) *Baptism, Eucharist and Ministry*, 2.16. 다음을 참고하라. William Tabbernee, "BEM and the Eucharist: A Case Study in Ecumenical Hermenuetics," in Bouteneff and Heller, ed., *Interpreting Together*, 23-24.

례적으로 접근하는 까닭을 엿볼 수 있다. WCC는 성례에 관하여 그리스도의 현재적 임재보다는 하나님께서 성령을 통하여 그리스도 안에서 사역하심으로써 성도에게 미치는 현재적인 효과에 중점을 두고 있다. 그들은 성찬을 거행함으로써 성도가 성령의 역사로 말미암아 하나님의 나라와 그 통치를 미리 맛보게 된다는 사실을 강조한다.[210] 성찬이 '새로운 현실(a new reality)'을 현시대로 앞당겨 사는 것이라고 말한다.[211]

이런 의미에서 WCC는 성찬을 들어 삼위일체 하나님께서 지상의 가시적 교회와 선교지에서 일하심으로써 지금 이곳에서 교회를 종말론적으로 성취해 가신다는 사실을 설명하려고 한다. 성찬이 주님의 몸에 연합하는 표가 아니라 그들이 말하는 '하나님의 선교'를 이루어 가는 도구가 되었다. 그들에게 성찬은 종교를 불문하고 그 자리를 통하여 대화를 이루는 장의 역할을 한다. 성찬이 주님의 죽으심을 기념하는 것이 아니라 종교들이 서로 대화하는 수단이 되었다. 성찬이 주님의 몸이 아니라 선교에 참여하는 것으로 전락해 버렸다.

> "성찬을 기념하는 것 자체가 교회가 하나님의 선교에 참여한다는(the Church's participation in God's mission) 증거가 된다."

WCC는 성경이 제시하는 가시적 대상들에 자의적으로 성례적 의미를 덧입혀 자신의 가시적 존재에 대한 명분을 얻으려고 한다. WCC가 '성례적-삼위일체론적 교회론(a Eucharistic-Trinitarian ecclesiology)'을 견지한다고 말할 때, 그것은 지상의 가시적인 것으로 천상의 은밀한 것을 유추하고자 하는 고질적 인본주의를 드러내 보일 뿐이다.[212] BEM 문서는 성찬에 대한 성경의 진리를

---

210) *Baptism, Eucharist and Ministry*, 2.18, 22.
211) *Baptism, Eucharist and Ministry*, 2.26.

말하는 것이 아니라 성경에 나타난 성찬 사건을 에큐메니칼 해석학으로 재구성하고 있다.[213]

---

[212] 다음을 참고하라. Thomas E. Fitzgerald, *The Ecumenical Movement: An Introductory History*(London: Praeger, 2004), 156-161.
[213] 다음을 참고하라. Tabbernee, "BEM and the Eucharist: A Case Study in Ecumenical Hermenuetics," 19.

'Uniting' of the Church and 'Unity' of the Doctrine

4장
WCC의 교회 일치론 비판

1. 협의회적 교회 일치론
2. 성례적 환상
3. 교회의 일치와 인류의 일치

# 4장

WCC의 교회 일치론 비판

1. 협의회적 교회 일치론

1) 협의회성

가시적 교회의 일치는 WCC의 신앙과 직제위원회가 1960년대부터 70년대에 걸쳐 가장 역점을 두고 연구하였던 주제이다. 1961년 뉴델리 총회에서 "하나의 완전히 헌신된 교제(one fully committed fellowship)"가 WCC의 목표라는 것이 천명된 이후, 신앙과 직제위원회는 이것을 신학적으로 추구하여 '협의회성(conciliarity)'이라는 말을 고안하고, 그것을 기초로 하여 '협의회적 교제(conciliar fellowship)'라는 개념을 발전시켰다.

"협의회성은 교회의 일치를 위하여 없어서는 안 될 속성이다……거의 모든 고대 교회의 협의회들은 교회의 일치가 이단에 의해서 위협당하고 분파주의에 의해서 금이 갔을 때 소집되었다……협의회들은 단지 일치를 보호하는 데 그치지 않았으며, 금이 간 교제를 회복하고 분파주의를 고치려는 노력을 자주 기울였다……협의회성은 신앙과 성례적 삶에 관하여 완전한 일치를 회복시키는 길을 열기 위해서 반드시 필요하다."[1]

1968년 웁살라 총회에서는 협의회성이라는 개념을 중심 주제로 삼고, '진정한 우주적 협의회(a genuinely universal council)'로서 WCC는 '각 처소에 있는(in each place)' 모든 기독교인들의 점(點)과 같은 일치가 아니라 '모든 처소들에 있는(in all places)' 모든 기독교인들의 면(面)과 같은 일치를 추구한다는 사실을 천명하였다.

이후 1971년 루뱅에서 열렸던 신앙과 직제위원회에서는 "협의회성과 에큐메니칼 운동의 미래(Conciliarity and the Future of the Ecumenical Movement)"라는 보고서를 통하여 이 분야에 대한 전문적인 입장을 표명하였다.[2] 여기에서 협의회성을 '방향(direction)'으로 삼아 교회의 일치를 이루는 '협의회적 교제'라는 개념이 처음으로 등장했다. 이 문건이 "교회의 일치-인류의 일치"라는 슬로건을 채택한 루뱅 위원회의 정서를 담고 있음을 염두에 두어야 한다. 여기에서 말하는 협의회성이 교회-협의회적이 아니라 인류-협의회적임을 기억해야 한다. 이 문건에서는 지역적(local), 국가적(national), 지구(地區)적(regional) 협의회들의 협의체로서 WCC가 '한 몸체(a framework)'가 된다고 적시함으로써[3] WCC의 관심사가 개개의 교회가 아니라 개개의 협의회에 있음을 암시하고 있다.

---

1) *Councils and the Ecumenical Movement*, World Council Studies 5(Geneva: WCC, 1968), 11-12.
2) *Faith and Order, Louvain, 1971. Study Reports and Documents*, Faith and Order Paper No.59 (Geneva: WCC, 1971), 225-229.
3) *Faith and Order, Louvain, 1971. Study Reports and Documents*, 226-228.

WCC의 관심사는 교회가 아니라 교회의 협의회적 성격이다. 교회는 성경의 진리에 따른 신적 기원을 가질 때 참되다. 그러나 협의회는 스스로 정당성을 부여하므로 진리 자체가 아니라 '이율배반적인 의견들의 타협(compromise between contradictory opinions)'에서 가치를 추구한다. 그리고 협의회에 모인 사람들의 '완전한 동의(the full consensus)'가 최고의 기준이 된다.[4] 결과적으로 진리는 없고 협의회적 합의만 남는다. 다르게 말하면, 협의회적 합의만이 진리가 된다. 이러한 입장은 로마 가톨릭이 교회의 계급적 직제를 주장하는 논리와 유사하다.[5]

2) 협의회를 위한 협의회적 교제

루뱅에서 신앙과 직제위원회가 열린 지 2년 후에 "일치의 개념들과 연합의 모델들(Concepts of Unity and Models of Union)"이라는 주제로 스페인의 살라망카(Salamanca)에서 열린 회의에서는 "교회의 일치-다음 단계들(The Unity of the Church-Next Steps)"이라는 보고서를 남겼다. 이 보고서는, 협의회적 교제는 동일한 진리에 관심을 가지고 그것을 보유하고 있다고 고백하는 교회들 간에만 존재할 수 있다고 하였다. 그러나 이것은 공존의 원칙을 제시한 것일 뿐, 협의회적 교제를 통하여 동일한 진리가 추구되어야 한다는 당위성을 거론한 것이 아니다.

살라망카 보고서는 협의회적 교제를 "고백하는 교제(a confessing fellowship)"

---

4) 다음을 참고하라. Müller-Fahrenholz, *Unity in Today's World, The Faith and Order Studies on "Unity of the Church-Unity of Humankind,"* 71.
5) 협의회성(Conciliarity)이라는 개념은 동방과 서방 교회가 분리된 상황 가운데 중세 로마 가톨릭에 의해 전개되었으며, 이후 WCC의 취지에 부응하는 입장을 표명하는 근거로서 제2차 바티칸 공의회를 통하여 더욱 명확하게 제시되었다. 다음을 참고하라. Emmanuel Lanne, "Conciliarity," in *Dictionary of the Ecumenical Movement*, 235-236.

라고 부르고, 그것이 '성례적 교제일 수밖에 없다(cannot but be eucharistic fellowship)'고 천명하였다. '고백적'이라는 말은 동일한 진리를 공표한다는 뜻이고, '성례적'이라는 말은 그렇게 공표된 진리가 모종의 에큐메니즘을 그 의미로서 제시한다는 뜻이다. 여기에서 우리는 고백을 일종의 성례(그들이 말하는 성례)의 과정으로 여기는 WCC의 입장을 발견할 수 있다. 고백은 내적으로 믿고 확신하는 진리를 외적으로 표현하는 것이다. 고백은 이미 존재하는 객관적이고도 절대적인 진리를 대상으로 한다. 반면 성례는 진리를 제시하는 가시적인 표징을 대상으로 한다. 성례의 대상인 표징은 진리를 제시할 뿐이지 그 자체가 진리는 아니다. 그러므로 고백하는 교제가 성례적이어야 한다는 말은 모순이다. 그것은 사람들이 모여 함께 고백하는 진리가 아직 진리가 아니라는 말과 같다. 함께 모여 같은 고백을 하되 고백하는 바는 서로 다르다는 것이다. 서로 다른 것을 같다고 말하는 것, 이것이 바로 에큐메니칼 해석의 본질이다.

살라망카 보고서는 그리스도 안에서 하나님의 나라가 이미 이루어졌으므로 그리스도와 연합한 성도들은 그러한 선취(先取)에 대한 기대 가운데 연합을 추진하게 된다고 강조하였다.[6] 이러한 명분을 기초로 "하나의 교회는 그들 자체가 참으로 연합되어 있는 지역교회들의 협의회적 교제(a conciliar fellowship of local churches)로 그려질 수 있다"라고 천명하였다.[7] 그리고 협의회적 교제는 교회들 사이에 자연적으로 형성되고 표현되는 관계이며, 동일한 진리를 소유하고 그 진리에 관심을 가지고 그 진리를 이루는 고백적인 교제라고 정의하였다.[8] 여기에서 우리는 비가시적 교회의 본질을 들어서 가시적 교회의 일치를 설명하는 WCC의 오류를 다시금 발견하게 된다.

---

6) "The Unity of the Church—Next Steps(1973)," 36.
7) "The Unity of the Church—Next Steps(1973)," 37.
8) "The Unity of the Church—Next Steps(1973)," 38-40.

협의회적 교제는 다양하게 논의되어 왔다. 로마 가톨릭은 이 말을 로마 교회의 정체성과 기능을 설명하는 이론적 도구로 여겼다. 레슬리 뉴비긴(Lesslie Newbigin)은 이 개념을 삼위일체의 형상으로부터 찾고자 하였으며, 존 지지울라스(John Zixioulas)는 이 개념이 교회 연합의 목표와 과정을 동시에 제시한다고 보았다. 또한 제프리 웨인라이트는 협의회적 교제를 그 구조 자체와 성도의 삶, 그리고 하나의 협의체라는 관점에서 파악하였으며, 루카스 피셔(Lukas Vischer)는 그것을 "진정한 우주적 협의회"라고 불렀다. 이렇듯 WCC는 협의회적 교제를 내적인(*ad intra*) 존재와 구조와 성향, 그리고 외적인(*ad extra*) 행동과 실천과 추구를 함의하는 포괄적인 개념으로 본다.[9]

WCC는 교회가 아니라고 하면서도 교회의 본질로부터 자신의 정체성을 도출하려고 노력해 왔다. 협의회적 교제라는 개념을 고안한 것은 그러한 노력의 한 열매라고 할 수 있을 것이다. WCC는 이 개념으로 교회의 비가시적인 보편성(catholicity)을 가시적인 교제로 대체하려고 하였다. 어떻게 하나님의 영원한 섭리에 따라 그리스도 안에서 선택된 백성 전체로 한 몸을 이루는 비가시적 교회의 연합을 지상교회들의 지역적, 기구적, 협의회적 교제와 동일하게 볼 수 있는가?

에큐메니칼 신학자들은 복음을 '살아 있는 전통'으로 여기거나, 더 나아가 복음을 대체하는 전통을 만들어 내고자 하였다. 그들은 인간의 전통에 편입되지 않는 것은 무엇이든지 무의미하다는 독단에 빠져 이를 추구하였다. 그들은 교회의 신비를 전통이라는 인본주의적 습속으로 대체하려 하였다. 그리하여 가시적 교회와 비가시적 교회의 관계를 '딜레마'로 여길 수밖에 없게 되었다.

---

[9] Keshishian, *Conciliar Fellowship. A Common Goal*, 1-5.

"이 딜레마에 관해서 뭐라고 말할 수 있는가? 예수 그리스도 안에서 교회의 정체(正體)와 연합은 궁극적이고도 규범적인 실재이다. 왜냐하면 주님께서 성령의 능력으로 우리에게 오셔서, 자신의 교회를 부르고 구원하고 화해시키는 자신의 사역에 대하여 언제나 새로운 증언을 하게 하시기 때문이다. 이러한 살아 있는 전통 안에서 우리는 역사 전체에 걸쳐 있는 교회와 하나이며, 현재의 역사적 순간의 조건들과 요구들 안에서 우리의 증거를 표현할 자유를 가지게 된다. 그러므로 정체의 변화가 서로 대립되거나 모순된 상태를 야기하지는 않는다. 오히려 현재 우리의 정체는, 교회가 자신의 전체 전통 가운데서 세계적인 필요와 소망을 공유하며 우리 주 예수 그리스도의 복음을 사고(思考)와 삶과 행동으로 확증하는 일을 수행할 때 발견된다."[10]

여기에서 WCC는 자신들이 안고 있는 바 가시적 교회와 비가시적 교회 사이의 딜레마를 자신들이 표방하는 협의회적 교제와 복음 사이의 딜레마로 여기고, 이를 해소하기 위하여 복음의 절대성을 전통의 가변성으로 대체하고자 한다. 그리하여 복음은 '살아 있는 전통'으로서 본질상 교회 정체의 변화를 예기하고 있으며, 그 가운데서 역사상 협의회적 교제 개념을 수립하게 된다고 주장한다. 이는 성경과 전통에 관한 몬트리올 신앙과 직제위원회(1963)의 견해를 교회론적으로 수용한 것이다.

협의회적 교제는 나뉜 교회들을 하나로 묶는 잠재적 단일 기구로서 교회의 연합을 대표하는 하나의 '협의회적 공동체(konziliare Gemeinschaft, Nairobi, 1975)'를 반드시 지향한다. 협의회적 교제는 교회의 지역성과 보편성을 기구적으로 묶고자 하는 개념이다. 이는 한 기구 내에서의 '유기체적 일치(organic

---

10) "The Unity of the Church—Next Steps(1973)," 44.

unity)'를 추구한다.[11] 그것은 머리이신 그리스도의 은혜로 말미암아 한 몸이 되는 교회 본연의 일치가 아니라 교회 구성원들이 한 기구 안에서 서로 협력하게 되는 일상적 공동체의 이상을 드러낼 뿐이다.

3) 종교다원주의로 나아가는 길

살라망카 보고서는 다음과 같이 천명한다.

"살아 있는 전통에 따라 교회는 사도적 공동체가 선포한 것과 동일한 증거를 선포한다."[12]

여기에서는 '살아 있는 전통'이 '사도적 공동체가 선포한 것,' 즉 그들이 '복음'이라고 부르는 것과 동일하게 인정된다. 그리고 '복음'이 계시가 아니라 계시에 대한 '증거'로 여겨진다.

몬트리올 신앙과 직제위원회는 '복음'은 과거 사건에 대한 정황적 의미를 선포한 것으로서, 지금 개인이 결단하는 행위에 영향을 미치는 한 계시적 의미를 가진다고 보았다. 그리고 주어진 정황에 따라 복음의 '증언'을 변증법적으로 초월하여 지식의 부요함을 추구하는 것이 바람직한 성경 해석이라고 제안하였다.[13]

이러한 WCC의 입장은 실존주의 철학에 기반을 둔 신정통주의신학의 영향을 가늠하게 한다. 에밀 부루너(Emil Brunner)는 성경을 믿음의 대상도, 근거도 아닌 것으로 보았다. 그는 성경을 하나님의 말씀으로 여기게 만드는 것은

---

11) 다음을 참고하라. 박종화, "WCC의 신학을 말한다," 47-48.
12) "The Unity of the Church—Next Steps(1973)," 44.
13) "Scripture, Tradition and Traditions(1963)," 15(63항).

성령의 경험이라고 하였다. 그리고 그러한 경험은 그리스도 안에서 나와 너의 하나님을 만나는 만남이라고 하였다.[14]

칼 바르트에 따르면, 성경은 그 자체로는 권위를 가지지 않는다. 계시와 성경은 일치하지 않는다. 그는 일치가 '성경의 말씀(word)이 하나님의 말씀(Word)이 되는 시간과 장소에서 사건이라는 형태로 일어난다'[15]고 하였다.

바르트는 제1차 암스테르담 총회를 위하여 준비한 글, "교회-살아 계신 주 예수 그리스도의 살아 있는 공동체"에서 교회를 "예수 그리스도께서 역사적으로 사람들을 만나고, 그들을 통하여 일하고, 성례로 그들과 연합하는 사건(Ereignis)"으로 정의하였다. 이러한 사건 이전에는 교회가 존재하지 않으며, 이러한 사건이 교회를 전제하지도 않는다고 보았다. 동일한 맥락에서 바르트는 자신의 주저 『교회교의학』의 서두에서 "교회는 하나님에 관한 교회의 언급에 따라 하나님을 고백한다"라고 하였다.[16]

바르트에 따르면, 교회는 '교회적 사건'으로 인식되는 범위 내에서만 교회로서 존재한다. 즉, 교회적 사건으로만 교회를 논의할 수 있다.[17] 이것은 바르트가 하나님의 존재를 그의 행동 사건(Ereignis, Geschehen)으로 파악한 것과 유사한 맥락을 보여 준다.[18] 바르트는 그의 초기 사상에서부터 교회가 아니라 교

---

14) Emil Brunner, *Revelation and Reason*, tr. Olive Wyon(London: S.C.M Press, 1947), 137-146, 237-276. 칼 바르트는 이러한 만남을 남녀 간의 관계로 구체적으로 유비한다. 바르트는 하나님과 사람과의 관계를 남녀의 관계 속에서 읽고자 한다. 이러한 경향이 이미 WCC에서도 나타났다. 다음을 참고하라. Jürgen Moltmann, "Henriette Visser't Hooft and Karl Barth," *Theology Today* 55/4(1999), 524-531, 특히 529.

15) Karl Barth, *The Doctrine of the Word of God*, tr. G. T. Thomson(Edinburgh: T.&T. Clark, 1936), I. Part I.123-128.

16) Karl Barth, *Church Dogmatics*, vol.1. *The Doctrine of the Word of God. Part I.* tr. G. W. Bromiley(Edinburgh: T.&T. Clark, 1975), 3.

17) Karl Barth, "The Church-The Living Congregation of the Living Lord Jesus Christ," in *World Council of Churches, Man's Disorder and God's Design: An Omnibus Volume of the Amsterdam Assembly Series Prepared under the Auspices of the First Assembly of the World Council of Churches Including the Official Findings of the Four Sections*, Vol.1. *The Universal Church in God's Design*(New York: Haper&Brothers, 1948), 67-76.

회 일치를 그리스도의 몸으로 여겼다.[19] 바르트에게 교회적 사건은 곧 교회의 일치를 의미한다. 교회 일치가 가시적 교회의 유일한 존재 양식이다. 이러한 의미에서 바르트가 WCC를 교회적 사건이라고 부른 것이다.

1975년 제5차 나이로비 총회에서 개진된 "협의회적 교제"라는 개념은 이러한 바르트의 이해와 맥락을 같이한다.

"한 교회(the one church)는 진정 스스로 연합되어 있는 지역교회들의 협의회적 교제로서 그려져야 한다. 이 협의회적 교제 가운데 각각의 지역교회는 다른 교회들과 교제하면서 완전한 보편성(the fullness of catholicity)을 지니고 동일한 사도적 신앙을 증언한다. 그리하여 다른 교회들이 동일한 그리스도의 교회에 속하고 동일한 성령의 지도를 받는다고 인식한다. 뉴델리 총회에서 지적한 바와 같이, 그들은 동일한 세례를 받고 동일한 성찬을 함께하기 때문에 함께 묶여 있다. 그들은 서로가 지체들이며 일꾼들임을 인식한다. 그들에게는 세상을 향한 선포와 섬김을 통하여 그리스도의 복음을 고백하는 공동의 헌신이 있기 때문에 하나이다. 이러한 목적을 위하여 각 교회는 그 자매 교회들과 관계를 유지해 왔으며, 그 관계들을 계속 유지할 목적을 가지고 있다. 이러한 관계들은 그들의 공동 소명을 성취하기 위하여 요구되는 곳마다 협의회적 모임들을 통하여 표현된다."[20]

---

18) 다음을 참고하라. 서철원, "세계교회협의회의 신학변천 개관," 64-66.
19) 다음을 참고하라. W. A. Visser't Hooft, "Karl Barth and the Ecumenical Movement," *Ecumenical Review* 32/2(1980), 133, 138. 바르트가 이러한 가시적 교회에서 로마 가톨릭을 배제했다는 점은 주목할 만하다. 이러한 입장에 대해서 저명한 초대 교부 신학의 학자이며 에큐메니스트인 로마 가톨릭의 잔 다니엘루 (Jean Daniélou)는 바르트의 말에서 "예수보다 니체를 더욱 떠올리게 하는 가학적 웃음을 발견했다"라고 말했다. Ibid., 143-144.
20) "What Unity Requires," in *Breaking Barriers: Nairobi 1975, Official Report of the Fifth Assembly of the WCC, Nairobi, 1975*(London: SPCK, 1976), 60.

여기에서 WCC는 자신을 협의회적 교제를 이루는 '진정한 우주적 협의회'로 보고 있다. 이는 로마 가톨릭의 영향을 잘 보여 준다. 로마 가톨릭은 교황청을 중심으로 교회의 '완전하고도 실체적인 일치'를 이루고자 하며, 그러한 교회의 연합이 이미 지상에서 실제적(real)이고도 우주적(universal)으로 주어졌다고 본다. 이러한 입장은 제2차 바티칸 공의회 이후 더욱 공고해졌다.[21]

1993년 산티아고 데 콤포스텔라에서 열린 제5차 신앙과 직제위원회에서는 성경적 코이노니아(교제) 개념에 대한 에큐메니칼 해석의 절정을 보여 주었다. 이 위원회의 전체 총무를 맡았던 태너는 기조연설에서 WCC의 미래를 전망하면서, 모든 가시적 교회의 일치를 이루기 위하여 기독교인들에게 코이노니아에 대한 회심(metanoia)이 필요하다고 하였다.[22] 그것은 '복음 가운데서의 교제'로의 회심이 아니라 '교제 가운데서의 복음'으로의 회심이다.

한 발제자는 성경에는 "코이노니아 신학"이라고 불릴 만한 경향성이 있다고 지적하면서, 성경적 코이노니아 개념은 '복음을 나누는 것(sharing in the gospel)'뿐만 아니라 '사역을 나누는 것(sharing in mission)'까지도 포함한다고 주장한다. 여기에서 복음은 하나님께서 그리스도와 성령을 통하여 성도들로 하여금 다른 사람들과 교제하도록 하는 소식으로 정의된다. 또한 성도들의 교회 내적이며 교회 외적인 교제는 복음을 적용하는 데 그치는 것이 아니라 시대에 따라 복음을 형성하는 역할을 한다고 여겨진다. 그리고 하나님께서 교회 안에서, 교회를 통하여, 교회를 완전하게 이루어 가는 교회들의 교제로 자신의 내적 삶을 완성시켜 가신다고 말한다. 결국 관계적 삼위일체론으로 돌아가는 것이다.[23]

---

21) Keshishian, *Conciliar Fellowship. A Common Goal*, 81-103.
22) Mary Tanner, "The Tasks of the World Conference in the Perspective of the Future," in Thomas Best and Günther Gassman, ed., *On the Way to Fuller Koinonia*, Faith and Order Paper No.166 (Geneva: WCC, 1994), 27.

또 다른 발제자는 이러한 성경적 관점을 신학적으로 더욱 극단화시킨다. 그는 교제의 영의 작용이 없이는 그리스도의 구속 사역도 아무런 효과가 없으므로, 성도와 그리스도의 관계가 인격적으로 형성되기 위해서는 먼저 관계적이 되어야 한다고 말한다. 그리스도의 사역은 사람들의 개인적 구원이 아니라 관계의 회복을 지향하므로 주님께서 모범이 되어 각 사람이 다른 사람에게 모범이 될 수 있도록 하신 것이 구원 공로의 핵심이라는 것이다. 그래서 그리스도를 "집합적 인격(corporate person)" 또는 "포괄적 존재(inclusive being)"라고 부른다.

이러한 입장에 따르면, 그리스도는 죄인들의 죗값을 치르신 것이 아니라 죄인들이 서로 중보자가 될 수 있도록 선구적인 전형을 보이셨을 뿐이다. 이러한 유비적 이해는 교회에도 그대로 적용된다. 성자께서 성부 하나님과 관계를 맺고 계시듯이, 성령의 역사로 말미암아 교회도 그리스도 안에서 성부 하나님과 관계를 맺게 된다는 것이다. 동일한 맥락에서 그리스도를 모범으로 삼기만 하면 모든 사람들이 교회의 참구성원들이 될 수 있으며, 모든 사물들도 이러한 관계의 유비에 따라 구원의 대상이 된다.[24]

결국 이것은 그리스도의 일을 감당하면 누구든지 그리스도가 될 수 있다는 종교다원주의로 이어진다. 종교다원주의자들의 특징은 그리스도의 은혜가 아니라 그리스도 자신을 한 인간으로서 보편화시킨다는 것이다. 그들은 그리스도의 공로를 또 다른 그리스도를 양산하는 선례를 보인 점에서 찾고자 한다. 간혹 그들이 그리스도가 없으면 구원이 없다고 말하는 것은 바로 이러한 의미를 담고 있다.[25]

---

[23] John Reumann, "Koinonia in Scripture: Survey of Biblical Texts," in Best and Gassman, ed., *On the Way to Fuller Koinonia*, 40, 48, 61-64.
[24] Metropolitan John of Pergamon, "The Church as Communion: A Presentation on the World Conference Theme," in Best and Gassman, ed., *On the Way to Fuller Koinonia*, 103-111.

에큐메니칼 진영에 속한 교회들이 1950년대 이후 선교 패러다임으로 고안한 "하나님의 선교"라는 개념은 이러한 종교다원주의적 사고의 산물이라고 할 수 있다. 이것은 화란의 선교학자 호켄다이크(J. C. Hoekendijk)가 주창한 개념으로서, 그 주된 논지는 교회 중심의 선교를 벗어나 하나님 중심의 선교를 행해야 하며, 그리스도 중심적 선교에서 벗어나 삼위일체 중심적 선교로 전환해야 한다는 것이다.[26]

'하나님의 선교'는 그리스도의 구원보다는 하나님과 사람 사이의 총체적인 관계의 변혁을 추구한다. 그것은 교회 내·외적인 샬롬을 지향한다. 이 개념이 언뜻 보기에는 하나님의 주권을 강조하는 듯하지만, 사실 그것은 그리스도의 구속 사역이 없어도 사회적, 정치적, 문화적인 활동을 통하여 선교를 이룰 수 있다고 보는 '선교의 인간화(humanization)'를 추구한다. 남미의 해방신학과 국내의 민중신학은 이런 이유로 "하나님의 선교"라는 개념을 적극적으로 채택하고 있다.[27]

1982년에 발표한 "선교와 전도: 에큐메니칼 확언(Mission and Evangelism: An Ecumenical Affirmation)"은 WCC 선교관을 확정한 가장 중요한 문서이다. 여기에서는 예수 그리스도의 십자가를 믿는 것을 '하나님의 선교'의 출발점으로 삼는다. 그러나 이것은 그리스도가 가난하고 소외된 모든 사람들과 연대하여 혁명적인 변화를 꾀했다는 측면에서 그러함을 강조하는 것일 뿐이다. 그리스도의 구속을 대속의 죽음이 아니라 그가 수행한 선구적인 혁명적 투쟁으로 보는 것이다.

---

25) 다음 글은 이러한 일에 대하여 교회 연합체가 아니라 지구촌 NGO 단체들이 할 일이라고 말한다. 김영한, "WCC 종교대화 프로그램 전개 과정에 대한 비판적 성찰," 『한국 개혁신학』 31(2011), 32-35.
26) 이형기, 『복음주의와 에큐메니칼 운동의 세 흐름에 나타난 신학』(서울: 한국장로교출판사, 1999), 211-215.
27) 다음을 참고하라. 박윤만, "WCC의 선교관에 대한 개혁주의 입장," 대한예수교장로회총회 WCC 대책위원회, 홍정이·문병호 엮음, 『WCC는 우리와 무엇이 다른가?』(서울: 대한예수교장로회총회 출판부, 2011), 255-263.

이 문서는 기존의 선교가 지역의 고유성을 고려하지 않은 채 복음을 전함으로써 선교지의 예속을 초래했기 때문에 이제 복음을 위한 복음 전파를 현 단계에서 유예(모라토리엄, moratorium)해야 한다고 말하면서 선교지에서 철수할 것을 주장한다. 이것은 선교를 구원의 특별은총이 아니라 보편적인 인류의 삶이라는 일반은총만을 목표로 하는 '문화화(inculturation)'로 보는 WCC의 오류를 분명하게 보여 주는 실례이다.

WCC는 자신들의 선교론이 인류의 보편적인 가치를 추구한다고 자랑한다. 그러나 사실 총회가 시작될 즈음인 1950년대에는 복음주의와 진보주의 진영의 선교사 숫자가 거의 비슷했지만, 1985년의 통계에 따르면 진보주의 진영(4,439명)이 복음주의 진영(35,386명)에 비해 십분의 일 정도밖에 안 되는 수의 선교사를 파송하고 있다.[28]

2011년 6월 28일에 WCC와 세계복음주의연맹(WEA), 그리고 로마 교황청이 공동 선교 문서로 발표한 "다종교 세계에서의 기독교 증인(Christian Witness in a Multi-religious World)"은 '하나님의 선교' 개념을 충실히 반영하고 있다. 이 문서는 선교를 '교회 존재의 중심에 있는 것'으로 천명하면서, "다른 종교에 대한 이해와 지식을 두텁게 하고 다른 종교가 지지하는 시각도 받아들이되, 기독교의 주체성과 신앙을 강화하도록 기독교인들을 격려한다"라고 모호하게 규정한다. 또한 "다른 종교단체들과 함께 정의와 공익을 위하여 범종교적 시민단체 활동에 참여하고, 상황에 처한 사람들과 연합하는 일에 협력하여야 한다"라는 구체적인 활동 지침을 내린다. 이 문서는 모든 종교에는 구원이라는 공통의 목적이 있으며, 기독교는 구원에 이르는 다양한 길들 가운데 하나라는 것을 인식시킴으로써 인류 공존의 길을 모색하고자 한다.[29]

---

[28] 다음을 참고하라. 박명수, "WCC와 복음 전도: WCC는 과연 복음 전도를 강조하는가?" 『역사신학논총』 19 (2010), 70-77.

1990년에 작성된 '바르 선언문(Baar Statement)'은 WCC가 종교다원주의를 지지하고 있다는 것을 가장 확실히 보여 주는 증례이다.[30] 이 선언문은 "하나님은 나의 이웃인 힌두교도의 기도를 들으시는가?"라는 질문에 대한 답으로 추구되었으며, 다음 세 부분으로 구성되었다.[31]

첫 부분은, "종교적 다원성에 대한 신학적 이해(A Theological Understanding of Religious Plurality)"라는 제목으로 전개되었다. 여기에서는 창조주 하나님께서 베푸시는 일반은총의 보편성을 구원에까지 확장한다. "우리가 예수 그리스도를 통해 아는 하나님을 다른 신앙을 가진 우리 이웃의 인생 가운데서도 만날 수 있다는 가능성에 대한 개방"[32]을 인정하였다. 구원의 경험은 오직 그리스도를 통해서만 주어지는 것이 아니라 일종의 보편성을 가진다는 것이 천명되었다.

둘째 부분은, "기독론과 종교적 다원성(Christology and Religious Plurality)"이라는 제목으로 선언되었다. 먼저 그리스도의 구속 사건을 그 자체로 이해하기보다는 그 이상의 의미로 파악해야 한다고 하였다.[33] 그리고 그리스도의 구

---

29) 다음을 참고하라. 정준모, "WCC 종교다원주의 비판," 대한예수교장로회총회 WCC 대책위원회, 홍정이·문병호 엮음, 『WCC는 우리와 무엇이 다른가?』(서울: 대한예수교장로회총회 출판부, 2011), 239-242. 이 문건은 WCC, 교황청 종교간대화평의회(PCID), WCC가 초청한 WEA가 선교신학이 아니라 일종의 선교를 위해 실제적으로 활동하는 데 대한 지침을 제시하려는 목적을 가지고 있다. http://www.oikoumene.org/en/recources/documents/wcc-programmes/interreligious-dialogue-and-cooperation/christian-identity-in-pluralistic-societies/christian-witness-in-a-multi-religious-world.html.
30) 바르 선언문의 형성과 배경에 대해서 다음을 참고하라. 황대우, "세계교회협의회(WCC)와 종교다원주의: 1990년의 바르 선언문(Baar Statement)을 중심으로," 『역사신학논총』19(2010), 172-175.
31) 이하 WCC 대화분과(Dialogue sub-unit)의 1990년 바르 선언문 인용은 다음을 참고하라. http://www.oikoumene.org/en/resources/documents/wcc-programmes/interreligious-dialogue-and-cooperation/christian-identity-in-pluralistic-societies/baar-statement-theological-perspectives-on-plurality.html.
32) "openness to the possibility that the God we know in Jesus Christ may encounter us also in the lives of our neighbours of other faiths."
33) "We find ourselves recognizing a need to move beyond a theology which confines salvation to the explicit personal commitment to Jesus Christ."

속 사건은 그분 안에서 일하시는 하나님의 사역의 지평에서만 올바르게 이해된다고 보았다.[34] 또한 십자가의 죽음과 부활의 의미는 구속 신비의 우주적 차원을 보여 준다고 역설하였다.[35]

셋째 부분은, "성령과 종교적 다원성(The Holy Spirit and Religious Plurality)"에 할애된다. 여기에서는 성령으로 말미암아 교회 밖에서도 하나님의 사역을 이해하는 것이 정당하고 유익하다고 천명되었다.

바르 선언문은 삼위일체의 구속 사역을 일반적(우주적) 은총과 동일하게 여기는 오류를 범하였다. 이 선언문에 따르면, 예수님은 하나님께서 일하시는 하나의 방법에 불과한 존재가 되고 만다. 주님의 구속이 다른 종교에서도 발견되며, 그것이 성부의 창조적 사랑의 구현이요 성령의 보편적 역사에 부합하는 것이라고 인정되었다. 바르 선언문에서 WCC가 사용한 '대화'라는 말이 곧 종교적 다원성과 다르지 않음을 천명한 것이다. 이러한 입장은 신은 절대적 인격으로 존재하는 것이 아니라 각 존재자들의 매개 가운데 존재한다고 보고 그 가운데서 그리스도의 구속의 일반적 의미를 다루는 로마 가톨릭 신학자 칼 라너(Karl Rahner) 류(類)의 종교다원주의를 상기시킨다.[36]

2. 성례적 환상

1) 성례적 협의회적 교제

---

[34] "The saving presence of God's activity in all creation and human history comes to its focal point in the event of Christ."
[35] "The cross and the resurrection disclose for us the universal dimension of the saving mystery of God."
[36] 다음을 참고하라. 서철원, "세계교회협의회의 신학변천 개관," 79-84. 칼 라너의 입장에 관하여 다음을 참고하라. Geoffrey Wainwright, "Uniqueness of Christ," in *Dictionary of the Ecumenical Movement*, 1661-1663.

WCC 에큐메니칼 신학자들은 협의회적 교제를 통한 교회 일치의 방편을 "하나의 신앙과 하나의 성찬적 교제 안에서……가시적 일치라는 목표로 교회들을 부르는 것"에서 찾았다.37)

그들은 어떤 것이 그 자체 너머의 '효과적인 실제(an effective reality)'가 되는 작용을 포괄적으로 규정하여 '성례적(sacramental)'이라고 말한다. 그들은 '보이지 않는 은혜에 대한 보이는 표'라는 성례의 본질을 무시하고, 성례가 예언적이며 선지적인 역사가 처음으로 일어나는 효과적인 원인이 된다고 한다. 성례를 그것 자체로 공로를 이루어 가는 어떤 것으로 보는 것이다.38)

1975년 제네바(Geneva) 신앙과 직제위원회에서는 "성찬이 교회를 내적으로 채울 뿐만 아니라 서로의 협의회적 교제를 위하여 필수적"이라고 공표하면서, "예수 그리스도는 이러한 성찬이 행해지는 곳이라면 어디든지 존재하며, 그가 존재하는 곳에 교회도 존재한다"라는 일종의 삼단 논법을 제시하였다. 그리고 공동으로 성찬을 거행하는 것이 하나님의 지상명령이며, "교회는 전체로서 가시적 존재이어야 한다(The Church as a whole must be visibly one)"라고 천명하였다.39)

성찬적 교제가 부각되면서 그 단위가 되는 '지역교회'에 대한 관심이 고조되었다. 그리하여 이듬해 열린 모임에서는 지역교회의 개념을 정의하고, 그것을 봉사, 성찬, 교제라는 측면에서 세부적으로 논의하였다.40)

---

37) WCC, "Calling the Churches to the Goal of Visible Unity(1975)," in Gassmann, ed., *Documentary History of Faith and Order*, 61.
38) WCC, *Church and World: The Unity of the Church and the Renewal of Human Community, A Faith and Order Study Document*, Faith and Order Paper No.151(Geneva: WCC, 1990), 27-31(ch.2. para.24-33). 이러한 견해에 따르면, 성례는 지시할 뿐만 아니라 지시한 것을 처음으로 이룬다. 즉, 성례는 예수 그리스도와 한 몸이 된 성도의 연합을 제시하는 것에 머물지 않고 그 자체로써 그러한 연합을 이룬다. 이러한 관점에서 그들은 교회도 성례이며 교회가 사회에서 일부 역할을 감당하는 것도 모두 성례로 본다.
39) "Calling the Churches to the Goal of Visible Unity(1975)," 63.

WCC가 협의회적 교제를 다루면서 지나칠 정도로 성찬을 강조하는 이유는 무엇인가? 첫째, 그들은 성찬을 거행하는 지역교회가 에큐메니칼 교회 연합의 단위가 된다는 점에 주목한다. 성찬을 통한 가시적 연합은 곧 장소적 연합을 의미하고, 따라서 성찬은 지역적 성격을 띠는 총회들(assemblies)이나 대회들(synods)의 교제를 증진시키는 주요한 수단이 된다고 본다.

둘째, 그들은 성찬의 회고적 성격에 주목한다. 그래서 성찬의 참본질을 '회상(anamnesis)'에서 찾는다. 이러한 관점은 일찍이 1967년 영국 브리스톨에서 개최된 신앙과 직제위원회의 보고서에 드러나 있다.

"그리스도는 성만찬, 즉 십자가와 부활에 초점을 맞춘 그분의 살과 피의 성례를 그분 안에서 일어나는 바 하나님께서 화목하게 하시는 행위 전체에 대한 회상으로 제정하셨다."[41]

성찬 제정의 목적이 떡과 잔이라는 두 가지 표징에 현존하시는 그리스도의 살과 피에 연합하는 것이 아니라 그분 안에서 일어난 하나님의 구원 행위 전체를 회상하는 것이라 여기며, 성찬의 표징으로 제시되는 그리스도의 인격적 현존을 부차적인 것으로 여긴다. 그리하여 성찬이 주님의 '일'을 상기시키는 수단으로서 우리가 그것을 돌이켜 생각할 수 있도록 하는 계기를 제공할 뿐이라는 결론에 이른다.

셋째, 그들은 성찬을 통하여 성도가 주님과 함께 주님의 일을 수행하는 동참자가 된다는 점에 주목한다. 그들은 이러한 성례적 효과가 주님의 중보 기도

---

[40] WCC, "A Fellowship of Local Churches Truly United(1976)," in Gassmann, ed., *Documentary History of Faith and Order*, 69-75.
[41] WCC, "The Holy Eucharist(1967)," in Gassmann, ed., *Documentary History of Faith and Order*, 82.

로 인한 성령의 역사로 말미암는다고 말한다. 이러한 성령의 역사를 "성령 초대(*epiklesis*)"라고 부른다. 이로 말미암아 성찬에 참여하는 성도들이 주님의 일을 함께 기억하고, 함께 이루어 가게 된다는 점을 특히 강조한다.

그들은 다음과 같이 단언한다.

"회상과 성령 초대는 연합시키는 행위들이므로 교제와 분리해서는 인식될 수 없다."42)

여기에서 주님께서 "회상 속에 현존하신다(present)"라는 그들의 말이 단지 주님을 기억하면서 자신들의 일을 함께 이루어 가는 성찬 참여자들의 교제의 심상(心像)에 불과하다는 것을 확인할 수 있다.43)

그러나 성례의 본질은 표징(*signum*, sign)에 따라 성례를 거행하여(*significare*, signify) 제정된 말씀의 의미(*significatio*, significance)를 실제적으로 제시하는 데(*exhibere*, exhibit) 있다. 성찬의 의미는 성도가 그리스도의 몸에 참여하는 데 있다. 그분의 몸에 참여하기 위하여 그분의 현존(*praesentia*, presence)이 먼저 제시되어야 한다. 이러한 현존의 제시(*exhibitio*, exhibition)에 대한 경험은 집단적인 것이 아니라 인격적인 것이다. 그러므로 성례의 효과(*efficacia*, efficacy)는 말씀과 성령의 역사와 함께 성례를 받는 성도의 신앙과 무관하게 일어나지 않는다. 그러므로 오직 택함 받은 성도만이 성령의 역사로 말미암아 제정된 말씀의 약속에 따라 주님의 현존을 누리게 된다. 이런 시각에서 성찬은 본질적으로 언약적이다.

WCC는 성찬의 본질적인 요소인 말씀의 제정과 성령의 활동을 통한 영적이

---

42) "The Holy Eucharist(1967)," 82-84, 인용 82.
43) "The Holy Eucharist(1967)," 82.

면서도 실제적인 임재의 비밀을 언급하지 않고 회피한다. WCC는 교회 공동체의 일치와 갱신, 치유를 위한 일종의 상징으로서만 성찬을 다룰 뿐, 제정된 말씀의 진리 자체에는 직접적인 관심을 갖지 않는다.[44]

어거스틴이 특히 강조했듯이, 성례는 '보이지 않는 은혜에 대한 보이는 표'이다. 세례는 성도와 그리스도의 연합이 시작되는 표이며, 성찬은 성도와 그리스도의 연합이 계속되는 표이다. 성례의 의미는 성도 개개인과 그리스도의 연합이라는 수직적(vertical) 차원으로부터 성도들 간의 연합이라는 수평적(horizontal) 차원으로 확대된다. 성찬을 통하여 교회 공동체의 연합을 추구하는 것은 합당하다. 그러나 성도의 교제를 성례 제정의 일차적 목적으로 보는 것은 잘못이다.[45]

WCC는 성찬에서의 그리스도의 임재를 단지 회상의 감화 정도로 여긴다. 그것은 상징에 불과하다. 성찬의 의미가 상징을 해석하는 사람의 창의력이나 그것에 따른 행위의 열매로 나타날 뿐이다. 성찬이 그 자체로 의미를 가지지 못하고 사람의 행위를 자극할 뿐이다. 또 성찬의 임재는 사람의 초대일 뿐이다. 이러한 측면에서 모든 것이 성찬에 돌려지고, 또한 모든 것이 사람에게 돌려지는 듯하다.[46]

WCC는 1971년 루뱅 신앙과 직제위원회 보고서에서 성찬의 본질을 '주님의 일을 회상하면서 그 일을 지금 함께 이루어 가는 협의회적 교제'와 관련시키는

---

44) 다음을 참고하라. 박건택, "칼뱅과 BEM 문서의 성찬론 고찰," 『신학지남』 1994(여름), 175-176, 181-183. "BEM 문서가 애써 피하려는 것은 실로 진리에 관계되는 것으로, 일치란 언제나 진실(진리)을 숨기거나 양보하고서야 얻어지는 것이다. 칼뱅의 성찬신학적 내용이 일치를 목표로 하는 것은 사실이지만, 그것은 기본적으로 진리에 대한 신앙을 전제하고 있다"(183).
45) 다음을 참고하라. 졸고. 문병호, "중보자 그리스도의 신인양성의 위격적 연합(unio hypostatica): 벌미그리의 성례신학적 이해," 5-30. 2009년 9월 26일. 칼빈 500주년 개혁주의 세미나(안양, 열린교회). 미간행.
46) 이러한 관점은 다음 논문에서도 지적되었다. 저자는 WCC 성찬론이 모든 이론들을 아우르기 위해서 고대적 형태를 띰으로써 모호하게 되었다고 주장한다. 권호덕, "WCC 리마 문서의 성례 이해," 『한국 개혁신학』 31 (2011), 54-56, 59-61, 67-68.

입장을 분명하게 개진했다.

"우리는 성찬을 통하여 지금, 여기에 존재하는 그리스도의 보편적 행위들에 참여하므로(participate in the universal acts of Christ made present here and now), 성찬의 기도는 항상 보편적 성격과 지역적 성격을 모두 가진다."[47]

이러한 이해 가운데 교회의 본질이 왜곡된 성찬신학에 깊이 물들어 가는 경향이 점차 가시화되었다. "교회와 성찬은 교제(koinonia)와 동일한 신비의 표징들이며 표식들(signs and tokens)이다"라고 분명히 언급되었다.[48] 그러나 어떻게 교회가 성례의 표징과 동일한 것으로 다루어질 수 있는가? 교회가 성례의 표징이라면 그것이 의미하는 바는 무엇인가?

2) 교회를 성례로 보는 오류: 신인양성의 연합과 유비[49]

성경에는 교회를 성례라고 제정한 말씀이 없다. 그런데도 WCC 에큐메니칼 신학자들은 교회를 표징 또는 성례로 여기는 입장을 견지해 왔다.[50] 이것은 로마 가톨릭과 동방 정교회 신학에서 영향을 받은 것이다.

로마 가톨릭은 제2차 바티칸 공의회의 교회 헌장인 "이방인들의 빛(*Lumen Gentium*)"에서 다음과 같이 말하였다.

"교회는 그리스도와의 관계 가운데서 하나님과의 친밀한 연합에 대한 일종의

---

47) WCC, "Beyond Intercommunion: On the Way to Communion in the Eucharist(1971)," in Gassmann, ed., *Documentary History of Faith and Order*, 94.
48) "Beyond Intercommunion: On the Way to Communion in the Eucharist(1971)," 92.
49) 필자가 사용하는 '유비'라는 말의 뜻에 대하여 본서 3장 2.2)를 참고하라.
50) 대체로 그들은 표징(*signum*, sign)과 성례(*sacramentum*, sacrament)를 구별 없이 사용한다.

성례(sacrament) 또는 표징(sign), 그리고 인류의 연합이다. 교회는 또한 그러한 연합과 일치를 이루기 위한 도구이다."[51]

또한 교회를 "이러한 구속적 일치를 이루는 가시적 성례(the visible sacrament)"로 언급한다.

로마 가톨릭과 더불어 동방 정교회도 교회의 성례성(sacramentality)을 직접적으로 인정한다. 동방 정교회는 그리스도를 "근원적 성례(the primordial sacrament)" 또는 "최고의 성례(the sacrament par excellence)"라고 부르면서, '교회는 그리스도가 현존하시고 그분을 제시하기 때문에 성례가 된다'고 말한다.

그러나 성례는 세례와 성찬으로 이루어지며, 그리스도의 공로로 말미암은 구원과 그분과의 연합을 각각 제시한다. 그러므로 성례는 그 자체로 그리스도가 될 수 없으며, 교회도 될 수 없다. 티모시 조지(Timothy George)는 교회를 성례로 볼 수는 없지만 교회가 성례를 거행하고 은혜를 제시하기 때문에 '성례와 같은 것(veluti sacramentum)'이라고 부르는 것은 용인된다고 말한다. 그는 교회가 여전히 도상에 있으므로(in via) 하나의 완결된 표징으로서 직접적인 성례가 될 수 없다고 말한다. 그리고 교회가 아니라 그리스도가 성례(sacramentum)이자 성례의 실체(res sacramenti)이며 원성례(Ursakrament)라고 한다. 그러나 이와 같이 그리스도와 성례를 동일시하는 것은 옳지 않다.[52]

에큐메니칼 신학자들은 교회의 성례성을 중보자이신 그리스도의 위격적 연합과 유비한다.[53] 그들은 신인양성의 연합을 하나님의 백성의 일치와 연합의

---

51) "*Cum vero Ecclesia sit in Christo signum et instrumentum seu veluti sacramentum intimae totius generis humani unitatis eiusque in Deum unionis.*"
52) Timothy George, "The Sacramentality of the Church: An Evangelical Baptist Perspective," in Tamara Grdzelidze, ed., *One, Holy, Catholic and Apostolic*, 27-30, 35-38.
53) 위격적 연합이란, 신성과 인성이 한 위격 안에서 연합되므로 이 땅에 오신 중보자 그리스도는 양성의 '연합 가운데 한 분(unitas in unione, unity in union)'이시라는 사실을 가르치는 교리이다.

기초로 여기며, 그분을 따르는 성도들이 그분과 마찬가지로 그들에게 임한 성령의 역사로 말미암아 하나님의 생명을 부여받음으로써 하나님과 연합하게 된다고 주장한다. 이런 경우 교회의 가시성은 그리스도의 인성과 다름없이 성례적 표징이 된다.54)

"예수 그리스도 안에 계시된 신성과 인성의 관계의 신비는 하나님의 백성을 위한 일치와 교제의 기반이다……성육신은 그리스도의 영화된 인성을 함께 나누고, 하나님의 형상에서 새롭게 되고, 세상을 향한 그리스도의 고난을 함께 나누는 초대이다."55)

"하나님께서 교회에 현존하시는 신비는 이미 세상에 전달된 하나의 표징이다. 교회는 세상이 신적인 신비로 스며들도록 하는 초대이다."56)

이러한 입장은 교회를 '신인적 실제(a theanthropic reality)'로 여기는 동방 정교회의 영향을 보여 준다. 동방 정교회는 예수 안에 신성과 인성의 '협력(synergia)'이 있듯이 교회에도 그러하다고 하면서, 그것을 "비대칭적 신성-인성의 실재(an asymmetrical divine-human reality)"라고 부른다. 왜냐하면 신성에 인성이 압도되어 인성이 신화(神化)를 겪게 되기 때문이라는 것이다.57)

성례를 통하여 성도는 신인양성의 위격으로 존재하는 예수 그리스도의 몸

---

54) *Church and World: The Unity of the Church and the Renewal of Human Community, A Faith and Order Study Document*, 25–34(ch.2. para.18–42).
55) *Church and World: The Unity of the Church and the Renewal of Human Community, A Faith and Order Study Document*, 26(ch.2. para.19).
56) *Church and World: The Unity of the Church and the Renewal of Human Community, A Faith and Order Study Document*, 27(ch.2. para.23).
57) 제나디오스 리모우리스(Gennadios Limouris)는 이러한 이해를 위하여 칼케돈 신경이 도움이 된다고 한다.

에 참여하는 은혜를 누리게 된다. 그러나 성도 자신이 하나님이 되는 것은 아니다. 성육신은 비가시적 이상이 가시적으로 성취되는 것을 의미하지 않는다. 교회가 그 취지를 세상 가운데서 이루어 가는 것을 성육신에 유비할 수는 없다. 중보자이신 그리스도의 신인양성의 위격적 연합은 에큐메니칼 신학자들이 말하는 다양성 가운데서의 일치성과 유비될 수 없다.

위격적 연합 교리는 예수 그리스도의 인격에 고유하며, 어떤 경우에도 유비될 수 없다. 신인양성은 세상이 알지 못하는 방식으로 신비하게 연합하기[58] 때문이다.[59] 그런데도 WCC는 위격적 연합 교리를 곡해하고, 그것을 교회의 성례성을 설명하는 도구로 삼는다. 교회를 성례로 볼 때, 그 성례는 바르트가 말한 '교회적 사건'과 다르지 않다.

WCC는 지상의 전투적 교회(ecclesia militans)가 지닌 성례성으로 천상의 승리적 교회(ecclesia triumphans)를 대체하고 있다. 즉, 가시적 교회의 가시성을 성례성으로 삼아서 비가시적 교회의 존재를 부인한다. 비가시적 교회가 가시적 교회의 성례적 의미로서 가시적 교회에 이미 포함되어 있다고 보는 것이다. 1973년 러시아 정교회의 중심지인 자고르스크(Zagorsk)에서 모인 신앙과 직제 실행위원회가 작성한 "교회의 일치-인류의 일치"라는 문서에서 이러한 질문들과 관련된 WCC의 입장이 천명되었다. 그들은 교회를 일종의 성례의 표징으로 보았으며, 그 표징의 의미를 교회와 인류의 일치를 이루는 교제에서 찾았다.

이는 로마 가톨릭의 제2차 바티칸 공의회가 채택한 "교회 헌장"의 진술과 일맥상통한다.

---

[58] 신성과 인성은 혼합 없이(inconfuse), 변화 없이(immutabiliter), 분열 없이(indivise), 분리 없이(inseparabiliter) 연합되어 있다. 그것은 물리적 결합도, 화학적 결합도 아니다.
[59] Emmanuel Clapsis, "Does the Church Have a Sacramental Nature? An Orthodox Perspective," in Tamara Grdzelidze, ed., *One, Holy, Catholic and Apostolic*, 17-26.

"교회는 그리스도와 관계를 가짐으로써 취하게 되는 하나님과의 친밀한 연합의 표징이자 모든 인류의 일치의 표징(sign)으로서 일종의 성례이다. 뿐만 아니라 교회는 그러한 연합과 일치를 성취하기 위한 도구이다."[60]

자고르스크 문서는 성례의 의미를 다음과 같이 논한다.
① 성례는 숨은 것이 드러난다는 의미에서 '비밀(*mysterium*)'이라는 뜻을 가진다. 이에 대한 예로 죽으시고 다시 사신 그리스도를 계시하는 '요나의 표적'(마 12:39 참고)이 있다.
② 성례는 공동체 안에서의 그리스도의 임재를 뜻한다. 그리스도께서 공동체의 참된 중심이기 때문에 그 임재가 곧 공동체 자체를 의미한다고 본다.
③ 성례는 궁극적으로 그리스도의 임재를 효과적으로 만드는 약속을 의미한다. 성례는 주님의 일을 기억하면서 지금 그것을 이루어 가는 것이다.
그들은 교회가 표징으로서 이 세 가지 의미를 모두 가지고 있으나, 그 본질은 두 번째 의미와 긴밀하게 연관되어 있다고 하였다.[61]
성례에 대한 이러한 오해는 성례의 의미를 성도와 그리스도의 연합이라는 관점에서 본질적으로 추구하지 않고, 사안에 따라 실존적으로만 파악하기 때문에 발생한다. 성례는 단순히 그리스도께서 자신을 믿는 성도들의 공동체 가운데서 계속 일하신다는 사건이나 현상을 제시하는 것이 아니다.[62]
자고르스크 문서는 교회를 성례의 표징이라고 하면서 이러한 잘못된 관점을 다음과 같이 표명하고 있다.[63]

---

60) WCC, "Unity of the Church--Unity of Mankind(1973)," in Gassmann, ed., *Documentary History of Faith and Order*, 137. 제4차 웁살라 총회(1968)에서 WCC의 제2분과 보고서는 교회를 "인류의 다가오는 일치의 표징"이라고 하였다.
61) "Unity of the Church--Unity of Mankind(1973)," 137-138.
62) 이에 대하여 본서 3장 4.를 참고하라.
63) 이러한 경향은 하나님의 말씀을 계시가 아니라 계시 사건으로 파악하는 입장을 반영한다.

"교회는 그리스도를 지시하기 때문에 표징이 된다. 그리스도는 하나님께서 사람과 교통하기 위하여 선택하신 진정한 표징이며 성례이다. 그러나 그리스도는 오직 십자가의 감추심 가운데서만 이 표징이 되신다. 이 표징은 회개의 방식이 아니고서는 가시적이 되지 않는다. 그리스도께서 자신의 십자가와 부활에서 옛 세계와 새 세계 사이의 분쟁의 표징이 되시듯이, 교회는 모호한 표징이 되기를 소망해서는 안 된다.

교회는 그리스도께서 성도들의 공동체에 진실로 현존하시기 때문에 표징이 된다. 진정 그분께서 그곳에 계신다. 그러나 그분의 어떠하심과 그분이 사람들에게 계시하신 것의 완전함은 현재 표현된 것들 가운데서 불완전하게만 파악된다. 공동체에 속하여 그리스도와 교제하는 각 지체는 그분의 현존을 드러내는 표징이 된다. '너희를 영접하는 자는 나를 영접하는 것이요'(마 10:40). 각 사람은 다른 사람에게 '그리스도'가 된다(마틴 루터). 그러나 그리스도를 따르는 각 사람은 그리스도를 믿는 사람들의 공동체에 대한 표징이 될 뿐이다. 그들은 그리스도께서 그러하고자 하신 표징에 참여한다.

교회는 올 것을 현존하는 것으로 만드는 미래를 지시하기 때문에 표징이다. 교회는 그 증거와 존재 가운데서 인간 역사의 끝과 완성을 예기한다. 교회는 그리스도와의 관계를 통하여 모든 권세 위에 계신 그리스도의 주권이 이 세상의 분쟁들과 마귀적 측면들과 부딪치는 과정에 대한 표징이 된다. 시대에 대한 명확한 표징은 '요나의 표적'밖에 없다. '너희도 만일 회개하지 아니하면 다 이와 같이 망하리라'(눅 13:5). 시대의 표징들을 발견한다는 것이 왕국이 올 때까지의 역사 과정을 예견한다는 의미는 아니다. 그것은 때가 찬 시간에 대한 진정한 표징인 예수 그리스도의 죽음과 부활이라는 한 사건을 인간 역사의 사건들과 관련시킨다는 의미이다(마 11:1-6; 눅 4:21 참고).

마지막으로 교회는 그리스도께서 자신의 말씀이 선포되고 세례와 성찬이라는 성례가 거행되는 모든 곳에 현존하실 것이라는 약속 가운데 살기 때문에 성례가 된다. 이러한 성례적 행동들은 교회가 그 자체로 살지 않으며 예수 그리스도의 삶 가운데 뿌리를 내리고 있다는 것을 끊임없이 상기시킨다. 교회의 자질을 이러한 행동들을 수행하는 데 대한 표징으로 제한하려는 경향이 있어 왔다. 표징과 성례의 개념들에 대한 더욱 넓은 의미는 교회가 시간적일 뿐만 아니라 영적이며, 기구적일 뿐만 아니라 예전적인 전체의 삶과 존재 가운데 이러한 자질을 드러낼 때에만 표징이 된다는 것을 분명히 나타낸다."[64]

WCC는 교회의 가시성을 강조하면서 교회의 성례적 의의를 가장 두드러지게 강조한다. 인용된 글에서 보듯이, WCC는 표징과 성례라는 단어를 구별 없이 사용하면서 교회를 표징으로 정의한다. 곧 교회 자체를 하나의 성례로 여긴다.[65] 그리고 교회 사역의 성례적 의미를 주장하기 위해서 성례 자체의 구원적 효과를 강조하고, 그것이 교회의 중보를 통해 작위적으로 이루어진다고 주장한다.[66]

교회는 그리스도의 은혜로 말미암아 그분과 연합한 성도들의 연합체이다. 성례의 의의와 가치는 그러한 은혜를 가시적인 표로 제시하는 데 있지, 그것을 통하여 비로소 가시적인 연합을 만들어 가는 데 있지 않다. 에큐메니칼 신학자들은 거꾸로 된 성찬신학을 전개하고 있다. 그들은 이렇게 말한다.

"이 표징(교회)은 그것이 어떤 한 장소에서 인간의 삶의 특수한 상황들에 직면

---

64) "Unity of the Church--Unity of Mankind(1973)," 138.
65) 성례(*sacramentum*)는 표징(*signum*)이 의미하는(*significare*) 의미(*significatio*)를 제시하는 의식이다. 그러므로 성례와 표징은 구별되어야 한다. WCC는 이러한 성례신학적 이해를 결여하고 있으므로 양자를 동일한 것으로 파악한다.
66) 사제의 중보에 의해서 성례의 표징인 물질 자체에 은혜가 주입된다고 보는 사효론(*ex opere operato*)은 이러한 사상을 반영한다. 다음을 참고하라. Geernaert, "Church as Koinonia/Church as Sacrament," 65.

하는 경우에만 가시적인 속성을 가진다."

"교회가 그 표징을 가시적으로 만들지 못할 때, 교회는 자신의 소명에 불순종하는 것이며, 반(反)-표징(an anti-sign)이 될 수도 있다."

그들의 주장에 따르면, 교회의 의미는 교회 자체에 있지 않고 교회를 가시적으로 만들 때 드러난다. 그들에게 비가시적 교회는 하나님께서 세상에 교회를 존재하게 하셨다는 '소여성' 외에는 다른 어떤 의미도 없다. 그들은 주어진 교회가 섬김과 예배와 봉사라는 총체적 교제로 경험될 때 참교회, 곧 그들이 말하는 가시적 교회가 존재하게 된다고 주장한다.[67]

3) "성례적 환상"이라는 환상

에큐메니칼 신학자들은 교회를 하나의 표징으로 파악하여 그것이 그리스도의 존재와 사역을 성례적으로 제시한다고 본다. 성례의 표징들이 그리스도의 몸을 전체적으로 제시하듯이, 지교회의 사역이 교회 전체의 보편성을 객관적이고도 실제적으로 표상한다고 한다.

그들에게는 성례의 본질에 대한 참된 이해가 결여되어 있다. 성례가 은혜를 인 칠 뿐만 아니라 은혜의 방편이 되는 것은 사실이다. 그러나 후자는 전자로 말미암아 파생된다. 그런데도 그들은 성례 자체를 통해 마치 그리스도와 연합하는 은혜가 처음으로 생기는 것처럼 설명한다.[68] 이런 관점에서 그들은 교회가 '세상'을 아우르는 '비밀'이자 '성례'가 된다고 주장한다.[69]

---

[67] "Unity of the Church--Unity of Mankind(1973)," 138-139.
[68] 다음을 참고하라. Donna Geernaert, "Church as Koinonia/Church as Sacrament," in Tamara Grdzelidze, ed., *One, Holy, Catholic and Apostolic: Ecumenical Reflections on the Church*, Faith and Order Paper No.197(Geneva: WCC, 1998), 64-66.

에큐메니칼 신학자들은 교회의 비밀, 즉 성례로서의 성격을 드러내는 가장 중요한 본질은 그것이 교회를 '모든 피조물의 연합체'로 제시하기 때문이라고 본다. 루마니아 정교회의 사제이며 부카레스트(Bucharest) 대학의 교수였던 스타닐로에(Dumitru Staniloae)는 교회의 비밀을 일곱 가지로 다루었는데, 특히 우주적 신비에 그 초점을 맞추었다.

"① 지극한 신비인 하나님이 창조하신 세계의 구조와 존재는 신비로서 제시된다.
② 비록 피조물들의 본성은 제한되지만, 피조물들은 그것들의 자유를 적극적으로 사용함으로써 그것들의 창조주이신 하나님의 무한한 삶에 동참한다.
③ 예수 그리스도는 인성이 하나님과 연합하는 최고의 신비이며, 교회에 의하여 확장되는 신비의 중심이다.
④ 교회는 사람들이 하나님에 대해서 가지는 생명과 영원한 사랑의 관계들을 완성시키는 비밀이다.
⑤ 교회의 삶은 성령의 능력 가운데 십자가와 부활의 신비에 참여하는 것이다.
⑥ 교회는 하나님의 왕국의 종말론적인 신비에 대한 기대(anticipation)이다.
⑦ 왕국의 삶에 완전히 참여하는 것은 완전한 신앙을 의미한다."[70]

이는 교회가 세상의 다양한 입장과 분쟁 가운데서 사람들의 자유로운 결정을 존중하면서 현존하는 것이 곧 표징이 된다고 보는 자고르스크 문서의 주장

---

69) Gennadios Limouris, "The Church as Mystery and Sign in Relation to the Holy Trinity—In Ecclesiological Perspectives," in Gennadios Limouris, ed., *Church Kingdom World: The Church as Mystery and Prophetic Sign*, Faith and Order Paper No.130(Geneva: WCC, 1986), 42-46.
70) Dumitru Staniloae, "The Mystery of the Church," in Limouris, ed., *Church Kingdom World: The Church as Mystery and Prophetic Sign*, 50-57.

과 일치한다.[71]

교회에 대한 이러한 이해는 철저히 실존주의적이며 변증법적이다. 바르트는 교회가 현재의 삶을 사는 것이 곧 마지막의 삶을 사는 것이라고 하였다.[72] 이러한 견해는 지상의 불완전한 교회가 천상의 완전한 교회에 대한 일종의 성례적 표상이 된다는 WCC의 주장과 일맥상통한다. 곧 수단으로써 목적을 미리 선취한다는 변증법을 담고 있다. WCC는 이것을 '과정(process)'이라고 부르지만, 그것은 WCC가 교회 일치를 통하여 추구하는 궁극의 목표인 전 우주적, 기구적 교회를 교회의 유일한 형태로 지금 형성하는 것이다.

신앙과 직제위원회의 위원장을 맡았던 동방 정교회의 니씨오티스(Nikos A. Nissiotis)는 교회의 보편성(Catholicity)을 우주성(Universality)으로 파악하고, 이것이 지역적인 일치를 넘어 전체 피조계가 하나가 되는 것을 의미한다고 보았다.[73]

니씨오티스는 "하나님으로부터, 그리고 세상을 위하여(from God and for the world)" 존재하는 교회가 본연의 사역을 통하여 하나님과 세상과 만물의 교제를 회복하여 한 몸을 이루는 것을 "성례적 환상(sacramental vision)"이라고 불렀다. 그에 따르면, 교회의 가시적 교제를 통하여 하나님의 은혜가 세상 속으로 흘러들어 감으로써 우주적 일치가 이루어지기 때문에, 교회의 교제는 궁극적으로 만인과 만물의 일치를 이루는 성례적 사건이 된다.[74] 그리고 이러한 측면에서 교회는 세상을 연합시키는 증거가 되며, 제사장적 역할을 감당하고, 하나님의 영광을 위한 순교를 감당한다.[75]

---

71) "Unity of the Church--Unity of Mankind(1973)," 139.
72) Barth, "The Church-The Living Congregation of the Living Lord Jesus Christ," 67ff.
73) Nikos A. Nissiotis, "The Church as a Sacramental Vision and the Challenge of Christian Witness," in Limouris, ed., *Church Kingdom World: The Church as Mystery and Prophetic Sign*, 102-109.
74) Nissiotis, "The Church as a Sacramental Vision and the Challenge of Christian Witness," 109-112.
75) Nissiotis, "The Church as a Sacramental Vision and the Challenge of Christian Witness," 112-116.

에큐메니칼 신학자들은 교회의 연합과 일치를 성례적 환상을 이루는 과정으로 파악하고서, 교회의 교제를 삼위일체의 경륜과 유비하여 설명하려고 한다. 그들은, 하나님께서 아들을 육신으로 보내 성령의 능력으로 화해의 사역을 이루듯이, 교회가 서로 교제함으로써 연합에 이르게 된다고 주장한다.[76] 그리고 지상교회의 가시적 교제에 나타나는 '다양성 가운데 일치성(unity in diversity)'은 세 위격 가운데 한 분이신 삼위일체 하나님의 '형상(icon)'을 계속해서 보여준다고 말한다. 이러한 관점에서 삼위일체 하나님이 '스스로 그렇게 존재하시는 것처럼(autonomous)' 교회의 가시적 연합도 이미 그렇게 주어졌다고 주장한다.

이러한 관점을 전개하면서 에큐메니칼 신학자들은 성례의 의미를 곡해하여 성도와 그리스도의 연합을 성도 간의 연합으로 무차별하게 대체한다. 그들은 '성도의 교제(communion of saints)'가 '성례들에서의 교제(communion in the sacraments)'와 다르지 않다고 본다.

그러나 성도의 교제는 성도들 각자가 그리스도와 연합함으로써 그분의 지체가 되는 구원 서정의 직접적인 은혜를 말하는 한편, 성례에서의 성도의 교제는 주 안에서 한 몸이 된 성도들이 서로 교통하는 연합의 은총을 가시적인 표징으로 간접적으로 드러낼 뿐이다. 그러므로 교회의 가시성과 성례를 혼동하지 말아야 한다. 교회 자체를 성례로 볼 수는 없다. 가시적 교회가 비가시적 교회와 본질적으로 다르지 않다고 주장하면서 양자의 관계를 중보자이신 그리스도의 신성과 인성의 위격적 연합에 유비하는 것은 기독교 진리의 근간을 흔드는 발상이다. 교회의 비밀은 그리스도와 연합한 성도들의 은밀한(인격적인) 내적 교제에서 발견되는 것이지, 성도가 신적인 자질을 체험하고 이것을

---

76) Nissiotis, "The Church as a Sacramental Vision and the Challenge of Christian Witness," 110.

서로 나누는 데 있지 않기 때문이다.[77]

1982년 페루의 리마에서 열린 신앙과 직제위원회의 권고에 따라 제출된 "교회의 연합과 인간 공동체의 갱생"에 관한 학습 프로그램에서는 이러한 입장이 구체적으로 표현되었다.[78] 여기에서는 교회가 하나님의 왕국이라고 불리는 것이 성령의 역사로 말미암아 그 가운데서 정의(justice)와 평강(peace)을 누리고 함께 즐거움(joy)에 이르기 때문이라고 한다.[79] 그리고 교회의 신비를 성도가 교회의 종말론적 성취를 세상 속에서 맛보게 됨으로써 각자 자신의 완성에 이르게 되는 체험에서 찾는다.[80] 그리고 성도의 교제가 세상 속에서 세상을 위한(in and for the world) 것이 되어야 교회가 고유한 본질을 구현할 수 있다고 주장한다.[81]

그들은 이러한 자신들의 이론이 '교회론적 딜레마'를 해결하는 길이 된다고 본다. 하나님께서 우리에게 딜레마를 던져 주시고 우리가 역사 가운데 공동체나 교제라는 이름으로 그것을 풀어 가게 하셨는가? 사람이 성례적 표징에 의미를 부여하기 때문에 그것이 의미를 가지게 되는 것인가? 그것은 하나님의 전적인 제정에 따른 것이 아닌가?

WCC는 교회의 교회다움이 교회를 가시적으로 만들어 가는 구성원들의 노력에 있다고 봄으로써, 하나님의 선교를 사람의 선교로, 하나님의 일을 사람

---

[77] 에큐메니칼 신학자들의 이러한 입장이 다음 논문에 잘 전개되어 있다. Limouris, "The Church as Mystery and Sign in Relation to the Holy Trinity--In Ecclesiological Perspectives," 36-42.
[78] '교회의 연합과 인간 공동체의 갱생'에 관한 WCC의 활동에 대한 역사적 흐름은 다음을 참고하라. Gennadios Limouris, "The Unity of the Church and the Renewal of Human Coummunity: A Historical Survey," in Limouris, ed., *Church Kingdom World: The Church as Mystery and Prophetic Sign*, 176-185.
[79] *Church and World: The Unity of the Church and the Renewal of Human Community*, A Faith and Order Study Document, 16-21(ch.1. para.17-35).
[80] *Church and World: The Unity of the Church and the Renewal of Human Community*, A Faith and Order Study Document, 23-25(ch.2. para.6-15).
[81] *Church and World: The Unity of the Church and the Renewal of Human Community*, A Faith and Order Study Document, 34-36(ch.2. para.43-50).

의 일로 바꾼다. 예수 그리스도의 대속이 아니라 사회적, 문화적, 정치적 혁명이 선교의 메시지가 되었다. WCC는 예수를 머리로 하는 지체들의 연합을 구속사적으로나 구원론적으로 모두 거부한다.[82] 이러한 억측 때문에 천상교회의 표징으로서 지상교회가 겪는 '투쟁과 충돌(struggle and conflict)'까지도 교제에 포함되는 것으로 간주한다.[83]

3. 교회의 일치와 인류의 일치

1) 교회의 특별은총을 떠나 지역적 보편성으로

WCC는 삼위일체 하나님의 교제를 하나님과 교회 또는 교회 성도들 간의 교제와 유비하고, 이것을 인류 전체에 대한 교제로 확대한다. 하나님이 사람을 창조하신 목적이 교제이므로 교회는 하나님께서 전 인류의 교제를 원하신다는 것을 교회의 사명으로 인식해야 한다고 지적한다. 또 이러한 인류의 교제는 교회의 교제를 통하여 완성되며, 삼위의 교제가 완전하듯이 완전해야 한다고 주장한다.[84]

WCC가 교회의 가시적 일치를 인류의 일치로 확대해서 본 것은 1968년 제4차 웁살라 총회에서부터였다. 웁살라 총회에서는 '진정한 우주적 협의회(a genuinely universal council)'의 존재에 대한 당위성을 다음과 같이 각인시켰다.[85]

---

[82] 여기서 '구속사적'이라는 말은 만세 전에 작정된 구속의 계획을 역사상 성취한 그리스도의 의를 중심으로 전개되는 신학적 측면을 뜻한다. 그리고 역사상 성취된 그 의를 개인에게 적용하는 전체 구원의 서정(*ordo salutis*)을 '구원론적'이라고 한다.
[83] WCC, "Towards Unity in Tension(1974)," in Gassmann, ed., *Documentary History of Faith and Order*, 146.
[84] "We believe in One God. An Ecumenical Explication," 20-22(para.10-13).
[85] WCC, *The Uppsala Report, Official Report of the Fourth Assembly of the World Council of Churches*(Geneva: WCC, 1968), "Section 1, The Holy Spirit and the Catholicity of the Church," 17 (para.19).

"인간의 상호 의존이 그토록 불가피한 것이라면, 기독교인들을 우주적인 교제로 연합시키는 유대를 가시적으로 만드는 것은 더욱 규범적이다."[86]

WCC는 1937년 옥스퍼드에서 개최된 '삶과 봉사(Life and Work)에 대한 컨퍼런스'에서 세상을 향한 교회의 의무를 매우 변증법적으로 규정한다.

"교회의 첫 번째 의무이자 세상을 향한 가장 위대한 섬김은, 교회가 진정 교회의 유일한 주이신 그리스도의 뜻을 성취하는 데 헌신하고 사랑과 섬김의 교제 가운데 그분과 연합되어 있다는 진정한 신앙을 고백하는 유일한 교회(the Church-confessing true faith)가 되는 것이다. 우리는 세상이 우리와 유사하다고 말하지 않는다. 왜냐하면 우리가 이미 세상과 유사하기 때문이다(즉, 우리가 세상의 일부이기 때문이다). 참으로 우리 자신이 개개인으로서, 그리고 함께 묶인 몸들로서 회개하듯이, 유일한 교회는 세상 사람들을 회개로 부른다."[87]

1937년 에든버러 신앙과 직제위원회에서는 "교회에서 인류의 연합은 단지 여망(aspiration)이 아니라 사실(fact)이다"라고 선포하였다.[88] 이는 교회를 하나의 성례로 보는 관점에 기인한다. 동일한 맥락에서 암스테르담 총회는 교회의 은사들이 인류를 섬기기 위한 것이라고 보고하였으며,[89] 에번스턴 총회

---

[86] *The Uppsala Report, Official Report of the Fourth Assembly of the World Council of Churches*, "Section 1, The Holy Spirit and the Catholicity of the Church," 17(para.18).
[87] WCC, *The Churches Survey Their Task, The Report of the Oxford Conference on Church, Community and State*, vol.8(London: Allen&Unwin Ltd., 1937), 57; Geiko Müller-Fahrenholz, *Unity in Today's World, The Faith and Order Studies on "Unity of the Church-Unity of Humankind,"* Faith and Order Paper No.88(Geneva: WCC, 1978), 15에서 재인용하였다.
[88] Dorothy L. Hodgson, ed., *Faith and Order, Edinburgh 1937*(London: SCM Press, 1938), 47-48; Müller-Fahrenholz, *Unity in Today's World, The Faith and Order Studies on "Unity of the Church-Unity of Humankind,"* 16에서 재인용하였다.

는 "교회의 직무는 모든 사람들을 하나(unity)로 모으는 것이므로 교회의 분열(disunity)은 그 목적에 반한다"라고 하면서 '에큐메니칼 교제(the ecumenical fellowship)'가 이 목적을 위한 분명한 진보가 된다고 보고하였다.[90]

제3차 뉴델리 총회는 이러한 입장에서 한 걸음 더 나아가 교회의 연합을 인류뿐만 아니라 전 우주의 연합의 표징으로 여긴다는 입장을 분명히 개진하였다. 특히 전 우주의 일부로서 교회의 지역적 보편성(local catholicity)을 두드러지게 강조하였다.[91] 이후 제4차 웁살라 총회의 권고로 '교회의 일치와 인류의 일치'를 중심 논제로 다루기까지, WCC는 이 주제를 신학적으로 추구하고 그 이념에 따라서 우주적 교제를 이루기 위하여 에큐메니칼 운동을 추진했다. 그리하여 세상과 인류에 대한 새로운 이해에 이르고자 하였다.[92]

이러한 경향은 1966년 제네바에서 열린 '교회와 사회에 대한 컨퍼런스'에서 다음과 같이 정의된 교회의 성격을 그대로 반영하고 있다.

"세상 가운데서 교회는 모든 사람을 위한 하나님의 사랑에 응답하는 세상의 일부분이 되고, 그리하여 사람에 대한 하나님의 관계가 알려지고 실현되는 공동체가 되도록 부름을 받는다. 어떤 의미에서 교회는 세상의 중심이고 완성이다. 또 어떤 의미에서 교회는 세상의 종이고 미래의 소망을 지닌 세상의 증인이다. 교회는 세상이 자신의 미래를 발견하게 되는 곳으로서 공동체라고 불

---

[89] *The Universal Church in God's Design*, 214; Müller-Fahrenholz, *Unity in Today's World, The Faith and Order Studies on "Unity of the Church-Unity of Humankind,"* 18에서 재인용하였다.
[90] WCC, *The Christian Hope and the Task of the Church*(New York: Haper&Bros., 1954), 49,137; Müller-Fahrenholz, *Unity in Today's World, The Faith and Order Studies on "Unity of the Church-Unity of Humankind,"* 19,20에서 재인용하였다.
[91] Müller-Fahrenholz, *Unity in Today's World, The Faith and Order Studies on "Unity of the Church-Unity of Humankind,"* 21-23.
[92] Müller-Fahrenholz, *Unity in Today's World, The Faith and Order Studies on "Unity of the Church-Unity of Humankind,"* 23-24.

린다."[93]

2) 우주적 공동체의 허상

웁살라 총회의 권고에 따라서 작성된 "교회의 일치-인류의 일치"에 대한 신앙과 직제위원회의 보고서 초안에서는[94] 밝히기를, 이 주제는 단지 지적인 것이 아니며 '합당한 행동(appropriate action)'에 관한 것으로 교회가 진정한 인류의 공동체를 이루는 데 어떤 요소로 작용하는지를 그 사역과 효과라는 측면에서 살피는 것이라고 하였다.[95]

이 보고서는 구약에서 언급되는 '사람(아담)'이라는 말은 남자와 인류를 모두 뜻한다고 지적하면서, 룻기나 요나서에서 보듯이 온 인류가 하나가 되는 것이 성경적 맥이라고 하였다. 인류의 연합이 창세기 1-11장의 주제에 그치는 것이 아니라 이방인을 불러 이스라엘 민족으로 삼으시는 하나님의 경륜이 역사 가운데 가장 심화되어 나타난 아브라함과 그 이후의 기사들의 중심 주제가 된다고 보았다.

또한 신약에서는 이러한 주제가 하나님이 기뻐하신 전체 백성을 위하여 주님이 오셨다는 찬양 가운데 명료하게 빛난다고 하였다(눅 2:14 참고). 그리고 주님께서 이방을 비추는 빛이 되시는 것이(눅 2:32 참고) 구약 시대부터 예언된 바 인류가 하나가 되는 하나님의 사역이 완성될 때가 도래하였음을 표현

---

[93] WCC, *World Conference on Church and Society, Official Report*(Geneva: WCC, 1967), 202, no.26; Müller-Fahrenholz, *Unity in Today's World, The Faith and Order Studies on "Unity of the Church-Unity of Humankind,"* 24에서 재인용하였다.
[94] WCC, "Prologue: The Draft Study of 1969 on the Theme 'Unity of the Church-Unity of Mankind,'" in Müller-Fahrenholz, *Unity in Today's World, The Faith and Order Studies on "Unity of the Church-Unity of Humankind,"* 28-51. 이 보고서는 이하 "Unity of the Church-Unity of Mankind"로 표기한다.
[95] "Unity of the Church-Unity of Mankind," 29.

하는 것이라고 예시하였다. 이러한 입장에서 주님의 고난과 십자가 사역을 전체 인류에 놓인 담을 헐고 하나가 되는 역사를 이루는 구속의 역사로 인식하였다.[96]

이러한 성경적 고찰 이후 이 연구 보고서는 교회사 가운데 교회의 일치가 인류의 일치라는 측면에서 어떻게 전개되어 왔는지를 소개한다. 여기에서는 교회가 로마라는 한 나라에 국한될 때 하나님께서는 그러한 제국주의적 성향을 깨뜨리고자 하셨으며, 그 나라를 멸망시켜서 본으로 삼으셨다고 말한다. 이러한 관점은 교회를 이슬람권에 둘러싸이게 하신 하나님의 섭리를 이해하는 데도 적용된다. 지리상의 발견과 근대 시민혁명의 뜻도 같은 맥락에서 해석된다. 하나님께서 교회로 하여금 여러 사상들과 이념들과 종교들과 충돌하거나 교류하게 하신 것은 궁극적으로 교회의 일치로 인류의 일치를 이루고자 하신 섭리라는 것이다. 심지어 교회가 공산주의자들의 국제주의(internationalism)에도 합당하게 반응하도록 요구받게 되었으며, 이를 통하여 인류의 연합을 이루는 길에 서야 하는 당위성을 더욱 자각하게 되었다고 한다.[97]

이 연구 보고서는 인류의 일치가 교회의 일치의 본질이라는 점을 인간의 본질에서 찾는다. 그에 따르면, 사람은 각자 '유일한 전체로서(as a single whole)' 피조된 것이 아니라 서로 관계를 맺는 인류의 한 성원으로서 지음을 받았다. 하나님께서는 사람을 통하여 하나님을 사랑하는 사람들이 서로 사랑하며 함께 하나가 되어 드리는 예배를 받고자 하셨다. 사람이 하나님의 형상으로 지음 받은 것도 이러한 '관계(relationship)' 가운데서 중점적으로 파악된다. 그러므로 사람 사이의 관계는 '현실적인 것(the actual)'인 동시에 '규범적인 것(the

---

[96] "Unity of the Church-Unity of Mankind," 31-34.
[97] "Unity of the Church-Unity of Mankind," 34-36. 인류 공영과 연합을 이루고자 하는 공산주의 운동을 행한 대표자로서 체 게바라(Che Guevara)가 인용된다(35).

normative)'이다. 그리고 교회는 이러한 다양성(diversity) 가운데 일치성(unity)을 추구하는 인류의 모임이라고 정의된다.[98] 이렇게 보면 교회는 선택을 받아 거듭난 사람들의 공동체라기보다는 사람의 사회성이라는 본성에 부합하는 자연적인 모임이나 자연인들의 모임과 다르지 않다.

이러한 이해를 기초로 하여 WCC 신학자들은 교회의 본질과 속성을 다음과 같이 논한다. 이제부터 이를 제시하고 비판하겠다.

① "자유로운 사람들의 공동체(community of free men)로서의 교회."

여기서 자유롭다는 것은 죄의 멍에에서 해방된 구원의 백성을 의미하지 않는다. 그것은 단지 이념적, 사회적, 정치적 의미를 가질 뿐이다.

② "사람들 가운데서 공동체를 위한 증인으로서의 교회."

이러한 관점으로 볼 때, 교회는 예수 그리스도의 대속적 은혜를 전파하는 것이 아니라 예수 그리스도와 같은 삶을 살도록 촉구하는 모임에 불과하다. 즉, 증인의 삶은 복음을 전하는 삶이 아니라, 예수와 같이 모범적인 삶을 사는 것 자체이다. 여기에는 의의 전가라는 개념이 자리 잡을 곳이 없다. 또한 복음 전파도 필요 없어진다. 그리하여 기존의 선교에 대한 무용론이 제기된다.

③ "잠재적 공동체로서의 교회."

교회가 그리스도의 은혜로 말미암아 대속함을 받은 사람들의 공동체라는 측면은 언급되지 않고, 다만 교회를 인류의 일치를 이루어 내는 과정에 존재하는 모임으로만 묘사한다.

④ "진정한 공동체의 표징으로서의 교회."

교회는 그 자체로 성례의 표징이 될 수 없다. 교회는 머리이신 그리스도께 연합한 성도들의 몸이다. 교회는 그 자체로 의미가 있는 것이지, 단지 무엇을

---

[98] "Unity of the Church-Unity of Mankind," 31-34.

표상할 뿐인 어떤 것이 아니다.

⑤ "과거와의 교제로서의 교회."

여기에서는 교회가 역사적인 과거를 기억하는 단체라고 여겨진다. 그러나 교회는 사안에 따라 실존적인 체험을 하고 그러한 주관적 체험을 기억하는 장소가 아니라 성경적 진리를 교리로서 수납하고 계승하는 곳이다. 교회는 단지 회상하는 곳이 아니다.

⑥ "미래에 열린 공동체로서의 교회."

여기에서는 교회가 공동체라는 속성상 다양한 가능성들을 그 속에 배태하고 있다고 본다. 그러나 하나님의 섭리는 어떤 개인이나 단체의 자유의지에 따라 무작정 열려 있지는 않다. 교회는 오직 종말론적인 의미만을 가지는 것이 아니라 현재적인 의미도 가지고 있다. 교회의 진리는 변하지 않으며, 그 섭리 역시 만세 전에 정해진 것이다.

⑦ "교회의 초국가적인 성격."

교회는 주님의 몸으로서 먼저 구원받은 백성들이 만국에 복음을 전하는 곳이다. 복음은 국가 단위로 역사하는 것이 아니다. WCC는 칸트(Kant)의 글을 인용하여, 만국이 '한 연맹(a league)'으로 연합하듯이 교회가 그 일을 이룬다고 말한다. 그러나 교회에서의 성도의 연합은 머리인 그리스도께서 한 분이시라는 사실 외에 어디에서도 찾을 수 없다.

⑧ "대화와 전투."

WCC는 교회에는 사회적, 정치적 대화와 함께 전투적 부대낌이 필요하다고 말한다. 그러나 교회는 길이요 진리이며 생명이신 그리스도를 복음 가운데 전하는 곳이지 어떤 다른 방식으로 구원의 섭리를 추구하는 곳이 아니다.

⑨ "열린 미래."

WCC는 교회가 공동체의 요소인 인간에게 전적으로 개방되어 있다고 말한다. 그리하여 결국 교회의 일이 사람의 일이 되어 버린다. 여기에서 교회가 하나님의 작정을 이루는 도구라는 사실이 지적되지 않는다. 교회의 사람의 일 자체가 하나님의 일이 되는 것이다.[99]

'교회의 연합(Ökumene der Kirche)'을 '인류의 연합(Ökumene der Menschen)'으로 이해하는 이러한 접근은 이미 웁살라 총회 이후에 추진되었다. 그 기수는 인도의 신학자 스탠리 사마르타(Stanley Samartha)이다. 그는 콕스(Cox)와 고가르텐(Gogarten) 등의 세속화신학에 영향을 받았다. 그는 자신의 책에서 '수정된 기독론'을 제시한다. 그것은 그리스도의 인성에서 보편적인 가치를 찾고, 다른 종교 안에 있는 익명의 그리스도인들을 교회의 구성원으로 인정하고자 하는 비기독교적인 이론이다. 그리스도의 중보의 유일성은 이미 신화가 되고 말았다.[100]

사마르타의 입장은 교리를 초월하여 그리스도의 인성에 기초한 혼합주의를 추구하고 이를 "그리스도 중심적인 혼합주의(Christuszentrischer Syncretismus)"라고 명명한 인도의 신학자 토마스에게서도 동일하게 나타난다.[101] 이들은 교회의 연합이 아니라 인류의 연합을 에큐메니즘의 이상으로 제시하면서, 신성과 연합한 가운데 고유하게 작용하는 그리스도의 인성을 '보편적 인간성(gemeinsames Menschsein)'으로 대체한다.[102]

교회의 본질을 인류의 연합으로 이해하는 이러한 관점은 교회를 성례로 여

---

[99] "Unity of the Church-Unity of Mankind," 42-46.
[100] Stanley Samartha, *One Christ-Many Religions. Toward a Revised Christology*(Maryknoll, N.Y.: Orbis Books, 1991).
[101] 이 부분에 대한 논의는 다음 글을 참고하라. 김영한, "WCC 종교대화 프로그램 전개 과정에 대한 비판적 성찰," 10-22.
[102] 다음을 참고하라. C. F. Hallencreutz, "Mission as Dialogue," in P. Beyerhaus and C. F. Hallencreutz, ed., *The Church Crossing Frontiers*(Lund 1969), 28; 김영한, "WCC 종교대화 프로그램 전개 과정에 대한 비판적 성찰," 14에서 재인용하였다.

기는 입장과 일맥상통한다. WCC는 교회가 그리스도의 살아 계심과 일하심을 드러내기 때문에 성례적인 역할을 한다고 본다. 그들은 교회가 기존의 공동체로서 세상 가운데서, 세상과 더불어 하나의 연합체를 만들어 가는 일을 감당하기 때문에 성례 또는 표징이라 불릴 수 있다고 주장한다.[103] 물론 성례에는 은혜의 방편으로서의 현재적인 은총이 분명히 있다. 그러나 본질적으로 그 일차적 의의는 그리스도께서 다 이루신 의를 성도들에게 전가해 주시는 은혜를 기념하는 것임을 명심해야 한다.

기독교의 본질은 사회적, 정치적 해방에 있지 않다.[104] 구원은 역사적 정황(historical praxis) 가운데 정반합(正反合)의 진보를 이루어 내는 것이 아니다.[105] WCC는 지금 우리가 '종교적 회심 이후의 시대'를 살고 있다고 규정한다. 이제 기독교적 회심이 절대적인 가치를 가지는 것이 아니며, 교회가 보편적인 인류의 공동선을 일차적으로 추구해야 한다는 것이다.[106] 그러나 교회가 사회 참여나 정치 참여, 그리고 인류의 보편적인 경제 가치를 추구하는 것으로는 구원에 이르는 길을 제시할 수가 없다. 먼저 그의 나라와 의를 구할 때 다른 모든 것을 더하신다는 것이 성경의 변하지 않는 가르침이다(마 6:33 참고).[107]

이 땅에 오신 예수님은 모범적인 사회적, 정치적 삶을 살았던 한 사람으로서

---

[103] 다음을 참고하라. Müller-Fahrenholz, *Unity in Today's World, The Faith and Order Studies on "Unity of the Church-Unity of Humankind,"* 78-82.

[104] 다음을 참고하라. Langdon Gilkey, "The Political Dimensions of Theology," in Brian Mahan and L. Dale Richesin, ed., *The Challenge of Liberation Theology: A First World Response*(New York: Orbis, 1981), 113-126. 길키는 신구약성경이 제시하는 죄관과 구원관이 본질적으로 정치적이라고 본다.

[105] 다음을 참고하라. Schubert M. Ogden, "The Concept of a Theology of Liberation: Must a Christian Theology Today Be So Conceived?" in Mahan and Richesin, ed., *The Challenge of Liberation Theology: A First World Response,* 127-140. 옥덴은 역사적 정황 가운데서 성경을 다시 읽는 것이 기독교 신학의 지향점이라고 본다.

[106] 다음을 참고하라. 김영한, "WCC 종교대화 프로그램 전개 과정에 대한 비판적 성찰," 28-30.

[107] 다음을 참고하라. 황봉환, "WCC의 성경관에 대한 비판," 대한예수교장로회총회 WCC 대책위원회, 홍정이·문병호 엮음, 『WCC는 우리와 무엇이 다른가?』(서울: 대한예수교장로회총회 출판부, 2011), 294-298.

우리에게 교훈이 되고자 하시지 않았다.[108] 과연 무엇이 구원을 증언하는가? 복음인가, 아니면 정황인가? 무엇이 케리그마인가? 복음 자체인가, 아니면 복음에 대한 정황적 반응인가?[109] 우리가 추구해야 할 것이 예수님을 믿는 것이 아니라 예수님의 정황적 믿음을 닮아 가는 것인가? 과연 정황 가운데 우주적 해방과 일치를 이루어 낼 수 있는 비밀이 숨겨져 있는가?[110]

교회의 구원론은 마르크스(Marx)의 혁명론과 같은 이론적 궤적을 그리는가? 하나님은 프로메테우스(Prometheus)의 남은 일을 이루고자 자신의 아들을 제2의 프로메테우스로 이 땅에 보내셨는가?[111] 오직 정황적이고 가시적인 것만이 하나님의 종말론적인 다스림의 표인가?[112]

WCC가 복음을 단지 사회적 책임의 관점에서 정황적으로만 이해하는 것은 처음과 끝을 뒤바꾸는 일이다. 그리스도인은 사회적 책임을 다해야 한다. 칼빈과 그 뒤를 잇는 개혁주의 신학자들은 그리스도인의 삶의 교리를 강조했다. 그리스도인은 이제 죄에서 해방된 자유인의 삶을 산다. 그리스도인의 자유는 세상의 멍에를 벗어 버리고 주님의 멍에를 메는 것이다(마 11:29 참고). 주님 안에서 자유로운 자는 이제 죄로부터 해방되어 의에게 종이 되었다(롬 6:18 참고).

---

[108] 다음을 참고하라. Aloysius Pieris, S. J., An Asian Theology of Liberation(New York: Orbis, 1988), 59-65. 여기에서 아시아 해방신학은 서구의 관념에 묶인 '그리스도'로부터 역사적이며 현실적인 '예수'로 돌아가자는 기독론적 인식 전환에서 기인했다고 지적된다.
[109] 다음을 참고하라. Raul Vidales, "How Should We Speak of Christ Today?" in José Míguez Bonino, ed., Robert R. Barr, tr., Faces of Jesus. Latin American Christologies(New York: Orbis, 1985), 153-158.
[110] 다음을 참고하라. Lamberto Schuurman, Christology in Latin America, in Bonino, ed., Barr, tr., Faces of Jesus. Latin American Christologies, 180-181.
[111] 다음을 참고하라. Jan Millic Lochman, Christ and Prometheus? A Quest for Theological Identity (Geneva: WCC, 1988), 23-40. 프로메테우스는 불을 훔쳐 세상에 들여온 신으로서, 인류의 보편적 공영에 이바지한 표상으로 제시된다.
[112] Ernst Käsemann, "The Eschatological Royal Reign of God," in Your Kingdom Come: Mission Perspectives. Report on the World Conference on Mission and Evangelism. Melbourne, Australia 12-25 May 1980(Geneva: WCC, 1980), 61-71. 저자는 이 땅에 오신 주님께서 하나님의 왕국을 선포하고 이루어 가신 일을 이제 지상의 교회가 종말론적으로 감당하도록 부여받았다고 본다.

의의 종은 주와 함께 영광을 받기 위하여 주와 함께 고난도 받는다. 그리하여 주와 함께 하나님 나라의 상속자가 된다(롬 8:17 참고).

참된 그리스도인은 이 땅에서 살면서 사회적 책임을 등한히 여기지 않는다. 오직 구원받은 사람만이 사회적 책임에 진정으로 충실하다. 왜냐하면 모든 영역에서 구원의 은총이 작용하여 열매를 맺기 때문이다. 다만 사회적 책임을 다하는 것이 구원의 조건이 될 수는 없다. 그리스도인의 사회적 책임은 올바른 교리적 토대 위에서 수행될 때 올바르게 구현될 수 있다.[113]

제5차 나이로비 총회에서는 교회의 연합을 인류의 연합과 동일시하는 것을 넘어서 피조물 간의 연합도 이와 동일한 차원에서 다루기에 이르렀다.[114] 그리스도의 의의 전가로 말미암아 성도가 그분과 한 몸을 이루는 표로 작용하는 성례적 은총을 어떻게 언약의 당사자가 될 수 없는 우주 만물에 동일하게 적용할 수 있겠는가? 이러한 주장은 교회를 그저 가시적, 기구적, 물질적으로 이해하는 오류에서 비롯된 것이다. 은총의 교회를 자연의 군집으로 간주하는 오류이다. 오직 "일치"라는 명분으로 말이다!

---

[113] 다음을 참고하라. 황봉환, "WCC의 성경관에 대한 비판," 298-305. 여기서 저자는 로잔 언약(Lausanne Covenant)을 개혁주의적인 사회 참여의 지침으로 제시한다.
[114] 다음을 참고하라. Müller-Fahrenholz, *Unity in Today's World*, The Faith and Order Studies on "Unity of the Church-Unity of Humankind," 95-99.

'Uniting' of the Church and 'Unity' of the Doctrine

5장
결론

1. 교회의 비밀: 가시적, 그리고 비가시적
2. 교회와 그리스도: 유비가 아닌 고유한 연합체
3. WCC의 비성경적, 반교리적 에큐메니즘

5장

결론

　'에큐메니칼'은 '오이쿠메네'의 형용사 형태로서 명사화된 단어이다. '오이쿠메네'가 역사상 추구되거나 구현된 것이 '에큐메니칼'이다. 그리고 '에큐메니즘'은 '에큐메니칼 정신'을 뜻한다. 그러므로 '에큐메니즘'은 '역사적 오이쿠메네'라고 할 수 있다. '오이쿠메네'를 성경적 개념으로 받아들이는 한(우리는 반드시 그리해야 한다), '에큐메니즘'은 성경의 진리를 역사적으로 구현할 때에만 진정하다고 할 것이다.

　이 책을 통하여 우리는 WCC가 성경의 진리 가운데 에큐메니즘을 추구하는 것이 아니라 교리를 묻지 않고 연합과 일치를 추구하는 심각한 오류에 빠져 있음을 살펴보았다. 그들은 교회를 기구로 대체하려는 분명한 목적을 가지고 있다. 비록 그들 자신이 그렇지 않다고 믿는다 하더라도 그렇게 되어 있으며, 그렇게 될 수밖에 없다. 왜냐하면 하나님의 말씀의 절대성과 유일성을 부인하고서는 교회가 교회다울 수 없기 때문이다.

교회의 교회 됨을 버리고 교회의 연합으로 나아오라고 요청하는 것은 결국 모든 교회를 부인하고 그 연합체를 유일한 교회로 삼으라고 권유하는 것으로 볼 수밖에 없다. 이 책의 고찰을 통하여 우리는 WCC가 '협의회적 교제'라는 이름으로 주도면밀하게 추구하고 있는 '협의회성'에 숨어 있는 반기독교적인 의도를 신학적으로 직시하게 되었다. 이번 장에서는 그것을 결론적으로 정리한다.

1. 교회의 비밀: 가시적, 그리고 비가시적

교회는 교회의 머리이신 예수 그리스도와 연합하여 온전히 한 몸이 될 때 진리의 연합체로서 존재하게 된다. 왜냐하면 그분 안에 지혜와 지식의 모든 보화가 감추어져 있기 때문이다(골 2:3 참고). 참교회의 속성인 유일성(*una*), 거룩성(*sancta*), 보편성(*catholica*), 사도성(*apostolica*)은 교회가 성경적 진리인 사도들과 선지자들의 터, 곧 그들의 교훈 위에 세워졌으며 그리스도 예수를 그 모퉁잇돌로 한다는 사실에 기반을 두고 있다.

칼빈은 '기독교 강요'에서 사도신경의 "나는 거룩한 공교회를 믿습니다(*credo sanctam ecclesiam catholicam*)"를 해석하면서, 지상의 가시적 교회는 비가시적 교회를 전제하며 또한 그것을 지향한다는 점을 다음과 같이 교회의 특성을 논함으로써 설명한다.

"먼저, 우리는 거룩한 공교회(*ecclesiam catholicam*)를……믿는다(엡 1:9,10; 골 1:16 참고)……교회와 연합체는 하나이며 우리의 주님 그리스도께서 지도자이며 통치자이신 하나님의 백성도 하나이다. 그리스도께서 한 몸의 머리(*unius corporis caput*)와 같으시므로……이 백성은 그분 안에서 하나님의 인자하심으로 말미암아 창세전에 선택되었다(엡 1:4 참고).

이 연합체(societas)는 보편적(catholica), 즉 전체적(universalis)이다. 왜냐하면 교회가 둘 혹은 셋으로 발견될 수 없기 때문이다. 반면에 하나님이 선택하신 자들은 모두 그리스도 안에서 하나가 되고 통합되어(uniuntur ac coadunantur, 엡 1:22,23 참고), 같은 몸의 지체들이(eiusdem corporis membra, 롬 12:5; 고전 10:17, 12:12,27 참고) 한 머리에 달려 한 몸으로 결합되듯이 함께 짜여 서로 하나가 된다(inter se compositone cohaerentes, 엡 4:16 참고). 한 믿음, 소망, 사랑, 그리고 같은 영생의 상속으로 부름 받아(vocati) 동일한 하나님의 영으로 사는 사람들은 참으로 하나가(vere unum) 된다.

하나님의 영원한 섭리에 의하여 선택되어 교회의 지체들로 가입한 사람들은 그 수만큼 모두 주님에 의해서 거룩해지므로 교회는 거룩하다(sancta, 요 17:17-19; 엡 5:25-32 참고)."[1]

여기에서 칼빈은 교회의 본질을 교회의 머리이신 그리스도와 지체들인 성도들로 구성된 몸, 곧 연합체(societas)라는 교회의 성격에서 찾는다. 하나님의 백성으로 선택되고 부름을 받아 한 믿음과 소망과 사랑으로 살아가는 사람들이 '참으로 하나가 된다'고 명시함으로써, 비가시적 교회의 보편성을 무시하고서는 가시적 교회의 연합이나 일치를 말할 수 없음을 강조하고 있다.

성도들의 교제는 비가시적 교회의 본질에 터를 잡고 있을 때에만 의미가 있다. 가시적 교회의 연합 또는 일치는 비가시적 교회를 추구해야 한다. 교회의 지체의 수만큼 교회가 거룩해진다는 위의 말은 이러한 맥락에서만 올바로 이

---

[1] Christianae religionis institutio, . . ., 1536. Ioannis Calvini opera selecta, edidit Petrus Barth, volumen I: Scripta Calvini ab anno 1533 usque ad annum 1541 continens(München: Chr. Kaiser Verlag, 1926), 86. 번역판. 『라틴어 직역 기독교 강요 1536판』, 문병호 옮김(서울: 생명의 말씀사, 2009), 2.21.

해될 수 있다.[2]

　가시적 교회는 비가시적 교회에 대한 성례적인 표징이 될 수 없다. 성도는 성찬의 떡과 잔을 믿음으로 먹고 마심으로써 주님의 살과 피에 영적으로, 그러나 실제적으로(*spiritualis sed realis*) 참여하게 된다. 연합은 성찬을 받듯이 가시적 교회에 참여하여 비가시적 교회의 임재를 체험하는 것이 아니다. 가시적 교회는 비가시적 교회의 성례적 표징이 아니다. 가시적 교회는 그 자체로 실제적인 것으로서 비가시적 교회를 전제하고, 그 가운데 포함되고, 그것을 지향하기 때문이다. 성례의 표징은 완전하지만 지상교회는 완전하지 않다. 교회는 주님의 말씀을 통하여 성령이 가르치신 대로 순종할 수 있는 자리에 서 있다는 측면에서 완전을 향하여 나아가는 과정에 있을 뿐이다.[3]

　가시적 교회와 비가시적 교회의 연속성을 논할 때는 먼저 비가시적 교회의 본질을 다루어야 한다. 이를 위해서 교회의 머리이신 그리스도와 지체들인 성도들의 연합을 신학적이며 교리적으로 추구하여야 한다. 왜냐하면 성경의 진리가 교회의 고백으로 체계를 갖추고 종합되는 과정에 교리(*doctrina*)가 형성되었기 때문이다.

　교리를 통하여 성경의 진리가 교회 내적으로는 교훈적이며 교회 외적으로는 변증적인 목적을 감당하게 된다. 교리는 가시적인 지상교회가 성경의 진리를 받아들여 선포한 고백적 진술이다. 지상의 교회는 교리를 떠나서는 존재할 수 없다. 교회의 교리는, 그 초기 형태인 사도신경과 신앙의 규범에서 보듯이, 교훈적이며 변증적인 역할을 처음부터 감당해 왔다.[4]

　가시적 교회의 표지는 비가시적 교회의 본질에서 파생되는 성도의 표지

---

2) 비가시적 교회에 대한 참된 이해에 기초해야만 가시적 교회를 조직체뿐만 아니라 유기체로 보는 시각을 견지할 수 있다. 다음을 참고하라. 박형룡, 『박형룡 박사 저작전집 VI, 교의신학 교회론』, 46-50.
3) *Christianae religionis institutio*, . . ., 1536. *Ioannis Calvini opera selecta*, 244. 『라틴어 직역 기독교강요 1536판』, 6.23.

(*nota fidelium*)와 함께 논의되어야 한다. 진정한 성도의 가치는 단순히 형식적 예배에 참석하고 가시적인 윤리적 행위로 공로를 쌓는 데 그치는 것이 아니라 참믿음 가운데 하나님의 참음성을 듣는 심령의 감화와 고백이 있을 때 나타난다.[5] 그러므로 성도의 신앙고백을 무시하고 추진되는 교회의 연합과 일치는 그 자체로 모순이다.

교회가 보편적이라는 것은 성령의 화해시키는 능력으로 조성한 새로운 인간성 가운데 가시적 일치를 이루어 낸다는 의미가 아니다.[6] 오히려 이러한 작위적 노력은 교회의 보편성이라는 이름 아래 교회의 본질적인 연합을 파괴하는 데 이른다. 교회에 대한 종말론적 이해는 지상교회의 가시성으로 천상교회의 본질을 유추하는 것이 아니다. 가시적 교회는 비가시적 교회와 구별되어야 한다. 가시적 교회는 그 자체로 비가시적 교회가 될 수 없음을 인식하는 것이 바로 종말론적 이해의 핵심이다.[7] 참교회의 비밀은 가시성과 비가시성에 대한 성경적 이해로부터 추구되어야 한다.

---

4) 릴백(Peter A. Lillback)은 '16세기 초반의 신앙고백적 작품들이 고백적(confessional), 변증적(apologetic), 형제애적(fraternal) 그리고 교육적(pedagogic)이었다'고 하였다. "Confessional Subscription among the Sixteenth Century Reformers," in *The Practice of Confessional Subscription*, ed., David W. Hall (Lanham: University Press of America, 1995), 59.
5) 다음을 참고하라. Wilhelm Neuser, "Calvin's Teaching on the *notae fidelium*: An Unnoticed Part of the Institutio 4.1.8," tr. Mark S. Burrows, in *Probing the Reformed Tradition: Historical Studies in Honor of Edward A. Dowey, Jr.* ed., Elsie Anne McKee and Brian G. Armstrong(Louisville: Westminster/John Knox, 1989), 90-91.
6) 이러한 입장에 대해서 다음을 참고하라. J. M. R. Tillard, "Spirit, Reconciliation, Church," *Ecumenical Review* 42/3-4(1990), 247-248. WCC 신앙과 직제위원회 부회장을 역임했던 저자는 이러한 교회의 가시적 연합의 도구들로 세례와 성찬, 직제를 언급한다. 저자는 교회 가운데서 나타나는 성령의 이러한 역사를 통하여 '성례적 환상(the eucharistic vision)'이 성취된다고 본다. 이에 대한 노르웨이의 루터란 신학자 펄 뢰닝(Per Lønning)의 비판에 대해서 다음을 참고하라. Link, "The Prophetic Spirit, the Church as a Community and Living Our Hope. Ecumenical Aspects of the Third Article of the Creed," 123-124.
7) 칼빈의 교회론을 가시적 교회론을 추구하는 에큐메니즘에 기초하여 전개한 다음 책을 참고하라. Lukas Vischer, *Pia Conspiratio: Calvin's Commitment to the Unity of Christ's Church*(Genève: Centre International Réformé John Knox, 2000).

첫째, 교회의 본질은 성도와 그리스도의 연합에 있으며, 비가시적이다. 비가시적 교회의 속성인 단일성, 보편성, 거룩성은 이러한 본질에서 파생한다.

둘째, 가시적 교회는 비가시적 교회를 전제로 하며, 그것을 지향한다. 가시적 교회는 비가시적 교회의 상징도 아니고, 성례적 표징도 아니다. 교회의 종말론적 의미는 구속사적-구원론적 관점으로만 올바로 파악된다. 그것은 단지 성례적으로 추구되는 것이 아니다. 지상교회의 성례적 의미가 곧 천상교회인 것은 아니다. 지상교회의 가시성이 곧 천상교회의 비가시성을 함의할 수는 없다. 그러므로 성도와 그리스도의 신비한 연합을 교회의 본질로 보지 않고서는 교회의 종말론적 의미를 말할 수 없다.

셋째, 가시적 교회의 연합과 일치는 비가시적 교회의 본질에 따라 교리적이어야 한다. 즉, 사도적이어야 한다. 교리는 교회가 서고 넘어지는 핵심 조항이 된다. 이것은 교회의 연합과 일치에도 적용된다.

넷째, 교회의 본질은 언약의 머리이신 그리스도와 그 지체들의 연합으로 파악되므로, 기독론에 대한 건전한 교리(*doctrina sana*)에 기초해야 한다. 교리의 건전성은 그것이 성경 진리에 대한 교회의 고백이라는 사실에서만 찾을 수 있다.

2. 교회와 그리스도: 유비가 아닌 고유한 연합체

WCC는 교회의 본질에 대한 합당한 이해 없이 명목상 성도와 그리스도의 연합을 말할 뿐이다.

"그리스도는 교회 안에 사시고, 교회는 그리스도 안에 산다. 그리스도는 자신의 교회 없이 계시지 않으며, 교회는 그리스도 없이 존재하지 않는다. 그리스도와 교회는 분리할 수 없는 하나이며, 왕과 그의 백성, 머릿돌과 성전, 머리와 몸이다."

그리스도께서 교회 없이 존재하지 않으신다는 말은 무슨 의미인가? 교회가 그리스도보다 앞서는가? 교회가 그리스도의 존재를 충족시키는가?

"우리를 위한 그리스도의 단회적인 죽음과 부활 안에서 그리스도에게 일어났던 일이 그리스도의 몸인 그분의 교회에도 일어난다……즉, 그리스도의 길이 교회의 길이다."[8]

마치 그리스도의 사역을 총괄갱신(recapitulation)하듯이 교회가 감당하고 있다고 보는 이러한 입장은 그리스도의 중보를 교회의 중보로 대체하는 로마 가톨릭의 교리와 유사하다.

종교개혁자들은 로마 가톨릭의 사제중보주의를 비판하면서 만인제사장주의를 제창하였다. 만인제사장주의는 성도가 주님의 자리를 차지하고 제사장이 된다는 의미가 아니라 하나님의 은혜가 성도에게 고르게 미침을 역설한 것이다. 루뱅 신앙과 직제위원회(1971)의 문서는 로마서 12장 1절의 "너희 몸을 하나님이 기뻐하시는 거룩한 산 제물로 드리라"라는 말씀을 성도가 왕 같은 제사장직(벧전 2:9 참고)을 수행한다는 의미로 해석한다.[9] 그러나 이 말씀은 일차적으로 성도의 헌신을 강조하는 구절이다. 교회든 성도든 유일하신 중보자 예수 그리스도를 대체할 수는 없다.

---

[8] 이러한 입장을 개진하면서 룬드 신앙과 직제위원회의 보고서는 다음과 같이 말한다. "에큐메니칼 운동의 진보를 위해서는 교회론이 기독론과 성령론과 밀접한 관계에서 다루어지는 것이 결정적으로 중요하다는 확신에 도달했다." Vischer, ed., *A Documentary History of the Faith and Order Movement 1927-1963*, 92. 로마 가톨릭의 미사는 교회가 그리스도의 자리에서 희생제사를 반복해서 드리는 것으로서, 예배의 개념과는 다르다.

[9] "The Ordained Ministry(1971)," in Gassmann, ed., *Documentary History of Faith and Order*, 116.

WCC는 교회의 본질을 무시하고 가시적 교회의 일치라는 관점에서만 편향되게 교회론을 전개해 왔다.

첫째, WCC는 교회의 본질을 가시적 교회의 교제로 파악한다. 그리고 이러한 가시적 교회의 교제에 대한 이해를 토대로 교회의 특성을 논한다.

둘째, WCC는 가시적 교회를 비가시적 교회의 성례적 표징으로 여기며, 이러한 이해 가운데서 가시적 교회를 성취하기 위한 비가시적 교회를 말한다. 그들은 성례론과 종말론에 관하여 혼동하고 있다.

셋째, WCC는 교회의 본질을 가시적인 교제로 파악하는 가운데 연합이나 일치를 추구한다. 비가시적 교회의 본질에 대한 이해가 결여되어 있으므로 교리보다 드러난 현상적인 교류를 우선시한다. 그들에게 교리는 교회의 서고 넘어짐의 조항이 아니라 부수적인 것에 불과하며, 사도적이라는 말은 단지 직제(職制)적이라는 의미를 가질 뿐이다.[10]

넷째, 기독론에 대한 이해가 모호하고 피상적이다. 예수 그리스도를 영원한 제2위이신 하나님의 아들로서 고백하기보다는 하나님 아버지께서 아들 가운데 나타나셨음을 거듭 강조할 뿐이다. 여기에는 신인양성의 위격적 연합에 대한 이해가 결여되어 있다.

다섯째, 성육신하신 중보자 그리스도의 위격과 사역을 성례적으로 이해한다. 그리스도의 인성의 가시적 특성으로부터 표징의 요소를 찾는다. 그리고 그 표징이 제시하는 바에 따라서 삼위일체를 세 위격의 협의회성으로 파악한다. 그리하여 삼위일체론과 기독론을 가시적으로 드러난 것에 대한 추상적 이미지를 다루는 교리 정도로 치부한다.

이러한 관점에서 그리스도의 인성에 따른 사역을 통한 삼위 하나님의 교제

---

10) WCC도 '사도적'과 '직제적'을 구별하기는 하지만 그 의미는 다르지 않다.

와 교회의 사역에 참여하는 것을 강조하는 '하나님의 선교'라는 개념이 전개된다.[11] '하나님의 선교' 개념은 하나님께서 세상에서 일하시는 데 교회가 참여한다는 의미를 함축한다. 그리하여 "하나님(God)-교회(Church)-세상(World)"에서 "하나님(God)-세상(World)-교회(Church)"로 순서가 바뀌게 되었다.[12]

3. WCC의 비성경적, 반교리적 에큐메니즘

WCC는 성경의 권위와 영감에 대해 모호한 입장을 가지고서, 성경을 실존적 정황에 따라 시대적으로 수립된 '하나의 전통(a tradition)'으로 여긴다. 다만 성경은 복음을 담고 있기 때문에 살아 있는 유일한 전통(Tradition)이 된다. 또한 복음은 정황적 해석을 기다리는 '원형적 전통(the Tradition)'이라고 불린다. 왜냐하면 이로부터 많은 전통들이(traditions) 양산되기 때문이다. 이러한 이해에 따르면, 절대 진리는 없고 변치 않는 자료만 남게 된다. 오직 진리는 해석된 진리, 즉 실존적 정황에 맞추어진 진리에 불과하다. 말씀의 선포는 없고 전통의 전승만이 있다. 비가시적인 절대성 또는 고유성이 가시적인 상대성 또는 보편성으로 대체된다. 그 과정에 교리별로 다양한 다원주의가 전개된다.

초대 교회에서부터 추구된 보편 교회(*ecclesia catholica*)는 교회의 연합체를

---

11) 다음을 참고하라. Karl Barth, "A Matter of Divine Purpose"; Jürgen Moltmann, "Messianic Mission"; Philip A. Potter, "Mission Is God's, Not Ours"; Anastasios of Androussa, "Participating in the Trinity," in Norman E. Thomas, ed. *Classic Texts in Mission and World Christianity*(Marynoll, NY: Orbis Books, 1995), 104-106, 110-112, 113-115, 119-121.
12) 다음을 참고하라. Johannes Hoekendijk, "God-World-Church," in *Classic Texts in Mission and World Christianity*, 124-127. 이러한 WCC 선교에 대한 반대 의견에 대해서 다음을 참고하라. 아더 존스톤, "로잔 세계복음화 선교대회," 한국복음주의선교학회 편역, 『에큐메닉스: 선교와 교회 일치』(서울: 성광문화사, 1988), 280-325. 여기에서는 특히 존 스토트(John Stott)와 김의환 박사 등의 견해가 전개된다. 한편 존 스토트가 비록 호켄다이크와 입장은 달리했으나 WCC의 "하나님의 선교" 개념을 수용했다고 주장하는 견해도 있다. 김은수, 『현대선교의 흐름과 주제』(서울: 대한기독교서회, 2010 개정증보), 122 이하.

이루는 것을 목적으로 했다. 그것은 지상교회의 제도적 또는 기구적 일치를 의미하지 않았다. 지상의 가시적 교회는 그 속성상 지역적(*localis*)이다. 지상교회의 연합은 그리스도의 머리 되심을 기초로 한다. 그것은 말씀 안에서 하나 됨을 의미한다. 제도적 연합 이전에 교리로 하나 됨을 추구해야 한다.

주님께서 나뉘지 않으시듯이 교회도 나뉘지 않는다(고전 1:13 참고). 그러나 교회는 오직 교리 안에서 하나이다. 그것은 '자격을 갖춘 일치(a qualified unity),' '진리 가운데의 일치(a unity-in-the-truth)'이어야 한다.[13] 교회는 성경 진리의 고백적 표현인 교리에 의하여 서고 넘어진다. 성경이 하나님의 말씀으로서 절대적이며 객관적인 진리가 되는 것은 그것이 하나님의 영감된 말씀이기 때문이다.[14]

성경의 영감성은 말씀이 하나님의 계시로서 스스로 존재한다는 사실을 전제로 한다. 성경은 기록된 영원하신 하나님의 말씀이다. 하나님의 말씀은 진리이다(요 14:6 참고). 하나님의 말씀으로서 진리는 영원히 스스로 존재한다. 그러므로 말씀의 진리는 절대적이고 객관적이다.[15] 성경의 진리는 성령의 영감으로 기록된 말씀으로 계시되기 때문에 오직 성령의 내적 조명과 감화를 통하여 믿음으로만 받아들여진다.[16] 성경은 해석된 후에 비로소 형성되는 일반

---

[13] Runia, "World Council of Churches as seen by the Reformed Ecumenical Synod," 398.
[14] 즉, 성경의 무오는 성경의 영감성과 권위성으로 전개되었다. 이에 관한 가장 효시적 작품으로 다음을 참고하라. W. Sanday, *Inspiration, Eight Lectures on the Early History and Origin of the Doctrine of Biblical Inspiration*(London: Longmans, Green, 1893), 3; H. D. McDonald, *Theories of Revelation: An Historical Study 1860-1960*(London: George Allen&Unwin, 1963), 196-373. 성경의 성령 영감성은 기록자와 기록물에도 미친다. 영감은 존재하는 진리에 관한 것이지 진리의 형성에 관한 것이 아니다. James Orr, *Revelation and Inspiration*(New York: Charles Scribner's Sons, 1916), 162-169, 197-218. 초대교회 교부들은 구약의 말씀이 이미 존재하는 진리라는 측면에서 성경의 성령 영감성을 견지했다. 다음을 참고하라. J. N. D. Kelly, *Early Christian Doctrines*, 4th ed.(London: Adam&Charles Black, 1968), 60-64.
[15] Cornelius Van Til, *The Defense of Faith*(Phillipsburg, N.J.: Presbyterian and Reformed Publishing, 1955), 39-41.
[16] 정통 개혁주의 신학자들은 이를 "신학의 원리" 또는 "계시의 원리"라고 부른다. 이에 관하여 본서 3장 1.1)을 참고하라.

적 텍스트가 아니다.[17] 오직 교회는 참교회이어야 하며, 참교리 위에 세워진 교회이어야 한다. 이것을 전제하지 않은 교회의 연합은 그 형태 여하를 막론하고 헛되며 결국 교회를 해칠 뿐이다.[18]

WCC는 일의적으로 정의할 수 없는 단체이다. WCC는 교회가 아니라고 하면서도 사실상 교회를 추구하고 있다. 또한 교회들의 협의체로서의 고유함을 내세우지만, 교회의 본질에 대한 바람직한 이해가 결여되어 있다. WCC는 교회들이 교리적으로 충돌하는 것들은 그대로 두고(부정적 일치, a negative consensus) 공감하는 것만을 공유한다(능동적 일치, an active consensus). 그리하여 나름대로 그들만의 고유한 정체성(*sui generis*)을 수립하고자 한다.[19]

WCC는 교회의 본질과 속성을 언급하지만 교회를 부정하고, 그 가운데서 그저 바벨탑을 쌓아 가듯이 교회를 회상하는 모임이며, 성경을 전통이라는 이름으로 수립하고 그만큼만 인용하며 성경의 진리보다 성경을 통한 실존적 삶의 기술을 더욱 근본적인 것으로 여기는 비성경적인 모임이다.

또한 WCC는 성경의 진리를 교리로서 고백하되, 그 진리에 대한 다양한 이해를 병존(竝存)시키고, 변증법에 능한 해석자들을 모아 보고서 형식으로 교리를 대체하려고 하는 반교리적 모임이다. 성경은 유일한 것에 대한 다른 것은 거짓되다고 말한다(갈 1:6-9 참고). WCC는 하나님께서 연합과 일치를 이미 주셨다고 하지만, 도대체 그들이 받은 것이 무엇인지, 그것이 어떠한지에 대한

---

[17] 다음을 참고하라. William Tabbernee, "BEM and the Eucharist: A Case Study in Ecumenical Hermeneutics," 19: "해석되지 않은 텍스트는 없다. 모든 텍스트는(성경을 포함하여) 해석하는 공동체의 산물이며, 해석하는 공동체에 속하고, 그 공동체에 의해서 빚어진 사람들에 의해서 읽힌다(그리고 해석된다).
[18] 대체로 WCC의 가시적 교회 일치론을 반대하는 입장에서 개진되는 복음주의에 관해서 다음을 참고하라. Mark Ellingsen, *The Evangelical Movement: Growth, Impact, Controversy, Dialogue*(Minneapolis: Augsburg Publishing House, 1988).
[19] 다음을 참고하라. Lukas Vischer, "Drawn and Held Together by the Reconciling Power of Christ: Reflections on the Unity of the Church towards the Fifth Assembly of the WCC," *Ecumenical Review* 26/2(1974), 180-182.

참된 지식이 없다. 받았다고는 하지만 받지 않은 듯하니, 모든 것이 인위적이다(고전 4:7 참고). 구원의 소명은 부차적인 것이 되고 기구적 연합을 위한 그릇된 열심만이 남게 되었으니, 먼저 그들은 하나님께서 자신들을 떠낸 반석과 자신들을 파낸 우묵한 구덩이를 생각해야 할 것이다(사 51:1 참고).

WCC를 신학적으로 다루면서 만나는 어려움은 다분히 신학의 주제 그 자체로부터 생긴다. WCC는 성경의 절대 진리에 대해서 말하려고 하면 신학이라는 이름으로 도피한다. 그리고 정작 신학을 통하여 절대 진리를 추구하려고 하면 다시금 성경의 다의적 의미 또는 상황적 의미라는 관점으로 도망친다.

그들은 성경과 교리의 수수께끼 또는 난점(conundrum)을 극복한다고 하지만, 사실 양자 사이를 변증법적으로 왕복하고 있을 뿐이다. WCC는 성경적 진리나 정통적 교리에 대한 올바른 이해를 문제 삼지 않고, '교회의 연합을 방해하거나 촉진할 수 있는 비신학적 요소들'에 붙들려 그것들에 대한 논의를 정치적, 사회적, 문화적, 인류학적으로 다루고 있을 뿐이다.[20]

교회는 성경적 진리를 온전하게 붙들고자 했을 때 오히려 편협하지 않았으며 본연의 사명을 충실하게 감당했다. 초대 교회의 교부들과 종교개혁자들은 교회의 연합과 일치를 위하여 자신들의 목숨도 내놓았다. 그러나 그들은 교회의 순수성을 추구하는 가운데서 그렇게 하였다. 기독교 교회사는 어느 시대에서건 하나님께서 혼합주의와 다원주의를 사용해서 교회 일치의 섭리를 행하신 적이 없었다는 사실을 알려 준다.

---

[20] WCC, "Non-Theological Factors that May Hinder or Accelerate the Church Unity. Report of a Conference Held at the Ecumenical Institute at Bossey in November 1951," in C. H. Dodd, G. R. Cragg, Jacques Ellul, *Social and Cultural Factors in Church Divisions*(New York: 1952), 26-33. 이 보고서를 작성하기 전에 논의된 학자들의 견해 중에서 도드(C. H. Dodd)는 교회의 분열이 대화의 문제가 아니라 사적이며 신앙고백적 문제라고 지적했다. 그러나 그의 의견이 그대로 반영되지는 않았다. "A Letter Concerning Unavowed Motives in Ecumenical Discussions," in *Social and Cultural Factors in Church Divisions*, 7-11.

개혁교회는 역사상 하나의 분파가 아니라 오직 성경의 반석 위에 서 있는 교회로서 자신의 정체성을 지켜 왔다. 개혁교회에 속한 교회와 성도들은, 생명의 진리를 양보하고 모더니즘과 포스트모더니즘의 흐름에 편승하여 트렌트 종교회의(The Council of Trent)의 교리를 더욱 강화하고 있는 로마 가톨릭과 교리적으로 화해하고자 추구해서는 안 된다. 또한 전통의 권위에 매여 우상을 숭배하고 결정적으로 기독론에 관하여 온전하지 못한 동방 교회를 '떠낸 반석과 파낸 우묵한 구덩이'로 여기는 WCC에 머물러서도 안 되며, 마땅히 그것을 배척해야 한다.[21] "성경적 현실주의(biblical realism)"라는 이름으로 진리를 정황에 종속시킬 수는 없기 때문이다.[22]

한때 신앙과 직제위원회의 총무로서 로마 가톨릭과의 연합에 힘썼던 루카스 피셔는 로마 가톨릭의 에큐메니즘이 오늘날 '더욱 로마적(more Roman)'으로 흘러간다고 지적하고, 로마 가톨릭이 제2차 바티칸 공의회 이후 더욱 독자적이 된 것은 사실이지만 지역교회 개념에 대해서는 오히려 열린 부분이 있으므로 회원 교회로 받아들이는 데 힘써야 한다고 하였다. 다만 그런 경우 WCC는 새로운 체계와 방식을 갖추고 새로운 가치를 추구해야 할 것이라고 하였

---

[21] 개혁교회세계연맹(WARC)은 WCC의 에큐메니칼 운동이 "비개혁적이며(un-Reformed)" "그리스도 중심적 보편구원론(Christocentric universalism)"을 추구한다고 비판해 왔다. Karin Sporre, "'Then Shall Your Light Break Forth': The WCC between History and the Future: 'Common' Understanding and Vision in the Late Twentieth Century," *Ecumenical Review* 46/4(1994), 448,450.
[22] WCC가 헨드릭 크래머(Hendrik Kraemer)의 "성경적 현실주의(biblical realsim)"를 어떻게 우주적, 문화적, 이념적, 종교적으로 적용해 왔는가에 대해 다음 글들을 참고하라. Emilio Castro, ed. "The church and the world of religions and cultures: Kraemer in retrospect," *Ecumenical Review* 41/1(1989), 4-49. 여기에 세 편의 글이 실려 있다. Philip A. Potter, "WCC and the World of Religions and Cultures"(4-9), D. C. Mulder, "The Dialogue between Cultures and Religions: Kraemer's Contribution in the Light of Later Developments"(13-19), S. Wesley Ariarajah, "Christian Minorities amidst Other Faith Traditions: A Third-World Contributions"(20-29), Elisabeth Adler, "Dialogue in the Second World"(30-35), C. A. van Peursen, "Towards a Post-Secular Era"(36-40), Bert Hoedemaker, "Kraemer Reassessed"(41-49). 각각의 논문들은 분야별로 다루어졌는데, 다양한 문화들, 이념들, 종교들을 "가능성들(possibilities)"로 보았다.

다.²³⁾ 이러한 피셔의 잘못된 호소가 나온 지 벌써 40년이 넘었다. 사실 WCC는 지금까지 그러한 '새로운 체계와 방식'을 주도면밀하게 준비해 왔다.

일찍이 박윤선 박사는 WCC가 정치적인 문제로 쟁점화되기 이전에 순수한 교리적 관점에서 자신의 견해를 피력하였다. 1950년에 발표한 자신의 소책자에서 그는 "우리 장로회는 세계기독교연합회(World Council of Churches)에 참여하고 있습니다. 그런데 이 회에 참가하고 있는 것이 우리 장로교 교리에 위반인 것입니다"라고 지적한 바 있다.²⁴⁾ 그는 성경 진리의 절대성을 부인하는 WCC에 참석하는 것 자체가 비진리라고 보았다. 이는 WCC가 모든 사람을 초대한다고 하는 것이 사실상 성경 진리에 절대적으로 서 있는 사람의 존재 자체를 거부하는 것임을 간파하였기 때문이다.

오직 하나님께서 자신을 낮추어 우리에게 맞추어 주신 계시만이 그분의 섭리이며 경륜을 드러낸다. 계시된 진리는 맞추어진 진리이지만 참되다. 하나님의 맞추심(accommodation)은 세속적인 의인화(anthropomorphism)와는 다르다. 궁극적 가치는 성경의 진리에 있다. WCC는 성경 진리를 상대화하고, 그것을 다양하게 받아들이는 방식을 믿음의 의향 곧 전통이라고 하며, 각각의 다양한 전통을 받아들이는 것을 교제라 하고, 그 받아들임의 궁극적 양상을 협의회적 교제에서 찾는다.²⁵⁾

WCC에 따르면, "오직 성경으로(sola Scriptura)"라는 종교개혁의 원리는 '성경이 전통의 부분이요 전통에 뿌리내리고 있다'는 가정 아래 가능하다.²⁶⁾ 그러나 어찌 개혁교회의 진리를 로마 가톨릭의 '진리의 계층질서(hierachy of truths)'

---

23) "The World Council of Churches—Fellowship of All Churches," *Ecumenical Review* 20/3(1968), 225-244.
24) 박윤선, 『대한예수교장로회는 어디로 가나?』(1950), 18.
25) 이러한 논법이 잘 표현된 글로 다음을 참고하라. Anton Houtepen, "Reception, Tradtion, Communion," in Max Thurian, ed., *Ecumenical Perspectives on Baptism, Eucharist and Ministry*, 140-160.
26) Flesseman-van Leer, *The Bible: Its Authority and Interpretation in the Ecumenical Movement*, 3.

에 편입하겠는가? 어찌 진주를 돼지에게 주겠는가? 어찌 가장 좋은 포도나무에서 들포도를 구하겠는가?

칼빈이 주장한 바와 같이, 참교회와 참성도의 제일의 표지는 말씀에 대한 복종이다. 진리의 성령의 다스림을 받지 않는 곳에는 참교회도 없다. 교회가 비진리로 나아갈 때 홀로라도 남아서 진리를 외치는 것은 교회를 분열시키는 것이 아니라 하나로 모으는 것이다. 종교개혁 이후 다시 로마 가톨릭으로 돌아가려는 제네바 사람들에게 칼빈은 그들이 재개종한 추기경 사도렛(Sadolet)의 간교에 넘어가지 않도록 다음과 같이 권면했으며, 그리하여 제네바교회를 말씀의 진리의 터 위에 굳게 세웠다. 진정한 에큐메니즘은 그리스도로부터 시작해서 그리스도 안에서 멈춰야 한다는 사실을, 칼빈은 여기에서 분명히 적시하고 있다.

"참으로 그들은 나에게 교회 분파자라는 비난을 퍼붓곤 합니다. 그러나 나는 그러한 잘못에 대해서 책임이 없습니다. 겁에 질려 흩어진 군인들이 대열에서 멀리 벗어난 것을 보고서 대장의 깃발을 쳐들어 그들을 제 위치로 돌아오게 하는 사람이 있다면, 그를 탈주자로 여겨서는 안 될 것입니다……나는 방황하는 사람들을 모으기 위해 낯선 깃발이 아니라 주님의 찬란한 기치(旗幟)를 들었습니다. 만약 우리가 주님의 백성으로 여겨지기를 원한다면, 반드시 우리는 그것을 따라가야 할 것입니다……오 주님, 참으로 죄가 있는 자들을 판결하는 분은 주님이십니다. 저는 항상 하나 됨을 위하여 말과 행동에 열심을 다하여 매진해 왔습니다. 참으로 저에게 그것은 주님으로부터 시작되고 주님 안에서 멈춰야 하는 교회의 하나 됨이었습니다."[27]

우리는 또한 이 글을 통해서 진리 가운데서 하나 됨을 외치는 사람을 오히려 교회 분파자로 몰아가는 세태야말로 가장 교묘하게 교회의 분열을 꾀하고 있다는 사실을 깨닫게 된다. 교회의 일치는 진리 가운데서 이루어질 때만 평강이 된다. 이 진리는 참교회의 머리 되시는 주님 자신이다(요 14:6 참조). 교회의 본질을 그리스도와의 연합에 두고 그 가운데 하나 됨을 추구하는 것이 에큐메니즘의 유일한 길이다.

칼빈은 이어서 다음 말로 이것을 완곡하게 표현하고 있다.

"주님이 우리에게 평강과 일치를 권하며 동시에 그것들을 보여 주실 때마다 주님이 그것들을 지켜 가는 유일한 고리가 되십니다. 만약 제가 자신들을 교회의 지도자이며 신앙의 기둥이라고 우쭐대는 사람들과 더불어 평강을 누리기를 원했더라면, 저는 주님의 진리를 부인하는 대가로 그것을 사야 했을 것입니다."28)

교리가 다른데도 그 옳고 그름을 가리지 않고 그저 기구적으로 모이기만 힘쓰는 WCC의 "'그럼에도 불구하고' 신학(*quamvis' theologia*)"은29) 교회의 이

---

27) John Calvin, *Jacobi Sadoleti Romani Cardinalis Epistola ad senatum populumque Genevensem, qua in obedientiam Romani pontificis eos reducere conatur. Ioannis Calvini Responsio*, 1539. CO 5.409: "*Quod autem mihi de discessione ab ecclesia obiicere soliti sunt, neque in eo male mihi conscius sum: nisi forte pro desertore habendus est, qui ubi milites fusos ac palatos videt procul ordines reliquisse, signo ducis sublato, eos in stationes suas revocat......Ego, ut eos ab errore colligerem, non alienum signum sustuli, sed insigne illud tuum vexillum, quod nobis sequi necesse est, si volumus in populo tuo censeri......Verum penes quos sit culpa, tuum est nunc pronunciare, o Domine. Ego semper et verbis et factis testatus sum, quanto unitatis studio tenerer. Verum illa mihi erat ecclesiae unitas, quae abs te inciperet, ac in te desineret.*"
28) "*Quoties enim pacem et consensionem nobis commendasti, simul ostendisti, te unicum esse illius conservandae vinculum. Me, si pacem habere vellem cum iis qui se iactabant ecclesiae praesules et fidei columnas, eam redimere oportebat veritatis tuae abnegatione.*"
29) 필자가 이렇게 명명하는 데는 교리에 대한 논의를 회피하고 단지 와 보라는 초청만 남발하는 WCC에 속한 신학자들이나 지도자들에게 경각심을 불러 일으키고자 하는 의도도 있다. 제10차 부산 총회를 준비하는 작금의 상황은 이러한 경향이 더욱 심각하게 나타난다.

름으로 교회를 해치려는 세속의 질서를 추구할 뿐이다. 이것을 지적하고 비판하는 것은 변증적 의무를 지닌 모든 참성도들에게 지극히 합당한 일이다. 하물며 말씀의 진리를 해석하고 그것을 수호해야 할 교사로서 본연의 직무를 가진 신학자에게는 더 말할 나위도 없다.

"Soli Deo Gloria in Aeternum!(영원히 오직 하나님께만 영광을 올립니다)"

'Uniting' of the Church and 'Unity' of the Doctrine

부 록

/

참고문헌
인명색인

참고문헌

Adams, Lawrence E. "The WCC at Canberra: Which Spirit?" *First Things* 14(1991).

Barth, Karl. *Church Dogmatics*, vol.1. *The Doctrine of the Word of God. Part I*, tr. G. W. Bromiley(Edinburgh: T.&T. Clark, 1975).

--------"The Church-The Living Congregation of the Living Lord Jesus Christ," in *World Council of Churches, Man's Disorder and God's Design: An Omnibus Volume of the Amsterdam Assembly Series Prepared under the Auspices of the First Assembly of the World Council of Churches Including the Official Findings of the Four Sections*, Vol.1. *The Universal Church in God's Design*(New York: Haper&Brothers, 1948).

--------*The Doctrine of the Word of God*, tr. G. T. Thomson(Edinburgh: T.&T. Clark, 1936).

--------"A Matter of Divine Purpose," in Norman E. Thomas, ed., *Classic Texts in Mission and World Christianity*(Marynoll, NY: Orbis Books, 1995).

Bavinck, Herman. *Reformed Dogmatics. Volume 1. Prolegomena*, ed., John Bolt. tr. John Vriend(Grand Rapids: Baker, 2003).

--------*Reformed Dogmatics, Volume 3. Sin and Salvation in Christ*, ed., John Bolt. tr. John Vriend(Grand Rapids: Baker, 2006).

--------*Reformed Dogmatics, Volume 4: Holy Spirit, Church, and New Creation*, ed., John Bolt. tr. John Vriend(Grand Rapids: Baker, 2005).

Best, Thomas F. "Beyond Unity-in-Tension. Prague: the Issues and the Experience in Ecumenical Perspective," in Thomas F. Best, ed., *Beyond Unity-in-Tension: Unity, Renewal and the Community of Women and Men*, Faith and Order Paper No.138(Geneva: WCC, 1988).

Bobrinskoy, Boris. "The Filioque Yesterday and Today," in *Spirit of God, Spirit of Christ: Ecumenical Reflections on the Filioque Controversy*, Faith and

Order Paper No.103(London: SPCK, 1981).

Brinkman, Marien E. *Progress in Unity? Fifty Years of Theology within the World Council of Churches: 1945-1995. A Study Guide*(Louvain: Peeters Press, 1995).

Brunner, Emil. *Revelation and Reason*, tr. Olive Wyon(London: S.C.M Press, 1947).

Calvin, John. *Institutes of the Christian Religion*, ed., John T. McNeill. tr. Ford Lewis Battles, Library of Christian Classics, vols.20-21(Philadelphia: Westminster Press, 1960).

--------*Jacobi Sadoleti Romani Cardinalis Epistola ad senatum populumque Genevensem, qua in obedientiam Romani pontificis eos reducere conatur. Ioannis Calvini Responsio, 1539.*

Castro, Emilio. ed., "The church and the world of religions and cultures : Kraemer in retrospect," *Ecumenical Review* 41/1(1989).

Christensen, Michael J. and Wittung, Jeffery A. ed., *Partakers of the Divine Nature: The Historical and Development of Deification in the Christian Traditions* (Grand Rapids: Baker Academic, 2007).

Clapsis, Emmanuel. "Does the Church Have a Sacramental Nature? An Orthodox Perspective," in Tamara Grdzelidze, ed., *One, Holy, Catholic and Apostolics: Ecumenical Reflections on the Church*, Faith and Order Paper No.197 (Geneva: WCC, 1998).

Clowney, Edmund P. *The Church*(Downers Grove, IL: InterVarsity Press, 1995).

Crawford, Janet. "Becoming a Christian: The Ecumenical Challenge of Our Common Baptism," in Thomas F. Best and Dagmar Heller, ed., *Becoming a Christian: The Ecumenical Challenge of Our Common Baptism*, Faith and Order Paper No.184(Geneva: WCC, 1999).

Cressey, Martin. "'Scripture, Tradition and traditions': A Reflection on the Studies of This Issue in the 1960s," in Peter Bouteneff and Dagmar Heller, ed., *Interpreting Together: Essays in Hermenuetics*(Geneva: WCC, 2001).

Ellingsen, Mark. *The Evangelical Movement: Growth, Impact, Controversy, Dialogue*(Minneapolis: Augsburg Publishing House, 1988).

Ferguson, Sinclair B. *The Holy Spirit*(Downers Grove, IL: IVP, 1996).

Fiorenza, Elisabeth Schüssler. "Liberation, Unity and Equality in Community: a New Testament Case Study," in Thomas F. Best, ed., *Beyond Unity-in-Tension: Unity, Renewal and the Community of Women and Men*, Faith and Order Paper No.138(Geneva: WCC, 1988).

Fitzgerald, Thomas E. *The Ecumenical Movement: An Introductory History*(London: Praeger, 2004).

Flesseman-Van Leer, Ellen. *The Bible: Its Authority and Interpretation in the Ecumenical Movement*, Faith and Order Paper No.99(Geneva: WCC, 1983).

Gaffin, Richard B. Jr. *Perspectives on Pentecost: New Testament Teaching on the Gifts of the Holy Spirit*(Phillipsburg, NJ: Presbyterian and Reformed Publishing, 1979).

Garrigues, Jean-Miguel. "A Roman Catholic View of the Position Now Reached in the Question of the Filioque," in *Spirit of God, Spirit of Christ: Ecumenical Reflections on the Filioque Controversy*, Faith and Order Paper No.103(London: SPCK, 1981).

Geernaert, Donna. "Church as Koinonia/Church as Sacrament," in Tamara Grdzelidze, ed., *One, Holy, Catholic and Apostolic: Ecumenical Reflections on the Church*, Faith and Order Paper No.197(Geneva: WCC, 1998).

George, Timothy. "The Sacramentality of the Church: An Evangelical Baptist Perspective," in Tamara Grdzelidze, ed., *One, Holy, Catholic and Apostolic: Ecumenical Reflections on the Church*, Faith and Order Paper No.197(Geneva: WCC, 1998).

Gilkey, Langdon. "The Political Dimensions of Theology," in Brian Mahan and L. Dale Richesin, ed., *The Challenge of Liberation Theology: A First World Response*(New York: Orbis, 1981).

Guroian, Vigen. "On Baptism and the Spirit: The Ethical Significance of the Marks of the Church," in Thomas F. Best and Dagmar Heller, ed., *Becoming a Christian: The Ecumenical Challenge of Our Common Baptism*, Faith and Order Paper No.184(Geneva: WCC, 1999).

Held, Heinz-Joachim. "According to the Scriptures," *Ecumenical Review*, 37/2(1985).

Heron, Alasdair. "The Filioque in Recent Reformed Theology," in *Spirit of God, Spirit of Christ: Ecumenical Reflections on the Filioque Controversy*, Faith and Order Paper No.103(London: SPCK, 1981).

Hodgson, Dorothy L. ed., *Faith and Order, Edinburgh 1937*(London: SCM Press, 1938).

Hoekendijk, Johannes. "God-World-Church," in Norman E. Thomas, ed., *Classic Texts in Mission and World Christianity*(Marynoll, NY: Orbis Books, 1995).

Houtepen, Anton. "Hermeneutics and Ecumenism: The Art of Understanding a Communicative God," in Peter Bouteneff and Dagmar Heller, ed., *Interpreting Together: Essays in Hermenuetics*(Geneva: WCC, 2001).

Hunsberger, George R. *Bearing Witness of the Spirit: Lesslie Newbigin's Theology of Cultural Plurality*(Grand Rapids: Eerdmans, 1998).

Hunsinger, George. *Disruptive Grace: Studies in the Theology of Karl Barth*(Grand Rapids: Eerdmans, 2000).

John of Pergamon, Metropolitan. "The Church as Communion: A Presentation on the World Conference Theme," in Thomas F. Best and Günther Gassman, ed., *On the Way to Fuller Koinonia*, Faith and Order Paper No.16(Geneva: WCC, 1994).

Kelly, J. N. D. *Early Christian Doctrines*, 4th ed.(London: Adam&Charles Black, 1968).

Keshishian, Aram. *Conciliar Fellowship. A Common Goal*(Geneva: WCC, 1992).

Kinnamon, Michael and Cope, Brian E. ed., *The Ecumenical Movement: An Anthology of Key Texts and Voices*(Geneva: WCC, 1997).

Kuyper, Abraham. *Principles of Sacred Theology*, tr. J. Hendrik De Vries(Grand Rapids: Eerdmans, 1980).

Lane, Anthony N. S. *Justification by Faith in Catholic-Protestant Dialogue: An Evangelical Assessment*(Edinburgh: T.&T. Clark, 2002).

Lanne, Emmanuel. "Conciliarity," in *Dictionary of the Ecumenical Movement*, ed., Nicholas Lossky et. al. 2nd edition(Geneva: WCC, 2002).

Lillback, Peter A. "Confessional Subscription among the Sixteenth Century Reformers," in *The Practice of Confessional Subscription*, ed., David W. Hall (Lanham: University Press of America, 1995).

Limouris, Gennadios. "The Church as Mystery and Sign in Relation to the Holy Trinity--In Ecclesiological Perspectives," in Gennadios Limouris, ed., *Church Kingdom World: The Church as Mystery and Prophetic Sign*, Faith and Order Paper No.130(Geneva: WCC, 1986).

--------"The Physiognomy of BEM after Lima in the Present Ecumenical Situation," *Greek Orthodox Theological Review* 30/2(1985).

--------"The Unity of the Church and the Renewal of Human Coummunity: A Historical Survey," in Limouris, *Church Kingdom World: The Church as Mystery and Prophetic Sign*.

Link, Hans-Georg. "Fullness of Faith. The Process of an Ecumenical Explication of the Apostolic Faith," in Hans-Georg Link, ed., *One God One Lord One Spirit*, Faith and Order Paper No.139(Geneva: WCC, 1988).

--------"The Prophetic Spirit, the Church as a Community and Living Our Hope. Ecumenical Aspects of the Third Article of the Creed," in Hans-Georg Link, ed., *One God One Lord One Spirit*, Faith and Order Paper No.139(Geneva: WCC, 1988).

Lossky, Nicholas. "Tradition Revisited," in Peter Bouteneff and Dagmar Heller, ed., *Interpreting Together*: Essays in Hermenuetics(Geneva: WCC, 2001).

Maraschin, Jaci. "Baptism in Latin America and Its Cultural Settings," in Thomas F. Best and Dagmar Heller, ed., *Becoming a Christian: The Ecumenical Challenge of Our Common Baptism*, Faith and Order Paper No.184(Geneva: WCC, 1999).

McCormack, Bruce L. "Participation in God, Yes; Deification, No," in Orthodox and Modern: Studies in the Theology of Karl Barth(Grand Rapids: Baker Academic, 2008).

McDonald, H. D. *Theories of Revelation: An Historical Study 1860-1960*(London: George Allen&Unwin, 1963).

McNeill, John T. *Unitive Protestantism: The Ecumenical Spirit and Its Persistent Expression*(Richmond: John Knox Press, 1964).

Meeking, Basil and Stott, John. ed., *The Evangelical-Roman Catholic Dialogue on*

Mission 1977-1984(Grand Rapids: Eerdmans, 1986).
Moltmann, Jürgen. "Henriette Visser't Hooft and Karl Barth," Theology Today 55/4 (1999).
--------"Messianic Mission," in Norman E. Thomas, ed., Classic Texts in Mission and World Christianity(Marynoll, NY: Orbis Books, 1995).
--------"Theological Proposals towards the Resolution of the Filioque Controversy," in Spirit of God, Spirit of Christ: Ecumenical Reflections on the Filioque Controversy, Faith and Order Paper No.103(London: SPCK, 1981).
Mudge, Lewis S. "Convegence on Baptism," in Max Thurian, ed., Ecumenical Perspectives on Baptism, Eucharist and Ministry, Faith and Order Paper No.116(Geneva: WCC, 1983).
Müller-Fahrenholz, Geiko. Unity in Today's World, The Faith and Order Studies on "Unity of the Church-Unity of Humankind," Faith and Order Paper No.88(Geneva: WCC, 1978).
Neuser, Wilhelm. "Calvin's Teaching on the notae fidelium: An Unnoticed Part of the Institutio 4.1.8," tr. Mark S. Burrows, in Probing the Reformed Tradition: Historical Studies in Honor of Edward A. Dowey, Jr. ed., Elsie Anne McKee and Brian G. Armstrong(Louisville: Westminster/John Knox, 1989).
Nissiotis, Nikos A. "The Church as a Sacramental Vision and the Challenge of Christian Witness," in Gennadios Limouris, ed., Church Kingdom World: The Church as Mystery and Prophetic Sign, Faith and Order Paper No.130 (Geneva: WCC, 1986).
Nugent, Donald. Ecumenism in the Age of the Reformation: The Colloquy of Poissy (Harvard: Harvard University Press, 1974).
Oberman, Heiko A. "Quo vadis, Petre? Tradition from Irenaeus to Humani Generis," in The Dawn of the Reformation: Essays in Late Medieval and Early Reformation Thought(Edinburgh: T.&T. Clark, 1992).
Ogden, Schubert M. "The Concept of a Theology of Liberation: Must a Christian Theology Today Be So Conceived?" in Brian Mahan and L. Dale Richesin, ed., The Challenge of Liberation Theology: A First World Response(New

York: Orbis, 1981).

Orphanos, Markos A. "The Procession of the Holy Spirit According to Certain Later Greek Fathers," in *Spirit of God, Spirit of Christ: Ecumenical Reflections on the Filioque Controversy*, Faith and Order Paper No.103(London: SPCK, 1981).

Potter, Phillip A. "Mission Is God's, Not Ours"; Anastasios of Androussa, "Participating in the Trinity," in Norman E. Thomas, ed., *Classic Texts in Mission and World Christianity*(Marynoll, NY: Orbis Books, 1995).

─────"WCC and the World of Religions and Cultures," *Ecumenical Review* 41/1 (1989).

Prokurat, Michael. "The Pneumatological Dimension in the Hermeneutical Task," Peter Boutencff and Dagmar Heller, ed., *Interpreting Together*: Essays in Hermenuetics(Geneva: WCC, 2001).

Pugliese, Marc A. "How Important Is the *Filioque* for Reformed Orthodoxy." *Westminster Theological Journal* 66(2004).

Raiser, Konrad. "Ecumenical Influences on Theology," in *Dictionary of the Ecumenical Movement*, ed., Nicholas Lossky et. al. 2nd edition(Geneva: WCC, 2002).

─────"Thirty Years in the Service of the Ecumenical Movement: The Joint Working Group Between the Roman Catholic Church and the WCC," *Ecumenical Review* 47/4(1995).

Reumann, John. "Koinonia in Scripture: Survey of Biblical Texts," in Thomas F. Best and Günther Gassman, ed., *On the Way to Fuller Koinonia*, Faith and Order Paper No.166(Geneva: WCC, 1994).

Ritschl, Dietrich. "Historical Development and Implications of the Filioque Controversy," in *Spirit of God, Spirit of Christ: Ecumenical Reflections on the Filioque Controversy*, Faith and Order Paper No.103(London: SPCK, 1981).

Runia, Klaas. "World Council of Churches as seen by the Reformed Ecumenical Synod," *Ecumenical Review*, 27/4(1975).

Sanday, W. *Inspiration, Eight Lectures on the Early History and Origin of the Doctrine of Biblical Inspiration*(London: Longmans, Green, 1893).

Samartha, Stanley. *One Christ-Many Religions. Toward a Revised Christology*(Maryknoll, N.Y.: Orbis Books, 1991).

Schaff, Philip. *The Creeds of Christendom with a History and Critical Notes*, Vol.2. *The Greek and Latin Creeds*, rep.(Grand Rapids: Baker, 1996).

--------*The Creeds of Christendom with a History and Critical Notes*, Vol.3. *The Evangelical Protestant Creeds*, rep.(Grand Rapids: Baker, 1983).

Schleiermacher, Friedrich. Der christliche Glaube nach den Grundsätzen der evangelischen Kirche in Zusamenhange dargestellt, Band 1 und Band 2(Berlin: Georg Reimer, 1821, 1822).

Staniloae, Dumitru. "The Mystery of the Church," in Gennadios Limouris, ed., *Church Kingdom World: The Church as Mystery and Prophetic Sign*, Faith and Order Paper No.130(Geneva: WCC, 1986).

--------"The Procession of the Holy Spirit from the Father and His Relation to the Son, as the Basis of Our Deification and Adoption," in *Spirit of God, Spirit of Christ: Ecumenical Reflections on the Filioque Controversy*, Faith and Order Paper No.103(London: SPCK, 1981).

Stalder, Kurt. "The Filioque in the Old Catholic Churches: The Chief Phases of Theological Reflection and Church Pronouncements," in *Spirit of God, Spirit of Christ: Ecumenical Reflections on the Filioque Controversy*, Faith and Order Paper No.103(London: SPCK, 1981).

Strenopoulos, Germanos. "Unto the Churches of Christ everywhere," Encyclical of the Ecumenical Patriarchate, 1920, in Visser't Hooft, *The Genesis and Formation of the World Council of Churches*(Geneva: World Council of Churches, 1987).

Tabbernee, William. "BEM and the Eucharist: A Case Study in Ecumenical Hermenuetics," in Peter Bouteneff and Dagmar Heller, ed., *Interpreting Together: Essays in Hermenuetics*(Geneva: WCC, 2001).

Tanner, Mary. "The Tasks of the World Conference in the Perspective of the Future," in Thomas Best and Günther Gassman, ed., *On the Way to Fuller Koinonia*, Faith and Order Paper No.166(Geneva: WCC, 1994).

--------"Towards Visible Unity: Commission on Faith and Order, Lima 1982," in

"Community Study and the Unity of the Church and Renewal of Human Community," in Michael Kinnomon, ed., Faith and Order Paper No.113 (Geneva: WCC, 1982).

Temple, William. "Explanatory memorandum on the Constitution of the World Council of Churches," in Visser't Hooft, *The Genesis and Formation of the World Council of Churches*(Geneva: World Council of Churches, 1987).

Thurian, Max. "The Eucharistic Memorial, Sacrifice of Praise and Supplication," in Max Thurian, ed., *Ecumenical Perspectives on Baptism, Eucharist and Ministry*, Faith and Order Paper No.116(Geneva: WCC, 1983).

Tillard, J. M. R. "The Eucharist, Gift of God," in Max Thurian, ed., *Ecumenical Perspectives on Baptism, Eucharist and Ministry*, Faith and Order Paper No.116(Geneva: WCC, 1983).

--------"Spirit, Reconciliation, Church," *Ecumenical Review* 42/3-4(1990).

Torrance, T. F. *Theology in Reconciliation: Essays towards Evangelical and Catholic Unity in the East and West*(Grand Rapids: Eerdmans, 1975).

Van Der Bent, Ans J. and Werner, Dietrich. "Ecumenical Conferences," in *Dictionary of the Ecumenical Movement*, ed., Nicholas Lossky et. al., 2nd edition (Geneva: WCC, 2002).

Vanelderen, Marlin. ed., *And So Set up Signs... The World Council of Churches' First 40 Years*(Geneva: WCC, 1988).

Van Til, Cornelius. *The Defense of Faith*(Phillipsburg, N.J.: Presbyterian and Reformed Publishing, 1955).

--------*The Protestant Doctrine of Scripture. In Defense of the Faith*. vol.1(Ripon, CA: den Dulk Christian Foundation, 1967).

Vischer, Lukas. "Drawn and Held Together by the Reconciling Power of Christ: Reflections on the Unity of the Church towards the Fifth Assembly of the WCC," *Ecumenical Review* 26/2(1974).

--------ed., *A Documentary History of the Faith and Order Movement 1927-1963* (St. Louis: Bethany Press, 1963).

--------*Pia Conspiratio: Calvin's Commitment to the Unity of Christ's Church*

(Genève: Centre International Rèformè John Knox, 2000).

Visser't Hooft, W. A. "Karl Barth and the Ecumenical Movement," *Ecumenical Review* 32/2(1980).

────── *The Genesis and Formation of the World Council of Churches*(Geneva: World Council of Churches, 1987).

────── *A History of the Ecumenical Movement*(1517-1848), vol.1, ed., Ruth Rouse and Stephen Charles Neill(London: SPCK, 1986).

────── "The Significance of the World Council of Churches," in *World Council of Churches, Man's Disorder and God's Design: An Omnibus Volume of the Amsterdam Assembly Series Prepared under the Auspices of the First Assembly of the World Council of Churches Including the Official Findings of the Four Sections*, vol.1. *The Universal Church in God's Design* (New York: Haper&Brothers, 1948).

Wagner, Gunter. "Baptism from Accra to Lima," in Max Thurian, ed., *Ecumenical Perspectives on Baptism, Eucharist and Ministry*, Faith and Order Paper No.116(Geneva: WCC, 1983).

Wainwright, Geoffrey. *The Ecumenical Movement. Crisis and Opportunity for the Church*(Grand Rapids: Eerdmans, 1983).

────── "Faith and Order within or without the WCC," *Ecumenical Review* 45/1 (1993).

Warfield, B. B. "The Person of Christ," in The Works of Benjamin B. Warfield. Vol.2 (New York: Oxford University Press).

WCC. *Baptism, Eucharist and Ministry*, Faith and Order Paper No.119(Geneva: WCC, 1982).

────── "Baar Statement." http://www.oikoumene.org/en/resources/documents/wcc-programmes/interreligious-dialogue-and-cooperation/christian-identity-in-pluralistic-societies/baar-statement-theological-perspectives-on-plurality.html.

────── "Beyond Intercommunion: On the Way to Communion in the Eucharist (1971)," in Günther Gassmann, ed., *Documentary History of Faith and*

Order, Faith and Order Paper No.159(Geneva: WCC, 1993).

--------"Called to Be the One Church: An invitation to the churches to renew their commitment to the search for unity and the deepen their dialogue," in http://www.oikoumene.org/en/resources/documents/assembly/porto-alegre-2006.....

--------"Calling the Churches to the Goal of Visible Unity(1975)," in Günther Gassmann, ed., *Documentary History of Faith and Order*, Faith and Order Paper No.159(Geneva: WCC, 1993).

--------*The Christian Hope and the Task of the Church*(New York: Haper&Bros., 1954).

--------*Church and World: The Unity of the Church and the Renewal of Human Community, A Faith and Order Study Document*, Faith and Order Paper No.151(Geneva: WCC, 1990).

--------*The Churches Survey Their Task, The Report of the Oxford Conference on Church, Community and State*, vol.8(London: Allen&Unwin Ltd., 1937).

--------*Confessing the One Faith: An Ecumenical Explication of the Apostolic Faith as It Is Confessed in the Nicene-Constantinopolitan Creed(381)*, Revised Edition(Eugene, OR: Wipf and Stock, 2000).

--------*Councils and the Ecumenical Movement*, World Council Studies 5(Geneva: WCC, 1968).

--------"Faith and Order By-Laws, 3.1," in Thomas F. Best, ed., *Faith and Order at the Crossroads: The Plenary Commission Meeting, Kuala Lumpur 2004*, Faith and Order Paper No.196(Geneva: WCC, 2005).

--------*Faith and Order, Louvain, 1971. Study Reports and Documents*, Faith and Order Paper No.59(Geneva: WCC, 1971).

--------"A Fellowship of Local Churches Truly United(1976)," in Günther Gassmann, ed., *Documentary History of Faith and Order*, Faith and Order Paper No.159(Geneva: WCC, 1993).

--------"The Filioque Clause in Ecumenical Perspective," in *Spirit of God, Spirit of Christ: Ecumenical Reflections on the Filioque Controversy*, Faith and

Order Paper No.103(London: SPCK, 1981).
--------*The First Assembly of the World Council of Churches, Amsterdam 1948* (London: SCM Press, 1949).
--------"The Holy Eucharist(1967)," in Günther Gassmann, ed., *Documentary History of Faith and Order*, Faith and Order Paper No.159(Geneva: WCC, 1993).
--------*The Nature and Mission of the Church-A Stage on the Way to a Common Statement*, Faith and Order Paper No.198(2005). http://www.oikoumene.org/en/resources/documents/wcc-commissions/faith-and-order
--------*The New Delhi Report*(New York: Association Press, 1961).
--------New Delhi Speaks(London: SCM Press, 1962).
--------"Non-Theological Factors that May Hinder or Accelerate the Church Unity. Report of a Conference Held at the Ecumenical Institute at Bossey in November 1951," in C. H. Dodd, G. R. Cragg, Jacques Ellul, *Social and Cultural Factors in Church Divisions*(New York: 1952).
--------"The Ordained Ministry(1971)," in Günther Gassmann, ed., *Documentary History of Faith and Order*, Faith and Order Paper No.159(Geneva: WCC, 1993).
--------"Prologue: The Draft Study of 1969 on the Theme 'Unity of the Church-Unity of Mankind'," in Müller-Fahrenholz, *Unity in Today's World, The Faith and Order Studies on "Unity of the Church-Unity of Humankind,"* Faith and Order Paper No.88(Geneva: WCC, 1978).
--------"Scripture, Tradition and Traditions(1963)," in Günther Gassmann, ed., *Documentary History of Faith and Order*, Faith and Order Paper No.159 (Geneva: WCC, 1993).
--------"Together on the Way: Being Together under the Cross in Africa: The Assembly Message." http://www.wcc-coe.org/wcc/assembly/fmesc-e.html.
--------"Towards Unity in Tension(1974)," in Günther Gassmann, ed., *Documentary History of Faith and Order*, Faith and Order Paper No.159(Geneva: WCC, 1993).

--------*Towards Visible Unity*. Commission on Faith and Order. 2 vols(Lima, 1982).

--------*A Treasure in Earthen Vessels: An Instrument for an Ecumenical Reflection on Hermeneutics the Nature and Mission of the Church-A Stage on the Way to a Common Statement*(2005). http://www.oikoumene.org/en/resources/documents/wcc-commissions/faith-and-order-commission/...

--------"The Unity of the Church--Next Steps(1973)," in Günther Gassmann, ed., *Documentary History of Faith and Order*, Faith and Order Paper No.159 (Geneva: WCC, 1993).

--------"Unity of the Church--Unity of Mankind(1973)," in Günther Gassmann, ed., *Documentary History of Faith and Order*, Faith and Order Paper No.159(Geneva: WCC, 1993).

--------*The Uppsala Report, Official Report of the Fourth Assembly of the World Council of Churches*(Geneva: WCC, 1968).

--------"We believe in One God. An Ecumenical Explication. Report of a Faith and Order Consultation held at Kinshasa, Zaire, 14-22 March 1985," in Hans-Georg Link, ed., *One God One Lord One Spirit*, Faith and Order Paper No.139(Geneva: WCC, 1988).

--------"We believe in One Lord Jesus Christ. An Ecumenical Explication. Report of a Faith and Order Consultation held at Kottayam, India, 14-22 November 1984," in Hans-Georg Link, ed., *One God One Lord One Spirit*, Faith and Order Paper No.139(Geneva: WCC, 1988).

--------"What Unity Requires," in *Breaking Barriers: Nairobi 1975, Official Report of the Fifth Assembly of the WCC, Nairobi, 1975*(London: SPCK, 1976).

--------*World Conference on Church and Society, Official Report*(Geneva: WCC, 1967).

Wyatt, Peter. *Jesus Christ and Creation in the Theology of John Calvin*(Allison Park, Pa.: Pickwick Publications, 1996).

레훼버, 에네스트 W. 『암스테르담에서 나이로비 대회까지: W.C.C.와 제3세계』, 전호진 옮김 (서울: 한국기독교교육연구원, 1981).

루니아, 클라아스. 『현대의 종교개혁』, 이종전 옮김(서울: 아벨서원, 2004).

벤엘데린, 말린. 『세계교회협의회 40년사』(서울: 한국장로교출판사, 1993).

------세계교회협의회 엮음, 『세계교회협의회 역대총회 종합보고서』, 이형기 옮김(서울: 한국장로교출판사, 1993).

피셔, 루카스. 『새롭게 보는 교회사』, 주재용 옮김(서울: 대한기독교서회, 1995).

존스톤, 아더. "로잔 세계복음화 선교대회," 한국복음주의선교학회 편역, 『에큐메닉스: 선교와 교회 일치』(서울: 성광문화사, 1988).

권성수. "WCC 신학을 어떻게 볼 것인가?" 총회신학부 편저, 『WCC 어떻게 대처할 것인가?』 (서울: 대한예수교장로회총회 교육개발원, 2010), 10-38.

권호덕. "WCC 리마 문서의 성례 이해," 『한국 개혁신학』 31(2011), 40-71.

금주섭. "WCC는 구원의 통전성과 일치 속의 선교를 지향한다," 『목회와 신학』(2010, 4), 80-90.

김길성. "WCC 성경관 비판," 대한예수교장로회총회 WCC 대책연구위원회/총신개혁신학센터, 문병호 엮음, 『WCC 신학 비판』(서울: 목양사, 2010), 29-36.

------"WCC 한국 총회를 앞둔 한국 교회의 방향과 전망," 대한예수교장로회 WCC 대책위원회, 홍정이·문병호 엮음, 『WCC는 우리와 무엇이 다른가?』(서울: 대한예수교장로회총회 출판부, 2011), 26-48.

김영한. "WCC 종교대화 프로그램 전개 과정에 대한 비판적 성찰," 『한국 개혁신학』 31(2011), 7-39.

김은수. 『현대 선교의 흐름과 주제(개정증보)』(서울: 대한기독교서회, 2010).

김정준. 『에큐메니칼 운동 해설』(서울: 대한기독교서회, 1957).

김홍만. "WCC의 타 종교와의 대화에 대한 역사적 고찰," 『역사신학논총』 19(2010), 8-34.

대한예수교장로회총회 WCC 대책연구위원회/총신개혁신학센터. 문병호 엮음, 『WCC 신학 비판』(서울: 목양사, 2010).

대한예수교장로회총회 WCC 대책위원회. 홍정이·문병호 엮음, 『WCC는 우리와 무엇이 다른가?』(서울: 대한예수교장로회총회 출판부, 2011).

문병호. "비(非)성경적, 반(反)교리적: WCC의 가시적 교회 일치론 비판," 『역사신학논총』 19(2010), 40-61.

------"WCC 기독론 비판: 위격적 연합 교리를 중심으로," 대한예수교장로회총회 WCC 대책위원회, 홍정이·문병호 엮음, 『WCC는 우리와 무엇이 다른가?』(서울: 대한예수교장로회총회 출판부, 2011), 139-162.

------"WCC 삼위일체론, 기독론, 성령론 비판," 대한예수교장로회총회 WCC 대책연구위원

회/총신개혁신학센터, 문병호 엮음, 『WCC 신학 비판』(서울: 목양사, 2010), 37-45.

박건택. "칼뱅과 BEM 문서의 성찬론 고찰," 『신학지남』(1994, 여름), 153-183.

박명수. "WCC는 통전적 전도를 지향하지 않는다," 『목회와 신학』(2010, 4), 68-79.

------"WCC와 복음 전도: WCC는 과연 복음 전도를 강조하는가?" 『역사신학논총』19(2010), 63-95.

박성원. "WCC 세계대회 개최의 의미와 한국 교회의 의의," 『월간목회』(2010, 9), 50-59.

박용규. 『한국기독교회사 2. 1910-1960』(서울: 생명의 말씀사, 2004).

박윤만. "WCC의 선교관에 대한 개혁주의 입장," 대한예수교장로회총회 WCC 대책위원회, 홍정이·문병호 엮음, 『WCC는 우리와 무엇이 다른가?』(서울: 대한예수교장로회총회 출판부, 2011), 254-278.

박종화. "WCC의 신학을 말한다," 『월간목회』(2010, 9), 36-49.

박형룡. 『신복음주의 비판』(서울: 신망애사, 1972).

-----『박형룡 박사 저작전집 Ⅵ, 교의신학 교회론』(서울: 한국기독교교육연구원, 1977).

------『현대신학비평 하권』, 『박형룡 박사 저작전집 Ⅸ』(서울: 한국기독교교육연구원, 1977).

------『박형룡 박사 저작전집 ⅩⅣ, 신학논문 (하)권』(서울: 기독교교육연구원, 1997).

배본철. "WCC 선교론의 변천과 논제," 『역사신학논총』19(2010), 100-118.

서철원. 『성령신학(개정판)』(서울: 총신대학교출판부, 2006).

------"세계교회협의회의 신학변천 개관," 총회신학부 편저, 『WCC 어떻게 대처할 것인가?』(서울: 대한예수교장로회총회 교육개발원, 2010), 40-87.

이범성. "에큐메니칼 운동에 대한예장통합교단(PCK)의 입장," 대한예수교장로회총회 에큐메니칼위원회 엮음, 『21세기 한국 교회의 에큐메니칼 운동』(서울: 대한기독교서회, 2008), 47-59.

이승구. "WCC의 문제점에 관한 한 고찰," 『백석신학저널』18(2010, 봄), 61-74.

이은선. "세계교회협의회(World Council of Churches, WCC)의 탄생과 역사," 『역사신학논총』19(2010), 121-157.

이형기. 『복음주의와 에큐메니칼 운동의 세 흐름에 나타난 신학』(서울: 한국장로교출판사, 1999).

------"제7차 총회: 호주 캔버라(1991년)의 보고서," 말린 벤엘데린 엮음, 『세계교회협의회 40년사』(서울: 한국장로교출판사, 1993).

장동민. "WCC 에큐메니칼 운동의 역사와 쟁점," 『백석신학저널』18(2010), 15-35.

정규오. 『신학적 입장에서 본 한국장로교회사(1)』(광주: 한국복음주의문서협회, 1983).

정병준. "최근 한국 교회 내부의 WCC 비판의 근거에 대한 역사적 고찰,"『백석신학저널』18 (2010, 봄), 49-60.

정준모.『개혁신학과 WCC 에큐메니즘』(서울: 목양, 2010).

------ "WCC 종교다원주의 비판," 대한예수교장로회총회 WCC 대책위원회, 홍정이·문병호 엮음, 『WCC는 우리와 무엇이 다른가?』(서울: 대한예수교장로회총회 출판부, 2011), 217-252.

최홍석. "신론과 연루된 WCC의 신학적 입장에 대한 비판," 대한예수교장로회총회 WCC 대책위원회, 홍정이·문병호 엮음, 『WCC는 우리와 무엇이 다른가?』(서울: 대한예수교장로회총회 출판부, 2011), 96-138.

한수환. "WCC의 사회윤리 입장에 대한 신학적 비판(동성애 문제를 중심으로)," 대한예수교장로회총회 WCC 대책위원회, 홍정이·문병호 엮음, 『WCC는 우리와 무엇이 다른가?』(서울: 대한예수교장로회총회 출판부, 2011), 307-336.

황대우. "세계교회협의회(WCC)와 종교다원주의: 1990년의 바르 선언문(Baar Statement)을 중심으로,"『역사신학논총』19(2010), 162-184.

황봉환. "WCC의 성경관에 대한 비판," 대한예수교장로회총회 WCC 대책위원회, 홍정이·문병호 엮음, 『WCC는 우리와 무엇이 다른가?』(서울: 대한예수교장로회총회 출판부, 2011), 279-306.

황성일. "WCC의 성경관에 대한 비판," 대한예수교장로회총회 WCC 대책위원회, 홍정이·문병호 엮음, 『WCC는 우리와 무엇이 다른가?』(서울: 대한예수교장로회총회 출판부, 2011), 76-95.

인명색인

Adams, Lawrence E. 51
Apollinarius. 33
Athanasius. 92, 105, 106
Augustine. 85, 92, 96, 101, 107, 153

Barth, Karl. 73, 78, 105, 107-108,
　　119, 121, 142-143, 157, 163, 187
Bavinck, Herman. 59, 67, 122
Best, Thomas F. 66, 68-69, 70
Bobrinskoy, Boris. 107
Bonhoeffer, Dietrich. 58
Brown, Raymond. 65
Brunner, Emil. 141
Bultmann, Rudolf. 116

Calvin, John. 18, 32, 44, 82, 96,
　　101, 105, 113, 122, 175, 180-
　　181, 183, 193-194
Castro, Emilio. 191
Clapsis, Emmanuel. 157
Clowney, Edmund P. 60
Crawford, Janet. 128
Cressey, Martin. 80

Daniélou, Jean. 143

Dodd, C. H. 190

Ellingsen, Mark. 189
Euthyches. 33

Ferguson, Sinclair B. 102
Fiorenza, Elisabeth Schüssler. 70
Fitzgerald, Thomas E. 133
Flesseman-Van Leer, Ellen.
　　66-68, 192.

Gaffin, Richard B. Jr. 102
Garrigues, Jean-Miguel. 107
Geernaert, Donna. 160, 161
Gentile, Valentine. 96
George, Timothy. 155
Gilkey, Langdon. 174
Gregory the Cypriot. 106
Guevara, Che. 170
Guroian, Vigen. 128, 129

Held, Heinz-Joachim. 80
Heron, Alasdair. 107
Hodgson, Dorothy L. 167
Hoekendijk, Johannes. 146, 187

부록 213

Houtepen, Anton. 192
Hunsberger, George R. 78
Hunsinger, George. 121

John of Pergamon, Metropolitan. 145

Kant, Immanuel. 172
Käsemann, Ernst. 65
Kelly, J. N. D. 188
Keshishian, Aram. 139, 144
Kobia, Samuel. 31
Kraemer, Hendrik. 191
Kuyper, Abraham. 67

Lane, Anthony N. S. 60
Lanne, Emmanuel. 137
Lillback, Peter A. 183
Limouris, Gennadios. 125, 156, 162, 165
Link, Hans-Georg. 87-88, 94, 183
Lodberg, Peter. 52
Lossky, Nicholas. 76
Lønning, Per. 183
Luther, Martin. 105, 159

Maraschin, Jaci. 129
Marx, Karl. 175
McCormack, Bruce L. 108-109
McDonald, H. D. 188

McIntire, Carl. 23, 29
McNeill, John T. 33, 60
Moltmann, Jürgen. 107-108, 142, 187
Mudge, Lewis S. 127
Müller-Fahrenholz, Geiko. 137, 167-174

Nestorius. 33
Neuser, Wilhelm. 183
Newbigin, Lesslie. 139
Nissiotis, Nikos A. 163-164
Nugent, Donald. 60

Oberman, Heiko A. 80
Ogden, Schubert M. 174
Orphanos, Markos A. 106
Osiander, Andreas. 122

Palamas, Gregory. 106
Potter, Phillip A. 48, 49, 187, 191
Prokurat, Michael. 79
Pugliese, Marc A. 102

Rahner, Karl. 92, 105, 149
Raiser, Konrad. 33-35, 52, 75
Reumann, John. 145
Ricoeur, Paul. 74
Ritschl, Dietrich. 107
Runia, Klaas. 29, 188

S anday, W. 188
   Samartha, Stanley. 173
   Schaff, Philip. 59, 82–85, 101–102
   Schleiermacher, Friedrich. 99, 116
   Staniloae, Dumitru. 92, 109, 162
   Stalder, Kurt. 106
   Stott, John. 187
   Strenopoulos, Germanos. 43

T abbernee, William. 131, 133, 189
   Tanner, Mary. 69, 144
   Temple, William. 44, 112
   Tertullian. 59, 107
   Thomas, M. M. 49, 173
   Thurian, Max. 130
   Tillard, J. M. R. 130, 183
   Torrance, T. F. 107

V an Der Bent, Ans J. and Werner, Dietrich. 62
   Vanelderen, Marlin. 113
   Van Til, Cornelius. 68, 188
   Vischer, Lukas. 28, 139, 183, 189, 191–192
   Visser't Hooft, W. A. 42, 110–111, 142, 143

W agner, Gunter. 127
   Wainwright, Geoffrey. 94–95, 139, 149
   Wesley, John. 94
   Wilson, Woodrow. 42
   Wyatt, Peter. 122

Z ixioulas, John. 139

ㄱ
   권성수. 52
   권호덕. 153
   금주섭. 24
   김길성. 28, 52, 73, 78
   김영한. 146, 173, 174
   김은수. 187
   김의환. 187
   김정준. 41
   김홍만. 120

ㅁ
   문병호. 28, 32, 85, 153, 181

ㅂ
   박건택. 153
   박명수. 24, 41, 147
   박성원. 29, 31
   박영실. 41
   박용규. 22, 41
   박윤만. 146
   박윤선. 10, 192

박종화. 36, 141
박형룡. 22-23, 63, 125, 182
배본철. 122

ㅅ

서기행. 28
서철원. 41, 48, 53, 102-103, 143, 149
심창섭. 41

ㅇ

안인섭. 41
이범성. 22
이승구. 24, 78
이은선. 41, 49-50, 53
이형기. 52, 146

ㅈ

장동민. 23, 41
정규오. 22
정병준. 24, 29
정준모. 148

ㅊ

최홍석. 28, 86, 110

ㅎ

한수환. 28
황대우. 148
황봉환. 28, 174, 176
황성일. 28, 73